Kletterführer
Schwarzwald I Süd

ISBN 978-3-95611-008-5

klettern in Freiburg Hochschwarzwald

Red Chili

Albtal   Schlüchttal   Triberg   Schramberg

Kletterführer
Schwarzwald I Süd

Freiburg
Hochschwarzwald
Albtal
Schlüchttal
Triberg
Schramberg

Impressum

Titelbild	Der *Grüne Überhang* (6) wartet weiter oben. Jörg Hebel an der Zähringer Wand. (Foto: Ronald Nordmann)
Schmutztitel	Den nächsten Griff fest im Blick, Ralf Kempf klettert im Gfäll. (Foto: Ronald Nordmann)
Frontispitz	Wolfram Liebich liebt *Schattenspiele* (9-), Schwedenfels. (Foto: Ronald Nordmann)
Seite 9	War immer schon erste Klasse: Klettern am Gfäll. (Foto: Evelyn Ganter)
Topos	Tobias Reinke
Karten	Dominik Schmid
Übersichtskarte	Jantje Almstedt
Redaktion, Satz	Achim Pasold, Stefan Lindemann, Tobias Reinke

Bildnachweis   Manfred Arnold Seite 328, 335 | Joachim Eberle Seite 38, 40, 42, 43 | Evelyn Ganter Seite 9, 30, 31, 33, 34, 35 | www. freilichtbuehne-hornberg.de Seite 284 | Wolfram Liebich Seite 171, 174, 178, 196, 202, 206, 208, 212, 217, 222, 225, 226, 228, 231, 232, 235, 236, 239, 243, 247, 249, 250, 252, 255, 257, 259, 268 | Stefan Lindemann Seite 16 (2.v.li.), 63, 66, 69, 125, 127, 130, 166, 176 | Manfred Maier Seite 36 | Ronald Nordmann Seite 2/3, 13, 23, 45, 49, 55, 56, 59, 70, 71, 76, 88, 89, 95, 100, 111, 113, 117, 120, 123, 133, 136, 141, 143, 145, 150, 155, 156, 159, 160, 164, 180, 181, 190, 193, 204, 263, 271, 272, 275, 293, 296, 303, 306, 312, 313, 317, 319, 320, 323, 325, 330, 332, 336, 339 | Achim Pasold Seite 16 rechts, 274, 277, 279, 282, 299, 300, 309 | Manfred Priess Seite 44 | Tobias Reinke Seite 65, 81, 82, 87, 144, 163, 184/185, 341 | Gregor Schuler Seite 32, 75 | Heiko Wiening Seite 16, 92, 151

978-3-95611-008-5

Auflagen Nr.	2
ISBN	978-3-95611-008-5

© 2014 Alpinverlag
Gunzenhauserstr. 1
D-73257 Köngen
Tel. +49 (0 70 24) 8 27 80
Fax. +49 (0 70 24) 8 43 77
Email alpinverlag@panico.de

printed: Druckerei & Verlag Steinmeier GmbH & Co. KG
Gewerbepark 6
D-86738 Deiningen
Tel. +49 (0 90 81) 29 64-0
Fax. +49 (0 90 81) 29 64-29
Email info@steinmeier.net

Inhaltsverzeichnis

Kletterführer-Gütesiegel für den Kletterführer Südschwarzwald

Das Gütesiegel „naturverträglich Klettern" des Deutschen Alpenvereins, der IG Klettern und der Naturfreunde Deutschlands zeichnet Kletterführer aus, die den Belangen natur- und umweltverträglichen Kletterns in besonderem Maße gerecht werden.

Am Gütesiegel beteiligte Verbände

Deutscher Alpenverein e.V.
Von-Kahr-Straße 2-4
80997 München
Tel.: 089 - 1 40 03 90
Fax: 089 - 1 40 03 64
E-Mail: natur@alpenverein.de
www.alpenverein.de
www.dav-felsinfo.de

IG Klettern Südschwarzwald e.V.
Föhrentalstrasse 18
79286 Glottertal
Telefon: 0 76 84 - 20 14 98
E-Mail: info@igklettern-suedschwarzwald.de
www.igklettern-suedschwarzwald.de

NaturFreunde Deutschlands
Landesverband Baden e.V.
Alte Weingartener Straße 37
D-76227 Karlsruhe
Tel.: 0 72 1 - 40 50 96
Fax: 0 72 1 - 49 62 37
E-Mail: info@naturfreunde-baden.de
www.naturfreunde-baden.de

Vorwort

Der äußerst südwestliche Zipfel Deutschlands ist eine Landschaft der Gegensätze – warm und kalt liegen hier nah beieinander. Wenn es drunten im Rheintal schon grünt wie nirgendwo sonst im Land, liegt wenige Kilometer Luftlinie weg auf den Schwarzwaldhöhen noch die weiße Pracht in Hülle und Fülle. Und während die entwöhnten Rennradler im Markgräfler Land die ersten Trainingseinheiten runterspulen, kann man droben auf dem Feldberg immer noch Ski fahren.

Klettern ist nicht unbedingt die erste Sportart, die man mit der Region assoziiert, doch das ist nicht richtig. Zwar gilt München weithin als die Bergsteigerstadt der Republik, weil man von dort aus so rasch in Österreich ist, dabei ist man von Freiburg aus genau so schnell in der Schweiz und hat – die Münchner wären ja so was von neidisch, wenn sie es nur wüssten – die ersten Kletterfelsen noch im Einzugsbereich des öffentlichen Nahverkehrs. Und für die Gebirgsregionen, die man von Freiburg aus in Schlagweite hat – Urner Alpen, Wallis, Chamonix – bieten die Klettergebiete des südlichen und mittleren Schwarzwalds geschickterweise den passenden Trainingsfels: Urgestein. Griffigen Gneis, körnigen Granit.

Panico ist ein schwäbischer Verlag, und jahrzehntelang waren wir klettermäßig dementsprechend auf die Schwäbische Alb fixiert – ein Fehler, wie wir inzwischen wissen. Für die Recherchen zum vorliegenden Kletterführer waren wir ein ums andere Mal im Schwarzwald, haben uns an die rauhen Platten des Teufelsfels gewöhnt, den verschwenderisch griffigen Gneis am Gfäll genossen und uns an den abschüssigen Leisten im Schlüchttal aufgearbeitet. Haben in Albbruck sportklettermäßig Routen gspult, entspannt in der Abendsonne vom Kandelfels den Blick bis in die Vogesen hinüber schweifen lassen und uns immer wieder gefragt: Warum nicht schon früher?

Vielleicht weil wir die richtigen Leute noch nicht gekannt haben. Heute tun wir das, und unser Dank gilt allen, die uns bei der Entstehung des vorliegenden Führers mit ihrem Insider-Wissen unterstützt haben: Vor allem Wolfram Liebich, der das Schlüchttal, das Albtal und den Windbergfels bearbeitet hat. Gerd Trefzer für die Infos zum Harzlochfels und zum Altvogelbachfels, Gregor Schuler für die Überarbeitung des Kandelfelsen, Albert Prügel für die vielen Infos und Korrekturen zum Gfäll, Wolfgang Zuckschwerdt und Martin Kramer für die Informationen zu den Felsen um Schramberg und Triberg, Markus Trefzer und Miro Alznauer für die Routenkommentare zum Todtnauer Schwimmbadfels, Joachim Eberle für die Geologie und Nils Theurer für die Klettergeschichte des Südschwarzwalds und allen anderen Helfern, ohne deren Mitarbeit der Führer nicht so wäre, wie wir ihn uns vorgestellt haben: Eve Ganter, Jo Grams, Michael Gruse, Frank Henssler, Markus Mayer, Volker Paulat, Michael Schäfer, Philipp und Gregor Schmidt, Herbert Steiger, Chris Straka, Stefan Wagenhals und Tobias Waltenberger.

Achim Pasold, Panico Alpinverlag - September 2014

Anreise

... mit privaten Verkehrsmitteln

Hohe Berge und tiefe Täler stellen natürliche Barrieren dar. Dadurch ergeben sich vollkommen unterschiedliche Einzugsgebiete und Anfahrtswege zu den teils weit auseinanderliegenden Gebieten des Südschwarzwalds. Die Gebiete im Hochschwarzwald sind von allen Seiten nur mühsam zu erreichen (s. Anfahrtsbeschreibungen bei den einzelnen Felsen). Die Gebiete um Freiburg erreicht man entweder über die A5 und ab Freiburg über mehr oder weniger kleine Sträßchen oder von Osten auf der A81 und weiter über die Höllentalstrecke (B31). Vorwiegend von Besuchern aus dem Osten (... den Schwaben) werden die Gebiete um Schramberg und Triberg besucht. Hierher gelangt man ebenfalls zunächst über die A81. Nach Schramberg ab den Ausfahrten Oberndorf oder Rottweil über die Landstraße, nach Triberg über Villingen-Schwenningen. Das Schlüchttal und das Albtal schließlich erreicht man vom Westen über verschiedene Strecken entlang des Rheins in Richtung Waldshut-Tiengen oder aus dem Süden und Osten über diverse Nebenstrecken.

... mit öffentlichen Verkehrsmitteln

Auch bei der Anreise mit dem Öffenlichen Personen Nahverkehr (ÖPNV) werden die Möglichkeiten durch die geographischen Gegebenheiten bestimmt. Während man über die Hauptbahnstrecken entlang des Rheins und entlang der östlichen Abflachung des Schwarzwalds sehr schnelle Verbindungen nach Villingen-Schwenningen, Waldshut-Tiengen oder Freiburg haben kann, ist die Weiterfahrt mit Bussen oder auf Nebenstrecken der Bundesbahn oft zeitaufwändig. Lediglich wer einen der von den drei genannten Oberzentren aus nächstgelegenen Felsen um Freiburg bzw. im Alb- oder Schlüchttal besuchen will, hat gute Chancen schnell ans Ziel zu gelangen. Teilweise lässt sich so die Anreise sogar äußerst angenehm gestalten. Durch die Mitnahme eine Fahrrads kann der Aktionsradius unter Umständen deutlich erweitert werden. Allerdings sollte man sich auf die eine oder andere Bergfahrt einrichten. Für begeisterte Mountainbiker kein Manko: Der Schwarzwald gilt zu Recht als eine der beliebtesten Mountainbikeregionen Deutschlands, weshalb wir übrigens auch zu dem Thema einen Führer im Programm haben.
Zur Vereinfachung der Planung haben wir für euch sowohl in den Einleitungen der einzelnen Gebiete A bis F, als auch bei den einzelnen Felsen die Möglichkeiten der Anreise mit dem ÖPNV recherchiert. Ein heutzutage nicht mehr wegzudenkendes Medium um an Informationen zu gelangen ist natürlich das Internet. Die wichtigen Adressen findet man ebenfalls bei den Gebietseinleitungen.

CREATIVE
TECHNOLOGY

PYTHON TOUCHTEC 10,0 MM

Mit allen Sinnen dabei! Spürbares Seilende
für mehr Sicherheit.

www.edelrid.de

EDELRID *e*

Gebrauch des Führers

Die räumliche Ausdehnung des Schwarzwalds ist beachtlich, das Einzugsgebiet für Kletterer reicht von Stuttgart und Karlsruhe hoch im Norden bis tief in den Süden, nach Freiburg und bis zum Bodensee. Wer diagonal von der einen Ecke zur anderen will, müsste einen halben Tag im Auto einplanen. Ein Kletterer aus Tübingen würde nie auf die Idee kommen, zum Klettern ans Gfäll zu fahren, so wenig wie einer aus Konstanz in den Battert. So lag es logisch auf der Hand, den Schwarzwald für einen Kletterführer in zwei Bände (Norden - Süden) zu teilen. Den zweiten Band „Südschwarzwald" hältst du gerade in deinen Händen. Einen großen Teil dieses Südbands nehmen die Felsen um Freiburg und die des Schlüchttals ein. Aber auch die anderen Felsen im Hochschwarzwald, bei Albbruck sowie um Triberg und um Schramberg lohnen einen Abstecher. Der erste Band mit den Gebieten des Nordschwarzwalds (Battert, Bühlertal, Murgtal, Bad Herrenalb, Nagoldtal, Schramberger Gebiete) ist 2010 erschienen.

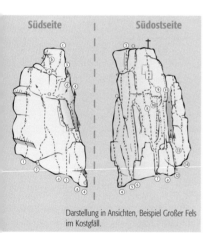

Darstellung in Ansichten, Beispiel Großer Fels im Kostgfäll.

In vielen bisherigen Publikationen wurden die Routen größteils in Fotos eingezeichnet. Was an überschaubar kleinen Wänden (z.B. an den Harzlochfelsen) vielleicht noch funktioniert, stößt im Felsgewirr des Gfälls an seine Grenzen. Entweder sind die vom Wandfuß aufgenommenen Fotos nach oben hin perspektivisch stark verkürzt oder sie zeigen – von weiter Distanz aufgenommen – für den Kletternden vor Ort nicht erkennbare Strukturen. Wir haben uns deshalb die Mühe gemacht, alle Felsen in Toposkizzen darzustellen, weil wir der Meinung sind, dass die Abstraktion der Routenfindung deutlich zuträglicher ist als der tageslichtabhängige Blick von einem bestimmten Standpunkt. Bei Felsen mit mehreren Wänden sind diese, wie vom technischen Zeichnen gewohnt, in verschiedenen Ansichten gezeichnet und als Abwicklung nebeneinandergestellt, eine Strichlinie trennt dann die beiden Ansichten.

Der Kletterführer Südschwarzwald vervollständigt das Panico-Führerspektrum im Südwesten Deutschlands. Nördlich schließen die Pfalz (Kletterführer Pfalz und Boulderführer Pfalz & Nordvogesen) und der Odenwald (Kletterführer Odenwald und Boulderführer Odenwald) an, im Osten das Obere Donautal (Kletterführer Donautal) und das schwäbische Mutterland der Panico-Führerschmiede mit den Kletterführern für die verschiedenen anderen Teilgebiete der Schwäbischen Alb.

■ *Flashdance* (7-) – what a feeling ... Nachdem Jennifer Beals leider keine Zeit für einen Fototermin hat, muss Wolfgang Zuckschwerdt ran (Teufelsfels).

Gebrauch des Führers

Eines vorab: **Schwarzwald Süd** ist kein allumfassender Gesamtführer, sondern ein Auswahlführer, wenn auch ein nahezu vollständiger. Selbstverständlich sind im vorliegenden Führer ausschließlich nach den bestehenden Kletteregelungen erlaubte Kletterfelsen und Routen aufgenommen. Die speziellen Regelungen der einzelnen Gebiete sind in deren Einleitung dezidiert angegeben. Dass man sich an diese halten sollte, versteht sich von selbst. Sperrzeiten zu verletzen ist kein Kavaliersdelikt, sondern eine Ordnungswidrigkeit, die mit Bußgeld belegt werden kann.

Alle aufgenommenen Felsen werden auf den Seiten 44 bis 343 ausführlich beschrieben. Zu jedem der sechs Teilgebiete A bis F gibt es eine ausführliche Einleitung mit charakterisierendem Einleitungstext und Informationen zur Anfahrt mit PKW und öffentlichen Verkehrsmitteln, zu sinnvollem Kartenmaterial, Übernachtungsmöglichkeiten und Gastronomie. Eine Übersichtskarte mit allen wichtigen kartographischen Informationen zum Gebiet ergänzt die Beschreibung von Anfahrt und Zugang. Wo die exakte Lage der einzelnen Felsen nicht schon aus den Teilgebietskarten zu entnehmen ist, finden sich direkt bei den Felsen detaillierte Lageskizzen.

Eine Übersichtsliste aller beschriebenen Kletterfelsen in kompakter tabellarischer Form (Ausrichtung, Wandhöhe, Anzahl der Routen, Schwierigkeitsniveau, Seite im Führer) befindet sich ganz hinten auf Seite 344. Eine Übersicht über das gesamte Führergebiet bietet die Karte auf der Innenseite der hinteren Umschlagsklappe.

Am Beginn eines jeden Felsens beinhaltet der Infoblock GPS-Koordinaten, Ausgangspunkt, Ausrichtung, Besonnung, Beschaffenheit des Wandfußes, Routenanzahl und die Schwierigkeitsverteilung. Rechts daneben folgt eine ausführliche Charakteristik, danach Informationen zum Zugang, zur Absicherung, zur bestehenden Kletterregelung, zur Wandhöhe, den gebotenen Kletterschwierigkeiten und dem Abstieg. Die Routenlisten befindet sich jeweils direkt neben dem Topo des jeweiligen Sektors.

Der angegebene Schwierigkeitsgrad bezieht sich grundsätzlich auf eine Rotpunktbegehung. Bei wenigen Klassikern bzw. vom Erstbegeher nicht frei gekletterten Sportkletterrouten ist zusätzlich der Schwierigkeitsgrad der technischen Bewertung in Klammern angegeben. Wo immer eine eindeutige Schwierigkeitsbewertung möglich war, ist diese angegeben. In der letzten Spalte der Routenliste sind, soweit bekannt, der oder die Erstbegeher und das Jahr der Erstbegehung aufgeführt. Im Hinblick auf weitere Auflagen sind Informationen, die in dieser Spalte Lücken schließen, willkommen.

Gebrauch des Führers

Die Routen sind an den einzelnen Felsen oder Sektoren grundsätzlich von links nach rechts durchnummeriert. Um eine möglichst exakte Darstellung der Felsen und Routenlinien zu gewährleisten, wurden alle Topos extra für diesen Führer neu gezeichnet. Die wichtigen Strukturen der Felsen (Pfeiler, Kanten, Verschneidungen, Dächer) sind dabei graphisch hervorgehoben. Zusätzlich fanden auch die gängigen UIAA-Symbole Anwendung. Ein exemplarisches Topo findet sich auf der gegenüberliegenden Seite.
Nahezu alle Topos sind größenmäßig in sich stimmig. Ausgangsmaß war dabei ein Fels mit einer Höhe von 40 Metern, der die gesamte Höhe der Seite einnimmt. Ein Fels mit halber Seitenhöhe ist dementsprechend ca. 20 Meter hoch, einem nur 10 Meter hohen Felslein ist nur ein Viertel Seitenhöhe zugestanden. Bereits der erste Blick auf eine Seite und die Größe des abgebildeten Topos zeigt euch so zumindest ungefähr die tatsächliche Höhe eines Felsens. Felsen mit über 40 Meter Höhe sind natürlich im Verhältnis etwas kleiner abgebildet. Dies betrifft jedoch lediglich im Gfäll die Rhodewand sowie die Tannholzwand im Schlüchttal. Alle anderen ganz großen Felsen im Südschwarzwald (z.B. die klassischen Kletterfelsen im Höllental) sind gesperrt.

Über die reine Kletterinformation hinaus enthält der Führer – wie alle unsere Mittelgebirgsführer – auf einzelnen Seiten weitergehende Informationen zu Flora und Fauna, zur Geologie des Gebiets oder zu wissenswerten Besonderheiten aus der Region. Diese Info-Spots stehen in farbig unterlegten Infokästen. Je nach Inhalt sind die Spots in vier Kategorien gegliedert.

Info-Spots

Typische Tiere der Region

Typische Pflanzen der Region

Landschaft und Geologie

Sehenswürdigkeiten

Gebrauch des Führers

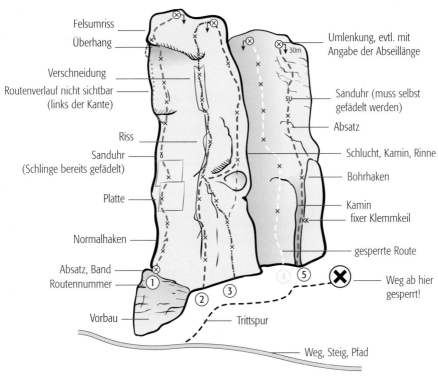

Felsumriss
Überhang
Verschneidung
Routenverlauf nicht sichtbar
(links der Kante)
Riss
Sanduhr
(Schlinge bereits gefädelt)
Platte
Normalhaken
Absatz, Band
Routennummer
Vorbau

Umlenkung, evtl. mit
Angabe der Abseillänge
30m
Sanduhr (muss selbst
gefädelt werden)
Absatz
Schlucht, Kamin, Rinne
Bohrhaken
Kamin
fixer Klemmkeil
gesperrte Route
Weg ab hier
gesperrt!
Trittspur
Weg, Steig, Pfad

Schwierigkeitsniveaus

Zur besseren Übersicht haben wir eine Einteilung der Kletterschwierigkeiten in 3 verschiedene Niveaus (ähnlich der Einteilung bei Skiabfahrten) vorgenommen. So erkennt der Benutzer schon beim schnellen Durchblättern, ob am jeweiligen Fels für ihn geeignete Routen vorhanden sind. Die Farbcodes der Routenlinien stellen sich wie folgt zusammen:

blaue Routenlinie	▬ ▬ ▬ ▬	UIAA 1-5
rote Routenlinie	▬ ▬ ▬ ▬	UIAA 6-7
dunkelgrüne Routenlinie	▬ ▬ ▬ ▬	UIAA 8-11

Klettern und Naturschutz

Sonne im Rücken, Fels in der Hand, Insektensummen im Ohr, Pflanzenduft in der Nase, Vögel am Himmel: Felsklettern bietet sportliche Herausforderung plus einmaliges Naturerlebnis. Für uns Kletterer bedeutet das, Rücksicht zu nehmen auf die Pflanzen und Tiere der Felsbiotope. So tragen wir zu deren Erhalt bei und profitieren davon letztlich auch selbst. Denn dann bleiben wir ein gern gesehener Gast in den Felsen.

1. Kletterregelung beachten	Informiert euch rechtzeitig über die aktuellen Regelungen an den Felsen. Infos findet ihr im Kletterführer, im Internet und auf Infotafeln vor Ort.
2. Umweltverträglich anreisen	Bei der Anreise mit öffentlichen Verkehrsmitteln oder in Fahrgemeinschaften entlastet ihr die Umwelt. Bahn und Bike sind besonders klimafreundlich.
3. Parkplätze nutzen	Wildes Parken ist respektlos gegenüber der Natur und verärgert Anlieger, Landwirte und Förster. Nutzt die vorgesehenen Parkplätze.
4. Zustiegspfade nutzen	Geröllhalden und Magerrasen sind trittempfindliche Biotope. Haltet euch an die vorgegebenen Pfade und schont die Vegetation.
5. Pflanzenbewuchs erhalten	Viele Pflanzen an den Felsen sind seltene und angepasste Spezialisten. Nehmt Rücksicht auf die einzigartige Vegetation der Felsbiotope.
6. Tabuzonen respektieren	Felsköpfe mit empfindlicher Vegetation dürfen nicht betreten werden. Hier sind Umlenk- und Abseilhaken angebracht. Sensible Felszonen wurden im Rahmen von Kletterkonzeptionen stillgelegt. Gesperrte bzw. offene Felsbereiche sind mit den Symbolen Kreuz und Pfeil gekennzeichnet.
7. Brutzeiten beachten	Wenn geschützte Vogelarten brüten, wird im Bereich der Brutplätze eine zeitlich befristete Sperrung verhängt. Brutfelsen können auch kurzfristig gesperrt werden. Bitte unbedingt die aktuellen Hinweise im Internet (www.dav-felsinfo.de) und vor Ort beachten.
8. Nichts zurücklassen	Achtlos weggeworfene Abfälle verschandeln die Felsgebiete nicht nur optisch: Pflanzen und Tiere reagieren auf Veränderungen ihrer Biotope sehr empfindlich. Müll unbedingt mitnehmen und Fäkalien vergraben. Lagerfeuer nur an ausgewiesenen Feuerstellen machen.
9. Lokale Angebote nutzen	Nutzt für Übernachtung und Verpflegung lokale Gasthöfe, DAV-Hütten und Läden vor Ort. Das stärkt die Wirtschaft in der Region und fördert das Verständnis zwischen Einheimischen und Natursportlern.
10. Neutouren absprechen	Neutouren und Sanierungen bitte mit dem örtlichen Felsbetreuer absprechen. Kontaktadressen im Internet (www.igklettern-suedschwarzwald.de).

DAV
Deutscher Alpenverein

Indian Summer im Südschwarzwald, Gerd Tretzer am Altweibachfelsen | Foto: Ronald Nordmann

Deutscher Alpenverein
Landesverband Baden-Württemberg

Sportklettern
Kletterkurse, Klettergruppen und Kletteranlagen – in den DAV-Sektionen vom Anfänger bis zum Profi

Bergsport
Vertretung des Klettersports, Betreuung und Entwicklung der Klettergebiete im Land

Natursport
Kletterkonzeptionen, naturverträglich Klettern, Naturerlebnis und Naturschutz

Sportfachverband
Ausbildung: Trainer C Sportklettern, Kletterbetreuer, Lehrerausbildung

Leistungssport
Förderung von Nachwuchs- und Spitzenkletterern – Meisterschaften, Boulder- und Jugendcups

Was gar nicht geht

Eigentlich ist es ist ja schön, dass inzwischen so viele Leute klettern. Als leidenschaftlicher Felsgeher muss es einen einfach freuen, wenn andere das auch erleben, was einem selber so viel Freude bereitet ... und als Verleger von Kletterführern erst recht :-). Zunehmend wird diese Freude allerdings getrübt, und wiederholt wurden wir von Kollegen, Autoren und Kunden gebeten – teilweise sogar regelrecht dazu aufgefordert – unsere Kletterführer auch zur Verbreitung einer Kletter-Etikette zu nutzen. Und in der Tat: Vielleicht weiß mancher Neuling am Fels ja wirklich einfach gar nicht was geht, und – wichtiger noch – was nicht.

Vorstieg oder Toprope

Klettern – und auch das Sportklettern im Mittelgebirge – hat seinen Ursprung im Bergsteigen. Man geht unten los und kommt irgendwann oben an. Seilschaften, die eine Route von unten angehen, haben grundsätzlich Vorfahrt. Das bedeutet nicht, dass ein in der Umlenkung hängendes Seil unverzüglich abgezogen werden muss, sobald ein mutiger Vorsteiger naht. Frühmorgens als erstes von oben her ein Toprope einhängen und den lieben langen Tag über eine viel zu schwere Route belagern, ist allerdings wie mit 80 auf der Autobahn die Überholspur blockieren und **geht gar nicht**.

Klettern und Familie

Klettern kann ein familienfreundliches Vergnügen sein, wo bombenfeste Felsen aus einer ebenen Wiese ragen – an den im steilen Wald fußenden Albfelsen weniger. Natürlich ist es bitter, wenn das früher womöglich gemeinsame Vergnügen so nicht mehr möglich ist, weil er oder sie das Baby sitten muss. Es ist aber auch ein richtig ungutes Gefühl an wackligen Albgriffen zu ziehen, während unter einem die lieben Kleinen der Seilschaft am Sandeln sind. Der Wandfuß als Abenteuerspielplatz **geht gar nicht**.

Rechte an Routen

Eins vorweg: Rein juristisch gehören unsere Felsen keinem von denen, die daran herumkraxeln – kein noch so kleines Stück davon. Dass sich aber einzelne durch entsprechenden Einsatz mehr Rechte daran erwerben als andere, ist nicht nur auf der Alb selbstverständliche Tradition. Wer eine Route erstbegeht, dabei Schweiß, oft Blut und immer auch Geld investiert, hat im Gegenzug das Recht, dem Kletterweg einen Namen und eine persönliche Note zu verleihen. Es ist die Vielfalt des Kletterns – Risse, Platten oder Überhänge, aber auch perfekte, ordentliche oder kühne Absicherung – die den Reiz des Spiels ausmacht. Bestehende Routen mit zusätzlichen Bohrhaken auf das persönliche Können herunterzustutzen und den ihnen vom Erstbegeher gegebenen Charakter zu verändern **geht gar nicht**.

Ersbegehungen und Projekte

Die Linie sehen, die Tour einrichten, die Route hochsteigen: Diese drei Schritte braucht es zwingend für eine Erstbegehung. Und sinnvollerweise sollte die geplante neue Kletterroute zuallererst mit dem örtlichen AKN abgestimmt werden (Kontakt siehe Seite 14 und 65). Dabei ist der Kletterstil erst einmal noch zweitrangig, solange von unten nach oben gestiegen wird. Ganz egal ob Rotpunkt, af, A0 oder sonstwie: Wer das Stück Fels als erster vorgestiegen ist, der ist der Erstbegeher und darf der Route einen Namen verleihen. Wer das Klettern sportlich sieht, wird natürlich erst zufrieden sein, wenn er die Route auch Rotpunkt geklettert hat. Eine dünne Schlinge im ersten Haken ist das Zeichen dafür, dass ein Kletterer die von ihm erkannte und eingerichtete Route noch gar nicht, beziehungsweise noch nicht Rotpunkt geklettert hat. Projektschlingen nicht zu respektieren (aber auch Projekte jahrelang zu beanspruchen) **geht gar nicht**.

Felsgraffiti

Es stimmt: Schon unsere Urururvorfahren bemalten die Wände ihrer Höhlen, und mit gutem Willen lassen sich Antilopen und Elefanten erkennen. Und ja: Wenige tausend Jahre später ist das Bemalen von Wänden eine eigene Kunstform. Graffitis verschönern abgewrackte Fabrikbrachen und versiffte Fußgängerunterführungen. Im Schwarzwald gibt es Beispiele dafür (z.B. Falkenstein), wie Einstiege  liebevoll und gekonnt markiert werden können – eine gute Sache, die anzuschauen Spaß macht. Viele andere Gebiete und Felsen (z.B. Schlüchttal) haben diese Tradition nicht – dort mit grobem Pinsel die Einstiege zu verschandeln **geht gar nicht**.

Wissenswertes

AKN

Aktive Kletterer und Gebietskenner aus Verbänden wie DAV, IG Klettern und Bergwacht haben sich auf ehrenamtlicher Basis im AKN Südschwarzwald organisiert. Ihr gemeinsames Ziel ist die Erhaltung und die naturverträgliche Gestaltung des Kletterns.
Kontakt: Manfred Burchard, Kleintalstr. 25, 79117 Freiburg i.B., akn-s.schwarzwald@web.de

IG Klettern Südschwarzwald e.V.

Die Interessengemeinschaft Klettern Südschwarzwald ist der südwestlichste Ableger einer bundesweiten Bewegung, deren Ziel es ist, dem Klettersport eine gewisse Lobby zu verschaffen. Im Gebiet hat die IG neben der felspolitischen auch eine betreuerische Funktion für zahlreiche Kletterfelsen übernommen.
Kontakt: www.igklettern-suedschwarzwald.de, info@igklettern-suedschwarzwald.de

Bergwacht

Bergwachtbereitschaften gibt es in der Nähe eigentlich aller Kletterfelsen des Südschwarzwalds. Wer genaueres wissen mag, findet Infos unter www.bergwacht-schwarzwald.de.
Notruf: Entweder über die allgemeine **Notrufnummer 112** oder direkt bei der Bergwacht 0761 - 49 33 33

Naturpark Südschwarzwald

Die meisten Kletterfelsen liegen innerhalb des Naturparks Südschwarzwald. Wer zu diesem Thema mehr Informationen sucht, findet diese unter www.naturpark-suedschwarzwald. de. Hier gibt es auch Infos über unsere Kletterfelsen.

Die Broschüre „Klettern im Naturpark Südschwarzwald" ist erhältlich bei den DAV-Sektionen, im Naturschutzzentrum Feldberg und als PDF unter www.alpenverein-bw.de

■ Gerd Trefzer löst die Eintrittskarte für *No easy way out* (7-/7) am Altvogelbachfels.

Wissenswertes

Karten

Das Landesvermessungsamt Baden-Württemberg (www.lv-bw.de) hält alle möglichen Karten vom Maßstab 1:25 000 bis 1:100 000 bereit, seien es Topographische Karten oder Karten zu den Themen Freizeit, Radfahren oder Wandern.

Führer & Literatur

Klettern im Dreiländereck von Christian Frick 1998, erschienen im Eigenverlag Philipp Schweizer
Kletterführer Schlüchttal von Wolfram Liebich, erschienen im Eigenverlag
Klettern im „Land am Dom" – Topoführer für den Windbergfels (1999), Hrsg. Skiclub St. Blasien 1896 e.V.
Todtnauer Kletterführer von Markus Trefzer, Hrsg. Kletterfreunde Todtnau e.V.
Deutsch Rock – Sportklettergebiete in Deutschland (2005), tmms-Verlag
Broschüre Klettern im Naturpark Südschwarzwald (2010), Hrsg. Landesverband Ba-Wü des DAV
Broschüre „Felsen und Blockhalden" – www.naturpark-suedschwarzwald.de/Natur/Felsen

Internet

www.igKlettern-suedschwarzwald.de – Die Infoseite derer, die die Felsen fürs Klettern frei halten.
www.klettern-schwarzwald.de – Heimseite des Freiburger „Black Forest Climbing Club".
www.dreilandrock.info – Verwaiste Seite vom Dreiländereck Führer-Autor.
www.dav-schwarzwald.de – Wer suchet, der findet Infos zum Triberger Gebiet.
www.dav-felsinfo.de – Infos zu den einzelnen Kletterfelsen im Schwarzwald und dem Rest der Republik.
www.climbing.de – Die Routendatenbank des Südlichen Schwarzwalds ist gut gefüllt.
www.alpenverein-bw.de – Kletterfelsliste der Felsen in Baden-Württemberg und aktuelle Brutsperrungen.

Übernachtung

Tipps lohnender Unterkünfte, bei denen es sich lohnt anzufragen, sind bei den einzelnen Gebieten aufgelistet. Im Internet gibt es zum Finden weiterer Möglichkeiten einige nützliche Links, als da wären:

Jugendherbergen	www.jugendherberge.de
Naturfreundehäuser	www.naturfreundehaeuser.de
Gruppenunterkünfte	www.gruppenunterkuenfte.de, gruppenhaus.de
Campingplätze	www.camping-lcbw.de
Hotels, Gasthäuser & Ferienwohnungen	www.schwarzwald-tourismus.info

Alternativprogramm

Neben Kirschtorte, Kuckucksuhren und Trachten mit Bollenhütten gibt es noch weit mehr, was man mit dem Schwarzwald verbinden wird, hat man sich erst einmal selbst ein Bild vom Angebot vor Ort gemacht. Romantische Landschaften, kulinarische Gaumengenüsse, sportliche Herausforderungen, kulturelle Highlights oder einfach nur pures Vergnügen. Eine Übersicht bekommt man auf der Tourismusseite im Internet www.schwarzwald-tourismus.info. Nachfolgend eine kleine Auswahl der Möglichkeiten:

Künstliche Kletterwände (Eine gute Übersicht bekommt man auf www.kletterhallen.net)

DAV Kletterzentrum	– Offenburg, www.alpenverein-offenburg.de
Kletterzentrum imPULSIV	– Emmendingen, www.impulsiv-em.de
DAV Kletterwand	– Freiburg, www.dav-freiburg.de/kletterhalle.html
Klettercenter EigerNord	– Freiburg, www.eigernord.de
imPULSIV Freizeitcenter	– Weil am Rhein, www.impulsiv-weil.de/klettern.html
Kletterhalle 7	– Basel, www.kletterhalle7.ch
Boulders & Bar	– Pratteln östlich von Basel, www.bzwei.ch
Aranea Kletterzentrum	– Schaffhausen, www.aranea.ch
DAV Kletterzentrum Kletterwerk	– Radolfzell, www.kletterwerk.de
AquaMonte	– Rottweil (www.aquamonte.de)
Rothausturm	– Höchenschwand im Hochschwarzwald. Voranmeldung bei der TEAMWELT erforderlich (Tel. 07672-922-552).

Sport

Bekannt ist der Südschwarzwald als eine der beliebtesten **Mountainbikeregionen**. Vierzig Tourenvorschläge gibt es im Panico MTB-Führer Südschwarzwald. Vom Hardcoretrail bis zur gemütlichen Mountainbikewanderung entlang der Schwarzwaldhöhen ist hier für jeden Geschmack etwas dabei.

Aber auch das Bild einer **Wanderregion** hat noch immer seine Gültigkeit. Das Wanderwegenetz ist sehr weitläufig und führt durch tiefe Schluchten auf sonnige Aussichtsgipfel. Infos findet man z.B. unter www.naturpark-suedschwarzwald.de. Unter der Rubrik „Freizeit & Sport" findet man Infos zu 80 attraktiven Strecken aller Schwierigkeitsgrade für das **Nordic-Walking**. Fürs Wandern stellt die Seite www.wanderservice-schwarzwald.de eine weitere schier unerschöpfliche Infoquelle dar. **Inlinestrecken** gibt es vor allem in den Randlagen des Schwarzwalds, will man doch mir den kleinen Raddurchmessern nicht so gerne größere Steigungen hinter sich bringen müssen. Infos unter www.inlinemap.net. Wassersportler finden im Schwarzwald naturgegeben nur wenige Möglichkeiten. In der Region Freiburg kann man mit dem **Kanu** auf der Alten Elz und einigen Abschnitten der Flüsse in den Rheinauen entlang paddeln. Tourenangebote

Alternativprogramm

und Leihmöglichkeiten unter www.wildsport-tours.de, www. aqua-aktiv.de. Der Schluchsee ist das einzige Gewässer, an dem Wassersport in allen Disziplinen ausgeübt werden kann. **Surfer**, **Segler** und **Taucher** frönen hier gemeinsam ihrer Affinität zum nassen Element. Wer lieber in die Luft geht als abzutauchen, findet beste Bedingungen. Die Anzahl der Fluginstitutionen für **Gleitschirme** und **Drachen** lässt Rückschlüsse auf die Möglichkeiten im Südschwarzwald zu. Bekannte Startplätze finden sich beispielsweise am Kandel, am Schauinsland (dem Hausberg Freiburgs) und in Todtmoos. Auch für **Segelflieger** und **Ballonfahrer** herrschen grundsätzlich gute Bedingungen. Als moderne Freizeitaktivität hat sich auch das Begehen von **Hochseilgärten** entwickelt. Möglichkeiten hierfür gibt es in Kenzingen (www.abenteuer-im-wald.de), Lörrach (www.erlebniskletterwald.de), Schramberg-Sulgen (www.syntura.de), Todtmoos (www.hochseilgarten.com), Höchenschwand, Titisee (www.action-forest.de), Hochschwarzwald (www.teamwelt.de) und Triberg (www.forestfun.de).

Baden

Badeseen
Titisee, Schluchsee, Windgfällweiher (bei Feldberg-Altglashütten), Schlüchtsee (bei Grafenhausen), Kirnbergsee (bei Bräunlingen).

Spaß und Erlebnisbäder
Schönwald	Hallenbad (www.schoenwald.net)
Gengenbach	Freizeitbad „Die Insel" (www.stadt-gengenbach.de)
Feldberg	Badeparadies im Feldberger Hof (www.feldberger-hof.de)
Titisee	Erlebnisbad (www.badeparadies-schwarzwald.de)
Weil am Rhein	Laguna Badeland (www.laguna-badeland.de)
Schluchsee	Spaß- und Freizeitbad Aqua fun (www.schluchsee.de)
Lossburg	Freizeitbad an der Kinzig (www.lossburg.de)
Lauchringen	Freibad (www.lauchringen.de)

Thermal und Mineralbäder
Bad Dürrheim	Solemar (www.solemar.de)
Freiburg	Eugen-Keidel-Bad (www.keidel-bad.de)
Bad Krozingen	Vita Classica (www.vita-classica.de)
Badenweiler	Cassiopeia-Therme (www.cassiopeiatherme.de)
Bad Bellingen	Balinea-Thermen (www.bad-bellingen.de/Balinea-Thermen)
St. Blasien/Menzenschwand	Radon Revitalbad (www.radonrevitalbad.de)
Bad Säckingen	Aqualon-Thermen (www.aqualon.de)

Alternativprogramm

Freizeitparks

Rust bei Freiburg	Europapark (www.europapark.de)
Todtnau	Sommerrodelbahn am Hasenhorn (www.hasenhorn-rodelbahn.de)
Gutach	Schwarzwaldbob-Bahn (www.schwarzwaldrodelbahn.de)
Löffingen	Schwarzwaldpark (www.schwarzwaldpark.de)
Oberried	Steinwasenpark (www.steinwasenpark.de)
Hardt bei Schramberg	Freizeitpark Hardt (www.freizeitpark-hardt.de)

Natur

Die weitläufigen Naturlandschaften im Schwarzwald – gespickt mit Natursehenswürdigkeiten – zum Naturpark zu machen, drängte sich auf. Nahtlos schließt der Naturpark Südschwarzwald (www.naturpark-suedschwarzwald.de) an den Naturpark im Nord- und Mittelschwarzwad an (www.naturparkschwarzwald.de). Neben vielen schönen Höhenwegen, welche tolle Aussichtsberge verbinden, locken Wanderungen durch tiefe Schluchten, wie z. B. im Gebiet der Gutach- und Wutachschlucht (www.wutachschlucht.de). Die tief eingeschnittenen, felsigen Täler sind äußerst idyllisch. Für eine kurze Wanderung lohnt auch der Weg durch die Ravennaschlucht nahe Hinterzarten (Höllental).

Apropos Wasser und Schluchten: Mit einem Superlativ warten die Triberger Wasserfälle auf. Sie tragen den Titel „Höchste Wasserfälle Deutschlands". Über 163 m und 7 Stufen rauschen die Wasser der Gutach die Schlucht hinab. Allerdings ist dieses Naturschauspiel in eine durchaus auch als störend zu empfindende touristische Infrastruktur eingebettet. Mit knapp 100 Metern Höhe ist der Todtnauer Wasserfall zwar niedriger, stürzt dafür aber am Stück über die gesamte Strecke in die Tiefe.

Ein besonderes Highlight ist eine Bootsfahrt im Naturschutzgebiet Taubergiessen im Rheintal. Im Sommer fühlt man sich hier ins Amazonasbecken versetzt – bis ans Ufer drängt der dichte Urwald (www.taubergiessentour.de, www.schwarzwald.com/landschaft/taubergiessen.html).

Weitere Ziele sind z.B. der Baumkronenweg in Waldkirch (www.baumkronenweg-waldkirch.de), das Haus der Natur auf dem Feldberg mit Dauer- und Wechselausstellungen (www.naturpark-suedschwarzwald.de/bildungsangebote/haus-natur) und der Vogelpark bei Steinen (www.vogelpark-steinen.de).

Kultur

Colmar	Liegt an der Elsässer Weinstraße. Berühmt für sein altertümliches Stadtbild mit Gebäuden aus sechs Jahrhunderten und herausragenden Museen. Auch europäische Hauptstadt der Klapperstörche.
Furtwangen	Deutsches Uhrenmuseum (www.deutsches-uhrenmuseum.de)

Alternativprogramm

Freiburg	Eine 1000-jährige Stadtgeschichte sorgt für ein besonderes Ambiente. Das Flair der Stadt wird stark von den 30 000 Studenten mitgeprägt. Besonders sehenswert ist das Freiburger Münster.
Gutach	Schwarzwälder Freilichtmuseum Vogtsbauernhof (www.vogtsbauernhof.org)
Hinterzarten/Breitnau	Schwarzwälder Skimuseum (www.schwarzwaelder-skimuseum.de)
Münstertal	Besuchsbergwerk Teufelsgrund (www.besuchsbergwerk-teufelsgrund.de), Bienenkundemuseum (www.bienenkundemuseum.de)
St. Georgen	Deutsches Phonomuseum (www.deutsches-phono-museum.de)
Straßburg	Versteht sich mit seinen zahlreichen europäischen Einrichtungen als Hauptstadt Europas. Die historische Altstadt mit dem Münster und dessen einmaligem Vorplatz wurde zum Weltkulturerbe erklärt.
Todtmoos	Schaubergwerk „Hoffnungsstollen" (www.bergbau-schwarzwald.de)
Triberg	Tor zum Naturpark Südschwarzwald. Zahlreiche Freizeiteinrichtungen bieten Ziele für jedermann (Eble Uhrenpark, weltgrößte begehbare Kuckucksuhr, Schwarzwaldmuseum (www.schwarzwaldmuseum.com), etc.
Waldkirch	Elztalmuseum - Regionalgeschichte und Orgelbau (www.elztalmuseum.de)

Sonstiges

Hornberg	Wie das berühmte Hornberger Schießen ausging, erfährt man beim Besuch der Freilichtbühne (www.hornberg.de).
Deutsche Uhrenstraße	Perlengleich aufgereiht liegen entlang der Strecke Museen und Sehenswürdigkeiten rund ums Thema Zeit (www.deutsche-uhrenstrasse.de).
Sauschwänzlebahn	Museumsbahn mit Dampflokbetrieb auf einer der abenteuerlichsten Bahnstrecken Deutschlands (www.sauschwaenzlebahn.de).
Allemanische Fastnacht	Findet zugegeben nicht in der Klettersaison statt, ist aber etwas Besonderes (www.schwarzwald-tourismus.info/reisethemen/regional_original/fastnacht).
Weinproben	Im sonnenverwöhnten Baden wachsen edle Tropfen der Spitzenklasse. Eine Weinprobe z.B. im Kaiserstuhl ist für Liebhaber des Rebensafts ein Muss. Infos unter www.badischerwein.de. Bodenständiger geht es in den zahlreichen saisonal geöffneten Straußwirtschaften der Winzer und Weinbauern der Region zu.

Schwarzwaldcard

Im Internetshop der Schwarzwald Tourismus GmbH (www.schwarzwald-tourismus.info) kann man sich verschiedene Varianten der sogenannten Schwarzwaldcard besorgen, mit der man vielerorts Eintritte umsonst bekommt. Am Besten selber checken, ob es sich lohnt!

Geschichte

Nachdem Wilhelm Paulcke an den Battertfelsen bei Baden-Baden (siehe Kletterführer "Schwarzwald - Band Nord") einige Routen erschlossen hatte, gings gen Süden. Seine Besteigung des beinahe frei stehenden „Paulcketurm" im Höllental von 1890 gilt als der Beginn des Kletterns im Südschwarzwald. Weitere Routen sind bald darauf am Falkensteiner Grat und am Freiburger Grat entstanden, in den folgenden 20 Jahren wurde dann bereits am Kandel und im Gfäll geklettert.

Aus der Zeit nach dem Zweiten Weltkrieg ist die Erstbegehung der „Rastplatzrouten" im Gebiet Gfäll überliefert – sie sind auch heute noch der Eisprung einiger Kletterküken, während die „Schleierkante" einen Steinwurf weiter unten 1939 selbst mit Hakenbenutzung als schwerer alpinistischer Prüfstein gegolten haben muss. Sie ist heute (frei: 6+/7-) noch eine der schönsten Seillängen im Gebiet. Ähnlich wie bei Sandsteintürmen befindet sich der Standplatz auf der Gipfelnadel und wird am Besten mit Vor- und Nachstieg erklettert. Auf beide wartet dann – je nach Gefühlslage – wie einst ein beherzter Schritt hinüber zum Massiv, das sich auf gleicher Höhe wie der Turm befindet.

Das Klettern an solchen Bonsaifelsen war zu dieser Zeit keineswegs gewollt, sondern eher Notbehelf für die, die nicht ausreichend motorisiert waren. In der Festschrift „75 Jahre DAV Freiburg" poltert Urban Schurhammer 1956: „Mit dem schnellen, knatternden Motorrad rasten die jungen Leute in die Berge. Möglichst in die, zu denen man bis zum Einstieg fahren konnte. Nur noch das Laute imponierte ihnen, der sechste Grad, das noch nie dagewesene, die Sensation." Die Unternehmungen gipfelten damals natürlich in Alpentouren, die Felsen im nahen Umkreis fristeten ihr Dasein als das, was man im Skigebiet heute als Idiotenhügel bezeichnet.

1971 beschrieb ein Udo Patscheider in einer weiteren Festschrift der Sektion Freiburg die „Felswände und Türme, die von den Bergsteigern als Übungsobjekte benutzt werden. Man nennt sie Klettergärten. (...) Es sind unsere Mini-Alpen."

☐ Wie komme ich zu meinem Traumfels? Eine Frage, deren Lösung auch heute noch von zentraler Wichtigkeit im Klettersport ist.

■ Eve Ganter spreizt elegant durch den Kamin zum Gipfel des inzwischen erodierten Gipfelblocks am Großen Kandelfels.

Geschichte

Während die dort beschriebenen Gfäll-Routen „Schleierkante", „Plättle" und „Großer Axmann" auch heute noch begangen werden (und dazuhin noch ausgesprochen anmutig sind), gehören die ebenfalls erwähnten oberen Scheibenfelsen, die „Hirsch-Hoch-Führe" und die Gamswand im Hölltal zu den heute gesperrten Bereichen. Bereits 1971 war die Bekletterung des kletterhistorisch bedeutsamen Paulcke-Turms zugunsten der unmittelbar darunter gelegenen Bundesstraße, die keinen Steinschlag abbekommen sollte, nicht mehr gestattet, „so dass sich nur noch einige Unentwegte einfinden, um die eine oder andere Route zu begehen. Als Protestaktion gegen dieses Kletterverbot wurde vor einiger Zeit ein Fahrrad auf dem Gipfel des Paulcketurms deponiert.", wie Patscheider weiter beschrieb.

Die Ablehnung der behördlichen Sperrung mag der eine Grund für das Gipfelrad gewesen sein, es gab jedoch noch einen zweiten Grund, warum das Zweirad dort hinauf fand. Manfred Baßler aus Merzhausen bei Freiburg, heute 65, war bei der Bundeswehr in Mittenwald stationiert und kletterte oft an den Felsen im Oberreintal (Wettersteingebirge). „Ich bin dort auch mit dem Reindl unterwegs gewesen, der das Fahrrad in die berühmte „Fahrradlkante" gehängt hat, was damals vielleicht zwei oder drei Jahre her war. Und so was wollten wir natürlich auch im Schwarzwald installieren." In der Badischen Zeitung stand im Sommer 1967:

„Unbekannte stiegen am Dienstag auf den Paulcke-Felsen im Höllental – unweit des Hirschsprung – und montierten auf der obersten Spitze neben dem Kreuz ein altes Fahrrad. Es wird angenommen, dass die ohne Zweifel erfahrenen Kletterer das Fahrrad in Einzelteilen die senkrecht ansteigenden Felswände hinaufbeförderten und oben zusammenbauten."

⬛ Den über dem Höllental thronenden Hirsch kennt jeder, die heute gesperrte Kletterroute nur noch die gnädig früh Geborenen.

⬛ Früher Protest gegen Felssperrungen – das festgekettete Fahrrad auf dem Gipfel des Paulusfels.

„Stimmt gar nicht", erzählt Manfred Baßler. "Wir haben es als Ganzes hinaufgezogen." Die Herkunft des Göppels lässt den liebenswürdigen und zurückhaltenden Baßler gewaltig den Kopf einziehen, als er gesteht, „Ich befürchte, wir haben das damals irgendwo mitgehen lassen." Herunter kam das Fahrrad dann ohne seine Hilfe: „Damals wurde dann Hansjörg Kiefer von Sport-Kiefer beauftragt, das Fahrrad herunterzuholen. Oben bemerkte er dann, dass wir es anständig mit einer Kette und stabilem Schloss abgeschlossen hatten. Also musste er noch mal rauf. Diesmal mit einem Bolzenschneider."

Zur gleichen Zeit spielte die Klettergruppe Katz und Maus mit der Polizei: Am „Hirsch-Hoch" stiegen sie trotz Verbot (damals ebenfalls wegen Steinschlags) gerne und vor allem oft ein. „Sobald die Polizei kam, haben wir uns verdrückt. Dann haben die aber auch mal auf uns am Hirschsprung-Kiosk unten an der Straße gewartet. Das Auto hatten wir natürlich immer woanders geparkt. Und so konnten wir einfach oben raussteigen und gemütlich außen herum wandern." Damals gab es auch noch den kleinen Wanderweg mit kleinen Tunnels und Brückchen, um überhaupt zu den Einstiegen zu gelangen. Er fiel dem Rückbau des „Hirschsprung-Kiosk" zum Opfer. „Der Kioskbetreiber war aber nie begeistert, wenn er uns gesehen hat." Damals wurde auch am Felsen oberhalb des Feldsees noch geklettert: „Der Quergang war wunderbar!" In Udo Patscheiders Bericht wird er mit seinen „langen und ausgesetzten Quergängen" weiterhin der Scharfenstein im Untermünstertal genannt, der mit „Wagnerriss" und dem „Spiralriss" glänzt und ansonsten grünt: „... und beim Ausstieg fragt man sich, ob man Bergsteiger oder Gärtner ist."

Das 100jährige Bestehen des DAV Freiburg 1981 wurde mit „Großem Ball" und dem Karlsruher „Luftwaffenmusikkorps 2" begangen. Die Reden waren, wie auch 25 Jahre zuvor, reichlich schwulstig und beriefen sich auf Bräuche und Sitten vor allem der Älteren (meist Männer). Der dreitägige Kurs „Felsklettern bis Schwierigkeit III" wurde im Schweizer Jura abgehalten, lediglich als „Übungsgelände" wurden im darauf aufbauenden Kurs „Felsklettern bis Schwierigkeit IV+" die „Klettergärten rund um Freiburg" angesteuert.

Dabei gab es eine Menge Möglichkeiten an den Felsen, aber die meisten Routen wurden erst in den 80er und 90er Jahren des vorigen Jahrhunderts gelegt, als es schick wurde, einfach so, ohne Alpenambitionen, zu klettern. So zum Beispiel am Kandelfels. Ein „P. Rambach" wird bei einem Großteil der Routen als Erstbegeher genannt – heute ist er nur noch ganz selten dort zu sehen, Peter Rambach ist ein viel beschäftigter Mann: „Ja, ich war so von 1958 bis etwa 1990 ziemlich aktiv, in der späteren Zeit vor allem

mit neuen Touren." Am besten gefallen ihm heute noch die *Via Mala* (4+) sowie *Westend* (im Führer heißt sie *Westendführe*, 4+). Für die Zeit waren solche Routennamen schon ganz schön abgefahren. Für das Glanzstück hält er jedoch die *Scherer-Rambach* (6) – nun, ihr Name ist nicht ganz so originell: Gerold Scherer ist ein zweiter Bergführer aus Waldkirch. Ein paar Meter neben deren Ausstieg befand sich damals noch der überhängende Gipfelblock und da Peter Rambach seit 1975 mit seiner Firma „Alpina" Felssicherungen betrieb, informierte er die Stadt Waldkirch, als 1980 immer mehr Gebrösel unterhalb des imposanten Blocks rieselte. Ein Geologe bestätigte aus sicheren 200 Metern Entfernung den baldigen Abbruch, und in der Walpurgisnacht 1981 donnerte der gesamte Gipfel talwärts. Peter Rambach wohnte damals noch auf dem Kandelgipfel, etwa 700 Meter Luftlinie entfernt. „Um Mitternacht hatte die Lampe über dem Tisch einmal gewaltig gewackelt – da kam vermutlich der Fels runter." Als der Bürgermeister am nächsten Morgen lamentierte: „Unser Wahrzeichen liegt im Tal!", war für einige fixe Kombinierer der Fall schnell klar: Es roch nach Schwefel, ein Besen lag beim Felsen, Peter Rambachs Beruf als professioneller Felsenbeseitiger war ja bekannt, außerdem geschah der Vorfall auch noch in der Walpurgisnacht, da wollte also einer dem Hexenkult ein wenig nachhelfen ...

Den Vermutungen hält Peter Rambach entgegen: „Der Geruch hing noch drei Tage über dem Geröll, der kam natürlich vom Felssturz, der Besen war ein ganz normaler Borstenbesen, den wir beim Felsputzen in den Routen benutzt hatten und kein Hexenbesen." Immerhin konnte ab diesem Tag wieder gefahrloser geklettert werden, Rambach hatte zuvor die benachbarten Routen bereits abgesperrt. Ein großer Teil der Nase stürzte kompakt: „Die alte Nordwand kann man immer noch klettern, sie liegt jetzt eben im Tal."

Im Vergleich zu den Felsen, die er mit seiner Firma heute in die Tiefe befördert, war der Block des Kandelgipfel eher ein kleiner Brocken, gerade kommt Rambach von einem vierwöchigen Einsatz im Hölltal (B31 von Freiburg nach Donaueschingen) zurück. „Der größte Klotz war so 80 Kubikmeter", wog also gut 200 Tonnen. Die Wände und Spitzen dort gehören zum Imposantesten, was der Schwarzwald zu bieten hat. Dazu zählt zunächst der „Hirschsprung", auf dessen Felskopf der 2010 renovierte Blechhirsch steht, der sich der Sage nach einer waidmännischen Verwendung durch einen Sprung vom Paulcke-Turm

Geschichte

entzogen haben soll und nach dem sich seit Jahrzehnten Kinderhälse verdrehen: „Da, ganz oben – hast du ihn geseh'n?"

Die Stelle soll vor dem Straßenbau nur neun Meter breit gewesen sein. Heute ist sie deutlich breiter, so dass an einen solchen Sprung kaum zu glauben ist. Gleich daneben steht die 130 Meter hohe Wand „Hirschsprung hoch" oder „Hirsch hoch" – das ist aus Kletterersicht jedoch einerlei, denn sie ist genauso gesperrt wie der gegenüber gelegene Paulcke-Turm. Einst wegen Steinschlaggefahr für die Autos, heute zusätzlich wegen den eiszeitlichen Reliktpflanzen.

„Die Routen sind aber wirklich erste Sahne – und dieser Tiefblick!", beteuert Peter Rambach und so ist die einzige Möglichkeit, sie heute noch einmal zu wiederholen, recht aufwändig: Als Angestellter – derzeit arbeiten bei Alpina zwölf Mitarbeiter – kann man bei den jährlichen Sicherungsarbeiten am Paulcke-Turm vielleicht mal kurz in der Mittagspause die Keile auspacken und die über hundert Jahre alte Führe ausprobieren. Die Geräuschkulisse ist leider auch einzigartig: Auf der B31 fahren täglich 18 000 Fahrzeuge. „Das Wandbuch haben wir immerhin noch, da sind noch unsere alten Begehungen drin."

Als etwa 1980 am Kandel, im Gfäll und im Kostgfäll (Simonswald) die ersten Reiheneröffnungen von Routen starteten, begann Robert Jasper – heute Topalpinist – als Zwölfjähriger das Klettern im Schlüchttal. Bereits zuvor war er von seinem Wohnort Gurtweil am Eingang des Schlüchttals zu den Felsen geradelt und hatte dort die Kletterer bestaunt. Das waren zum Beispiel die Erschließer um 1975, Lorenz Berreth und Joachim Blatter. Sie hatten reichlich Touren eingerichtet, wie damals üblich, hauptsächlich mit geschlagenen Haken und mit der Bewertung A1, also mit Hakenverwendung. Jasper: „Das Gebiet galt als Trainingsbereich für Alpinisten, aber es gab mit Lorenz Berreth und Joachim Blatter zwei damals 18- oder 20jährige, die das Klettern schon damals ohne die üblichen Strickleitern praktizierten."
Auch ein paar Sachsen sollen nach dem Zweiten Weltkrieg ihre Finger mit im Spiel gehabt haben, die

Die Seilschaft Max und Paul Ganter in *Direkte Südwand* am Kandelfels.

Manche Wandpartie wird heutzutage auf direkterem Weg durchstiegen. Auch nach damaligem Standard wohl kein optimaler Seilverlauf.

Geschichte

angeblich den *Sachsengrat* erstbegangen hätten. Als Ausrüstung gab es zunächst nur Brust-, später Kombigurte. Zum Sichern musste Jasper sich mit geschlagenen Normalhaken zufrieden geben. Auch hier gab es Vorläufer der „Klebehaken" (Verbundmörtelhaken), als in erweiterte Löcher Normalhaken einzementiert wurden.

„Dann kamen diese Mammut M10-Haken auf, die man in einer Stunde von Hand reingeklopft hat. Mit den Alpin-Magazinen hat man eben Kurt Albert und Wolfgang Güllich als Vorbild gehabt. So habe ich Trittleiter und freies Klettern parallel gelernt." Meistens trafen sich die Kletterer erst im Schlüchttal, „wenn keiner da war, bin ich auch alleine ohne Seil geklettert", heute würde er das bei einigen der Routen aber nicht mehr machen.

Später ist er mit den Älteren in die Alpen, „die haben ihre Traumtouren mit Leitern geklettert, ich habe sie frei versucht. Viele solcher Routen waren es in den Dolomiten und die Tellistock-Südwand war auch dabei." Robert Jasper kletterte schnell schwieriger und hat zwischen 1985 und 1995 ein paar Neuner und Zehner im Schlüchttal eingerichtet (z.B. *Mondfinsternis* (9-/9), *Tanz auf den Buchstaben* (9-), *Hopp oder Flop* (10), alle am Schwedenfels), sie waren seine Kür für den Einstieg in den Profi-Alpinismus. Am Vorabend unseres Gesprächs kam er gerade von der Eigernordwand zurück, durch die er einen Kunden geführt hatte. Wenn er heute klettern geht, dann ins Basler Jura. Im Schlüchttal war er schon mindestens fünf Jahre nicht mehr. Aber wenn man nicht auf eine große Anzahl von Topschwierigkeiten angewiesen sei, würde er es immer noch empfehlen, „zu jeder Jahreszeit hast du da schöne Felsen, oder? Vor allem im Winter gibt es auch sehr sonnige Bereiche." Für Kletterkurse sei es aber eher ungeeinigt. „Der Falkenstein ist nur in der oberen Hälfte gut! Die Routen sind relativ alpin. Eigentlich ist's eher für mittlere bis gute Kletterer, die einfach ein bisschen Abenteuer suchen. Ansonsten ist der Schwedenfelsen am ehesten ein Sportklettergebiet."

„Roberts Neutourenzeit war zwar vor meiner, aber wir sind viel miteinander geklettert. Ich habe ab etwa 2000 die Erschließung der damals noch möglichen Touren im Schlüchttal gemacht." Wolfram Liebich

■ Robert Jasper brachte den Sportklettergedanken früh an seine heimatlichen Schwarzwaldfelsen. Hier in *Naiaberau* (8) am Schwedenfels im Schlüchttal, Anfang der 1980er-Jahre.

Geschichte

war ein paar Tage vor der Wende über die Tschechoslowakei in die Bundesrepublik gekommen. Wer die Hakenabstände im Elbstandstein, woher er stammt, kennt, ist froh, dass in seinen Touren überhaupt welche stecken: Sie gelten als reichlich „sportlich", das bekennt er schon. „Ein paar Keile oder Cams zusätzlich sind kein Fehler, außerdem ist die Bewertung eher hart." Puh! Zwei Touren ganz ohne Haken gibt es auch von ihm: *Best Friend* (Tannholzwand, 7-) und *Trulla* (Falkenstein, 7-), „da hat man aber unten noch ein paar Haken von einer anderen Tour." Wer mal eine 9-/9 versuchen möchte, ist an der Tannholzwand übrigens genau richtig: „Die *Pegasus* ist aber eine Megakratzertour mit Piranhagriffen, die ist für die heutige Zeit eher untypisch." Und noch eine Möglichkeit für eine erste Wiederholung: Der *Sinn des Lebens* am Falkenstein: 9+!

Nebenher hat Wolfram Liebich sehr viel saniert. Danach war Dietrich Dühmke aktiv, der einige Sechser-Touren an der Tannholzwand mit Haken versah: Allerdings habe dort eher ungenormtes Material den Weg in den Felsen gefunden. Teilweise seien sogar alte Haken recycelt worden. Hier gebe es auch angeklebte wie auch erweiterte Griffe, was damals in bestimmten Kreisen gerade Mode war, während es dem heutigen Sportkletterverständnis nicht mehr entspricht.

Nachdem sich in den letzten dreißig Jahren auch hier ganz im Süden die Gebiete vom Alpin-Übungs-gelände zum Sportklettergebiet wandelten, bleibt die Region dennoch zweigeteilt: „Das Albtal ist ein reiner Klettergarten. Dort sind auch viele einfache Routen zu finden. Das Schlüchttal dagegen ist eher wild, man kommt auch nicht so einfach an die Einstiege." Zur Tannholzwand beispielsweise führt sogar ein Eigenbau-Klettersteig.

Nach Einschätzung von Liebich, der sich derzeit wohl am besten im Schlüchttal auskennt, seien etwa 50% der Felsen gesperrt. So der Sachsen- und Schnörringer Grat, Backenzahn, Rote Wand, Ennet de Schlücht, Raitachfelsen, was einen guten Kompromiss bedeute, „aber wenn jetzt einer Neutouren macht, dann sind die eigentlich nur noch dazwischengequetscht." Unbedingt nötig sind sie ohnehin nicht: Im Schlüchttal sind stolze 249 Touren vermerkt. Das sollte doch ein Weilchen reichen.

Geologie und Landschaftsgeschichte

Der Südschwarzwald – 600 000 000 Jahre im Zeitraffer

Im Südschwarzwald finden wir einige der ältesten Gesteine Süddeutschlands. Sie stammen aus dem Präkambrium und sind möglicherweise älter als 600 Millionen Jahre. Diese Gesteine sind aber sehr selten, denn sie wurden während einer Gebirgsbildung vor etwa 350 Millionen Jahren weitgehend umgewandelt oder sogar aufgeschmolzen. Im Zuge dieser sogenannten Variskischen Gebirgsbildung kam es auf der ganzen Erde zu großen plattentektonischen Veränderungen. An „Knautschzonen", die sich über Tausende von Kilometern erstreckten, wurden alte Gesteine in die Tiefe gedrückt und unter Hitze und Druck umgewandelt. Dies geschah lange vor der jüngsten (alpidischen) Gebirgsbildung, der wir fast alle heutigen Hochgebirge der Erde verdanken (s. Zeittabelle).

Die variskischen „Umwandlungsgesteine" oder Metamorphite enthalten folglich Relikte viel älterer Gesteine und sind heute in Form von Gneisen im Südschwarzwald besonders weit verbreitet. In den Klettergebieten bei Freiburg, Schramberg und im Schlüchttal sind sie in unterschiedlicher Ausprägung anzutreffen. Im Verlauf der Variskischen Gebirgsbildung wurde aber auch älteres Krustenmaterial vollständig aufgeschmolzen und erstarrte zu „neuen" Gesteinen, vorwiegend in Form von Graniten. Sie sind heute im Raum Triberg und im Bereich des südlichsten Schwarzwaldes, u.a. im Schluchseegebiet und im Albtal anzutreffen. In den Schramberger Gebieten ist ein kleinräumiger Wechsel von Graniten und Gneisen zu beobachten. Beide Gesteine bestehen vorwiegend aus Feldspat, Quarz und Glimmer. Die Gneise zeigen eine typische, schichtig-plattige Einregelung der Minerale, teilweise sind schöne Fältelungen erkennbar, während die Granite eine körnige Struktur ohne deutliche Einregelung der Minerale aufweisen. Eher kleinräumig verbreitet sind Porphyre, die in Form von

▣ Oben ein grobkörniger Granit, unten ein Gneis mit schichtiger Textur. In beiden Gesteinen dominieren die Minerale Feldspat (weiße, eckige Komponenten), Quarz und Glimmer.

Geologie und Landschaftsgeschichte

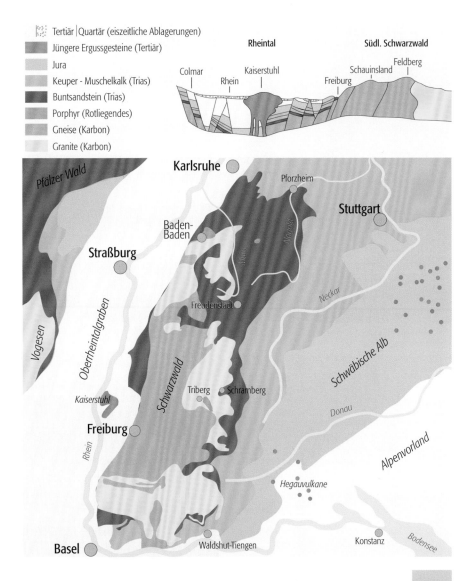

Tertiär | Quartär (eiszeitliche Ablagerungen)
Jüngere Ergussgesteine (Tertiär)
Jura
Keuper - Muschelkalk (Trias)
Buntsandstein (Trias)
Porphyr (Rotliegendes)
Gneise (Karbon)
Granite (Karbon)

Geologie und Landschaftsgeschichte

Gängen und Spaltenfüllungen das Eindringen von geschmolzenem Gestein gegen Ende der Variskischen Gebirgsbildung belegen. Schön zu sehen und zu „begreifen" sind diese Gesteine am Heidenstein (Triberger Gebiet). Am Windbergfels ist im linken Wandteil ein deutlicher Gesteinswechsel von Granit zu Porphyr erkennbar.

Bereits im Perm vor – 270 Millionen Jahren – war das Variskische Gebirge wieder weitgehend abgetragen und wurde in der nachfolgenden Triaszeit von mächtigen Folgen jüngerer Sedimentgesteine überdeckt. In der riesigen Flachlandschaft des Germanischen Beckens wurden Sandsteine und Tonsteine (Buntsandstein, Keuper) aber auch marine Kalksteine (Muschelkalk, Weißer Jura) abgelagert. Sie bilden heute in weiten Teilen Süddeutschlands das sogenannte Deckgebirge. Im Gegensatz zum Nordschwarzwald ist dieses Deckgebirge im Südschwarzwald heute nur noch an wenigen Stellen vorhanden. Der Buntsandstein ist zwar am östlichen Rand noch in geringer Mächtigkeit anzutreffen, für attraktive Felsbildungen reicht es dort aber nicht mehr. Wo ist das Deckgebirge geblieben und warum dominieren im Südschwarzwald die Gesteine des Grundgebirges?

Auslöser der starken Abtragung im Südschwarzwald war und ist der Oberrheingraben, der sich vor 50 Millionen Jahren ganz allmählich entwickelte. Die Entstehung dieses gewaltigen Grabens ist auch in Zusammenhang mit der zeitgleichen Heraushebung der Alpen zu erklären. Süddeutschland bekam dadurch „Druck" von Süden und die älteren Gesteine wurden großräumig deformiert und von Störungen zerrissen. Die anhaltende Hebung zwischen Schwarzwald und Vogesen führte schließlich zum „Einbrechen" im Scheitelbereich der Aufwölbung. Dieser Prozess verlief aber sehr langsam und keines-

Die „wütende Ach" (Wutach) hat sich in den letzten 18000 Jahren tief in das Grund- und Deckgebirge des Schwarzwaldes eingeschnitten. Die ein- bis mehrtägige Wanderung durch diese Schlucht gehört zu den besonders eindrücklichen Erlebnissen im Südschwarzwald.

Geologie und Landschaftsgeschichte

	Geolog. Ereignisse	Epoche		Klettergebiete
0		Jetztzeit		
12 000				
	Vulkanismus	Eiszeiten		Mayen (Eifel)
2 600 000				
		Tertiär		Steinwand (Rhön), Hegauvulkane, Vogelsberg
65 000 000				
	Beginn alpine Gebirgsbildung (Entstehung der Alpen)	Kreide	Obere	Elbsandstein, Zittauer Berge
			Untere	
140 000 000				
		Jura	Weißer	Schwäbische Alb, Frankenjura, Ith
			Brauner	
			Schwarzer	
200 000 000				
		Trias	Keuper	Stubensandsteinbrüche bei Stgt.
			Muschelkalk	Neckartal, z.B. Hessigheimer Felsengärten
			Buntsandstein	**Nagoldtal**, Pfalz, Nordeifel, Östl. Odenwald
250 000 000				
		Perm	Zechstein	Südharz, Bad Lieberstein (Thüringen)
			Rotliegendes	**Battert, Bad Herrenalb**, Thüringer Wald, Schriesheim, Rotenfels
300 000 000	Beginn Variskische Gebirgsbildung (Entstehung Vogesen, Schwarzwald, Rheintalgraben)	Karbon	Ober	**Felsen des Südschwarzwalds, Murgtal, Plättig**, Fichtelgebirge, Okertal, Brocken (Harz)
360 000 000			Unter	
		Devon	Ober	Konradfels (Lahn)
			Mittel	Gerolstein (Eifel)
			Unter	Morgenbachtal (Rhein)
415 000 000				
		Silur		
		Ordovizium		
		Kambrium		
540 000 000				
		Präkambrium		Ältestes Gestein Deutschlands im Südschwarzwald
4 000 000 000				

Geologie und Landschaftsgeschichte

wegs kontinuierlich. Vor 20 Millionen Jahren kam es entlang tiefreichender Störungszonen auch noch zu vulkanischen Aktivitäten. Der Kaiserstuhl und die Hegauvulkane sind so zu erklären.

Der Südschwarzwald wurde besonders stark gehoben. Deswegen sind dort bis heute die höchsten Gipfel und Hochflächen vorhanden. Seit Jahrmillionen überwinden die westlichen Schwarzwaldflüsse zwischen Grabenschulter und südlichem Oberrheingraben auf kurzer Distanz einen Höhenunterschied von mehr als 1000 Metern! Sie haben dabei das Deckgebirge sowie Teile des Grundgebirges abgetragen und in Form von Kiesen und Sanden in der Oberrheinebene wieder abgelagert. Tief eingeschnittene Kerbtäler, wie das Höllental zwischen Freiburg und Hinterzarten, entwässern zum Rhein, während auf der Ostabdachung des Südschwarzwaldes flache Muldentäler noch vom früheren Wirken der Donau zeugen. Bis auf ihr kleines Quellgebiet im Raum Furtwangen musste die Donau im Laufe der letzten Jahrmillionen immer wieder Teile ihres Einzugsgebietes an den „stärkeren" Rhein abgeben. Sie steht auf verlorenem Posten

Geologie und Landschaftsgeschichte

und wird sich in naher geologischer Zukunft ganz aus dem Schwarzwald verabschieden. Auf der Fahrt von Freiburg nach Donaueschingen kann diese unterschiedliche Erosionsleistung der Nebenflüsse von Rhein und Donau sehr schön nachvollzogen werden. Für die Kletterer wiederum bedeutet diese Tatsache, dass alle größeren Felsbildungen des Südschwarzwaldes in den steilen und tief eingeschnittenen Tälern des Rheineinzugsgebietes zu finden sind.

Den letzten Schliff bekam der Südschwarzwald während des Eiszeitalters. Die Gletscher der Riss- und Würmkaltzeit erreichten hier beachtliche Ausmaße. Die flache Kuppe des Feldberges (Foto links) war noch vor 20000 Jahren von einem mächtigen Eisschild überdeckt. Von dort flossen Talgletscher in alle Richtungen und erreichten im Alb- und Wiesental Längen von bis zu 25 Kilometern – das entspricht dem aktuellen Stand des Aletschgletschers! In den heutigen Tälern zeugen Moränen (Foto rechts oben) und vom Eis überschliffene Felspartien, aber auch Zungenbeckenseen wie der Titisee von dieser kaltzeitlichen Epoche. Nach dem Rückschmelzen der Gletscher setzten Verwitterungsprozesse und die Tiefenerosion durch Flüsse ihr Zerstörungswerk fort – bis heute. Auch der Mensch hat in den letzten Jahrhunderten im Südschwarzwald schwer gewütet. Bergbau, Holzexport und die Glasherstellung, aber auch die Nutzung der Wasserkraft haben dem Schwarzwald vor allem im 17. und 18. Jahrhundert schwer zugesetzt. Die Landschaft war damals weitgehend entwaldet und einige Felsen wurden durch Steinbruchaktivitäten in Mitleidenschaft gezogen. Silva nigra, wie bereits die Römer den Schwarzwald nannten, hat also eine wechselvolle Geschichte hinter sich. Wer heute im Schwarzwald kletternd und wandernd unterwegs ist, bewegt sich in einer alten Kulturlandschaft – Augen auf, es gibt auch neben den Felsen noch viel Interessantes zu entdecken.

◼ Blick vom Herzogenhorn auf das Feldbergmassiv. Der Feldberg bietet zwar kaum Klettermöglichkeiten, aber dafür noch viele Spuren der kaltzeitlichen Landschaftsgeschichte.

◼ Blick ins verschneite Menzenschwander Tal. Sehr schön sind bei diesen Lichtverhältnissen mehrere Endmoränen im Talboden zu erkennen (Foto: D. Knor)

Freiburger Gebiete
Übersicht

Wen es als Kletterer zum Studium statt nach Erlangen nach Freiburg verschlägt, der braucht sich nicht zu grämen – klettern kann man auch hier. All zu sportlich sollte man an die Sache aber nicht herangehen. Wer im High-End Bereich unterwegs ist, wird an den Felsen im näheren Umfeld von Freiburg nicht furchtbar fündig werden. Zu wenig steil sind die Felsen, zu griffig der Gneis.

Dafür finden Genusskletterer Potential ohne Ende. Das Problem vieler Kalkklettergebiete, wo leicht oft mit grasig und schrofig einhergeht, kennt man im Südschwarzwald nicht. Auch im dritten und vierten Grad findet man jede Menge perfekter Routen, mit festem Fels von unten bis oben. Und im Niveau 5 und 6 ist das Angebot schier unüberschaubar.

Das Teilgebiet A beinhaltet alle Felsen an den westlichen, zum Rheintal hin abfallenden Flanken des Schwarzwalds. Die Felsen liegen teilweise recht hoch über NN – der Kandelfels z.B. auf ca. 1100 m – bieten aber vielfach auch südseitig exponierte Bereiche, an denen sogar an sonnigen Wintertagen geklettert werden kann.

Mit Abstand am beliebtesten ist das Gfäll. Ein Riesenangebot an Routen und die gute Erreichbarkeit auch mit öffentlichen Verkehrsmitteln sorgen dafür, dass hier eigentlich immer jemand am Klettern ist, wenn es irgendwie geht.

Nicht wenige Locals halten die Routen am Kostgfäll für ganz besonders lohnend. Und wer auf grandiose Ausblicke steht, der muss unbedingt einmal an einem schönen Spätsommerabend am Kandelfelsen klettern.

☐ Auch das Freiburger Münster wurde schon von außen erstiegen.

■ Tobias Waltenberger und Ralf Kempf in der Rhodewand im Gfäll.

Freiburger Gebiete
Übersicht

Anfahrt

Aus nördlicher und südlicher Richtung ist Freiburg sehr gut über die A5 erreichbar, von Osten gelangt man über die Höllentalstrecke auf der B31 über Donaueschingen in die Hauptstadt des Breisgaus. Die genaueren Zufahrtsbeschreibungen über die kurvigen Schwarzwaldsträßchen finden sich in den Beschreibungen der einzelnen Felsen.

ÖPNV

Bis auf Altvogelbach sind alle Gebiete mehr oder weniger gut mit öffentlichen Verkehrsmitteln zu erreichen. Näheres bei den jeweiligen Gebieten.

Karte

Landesvermessungsamt Baden-Württemberg Freizeitkarte 1:50000 Blatt F505 Freiburg im Breisgau, Kaiserstuhl (oder gleich das gesamte Kartenset Südschwarzwald).

Übernachtung

In der Ferienregion tendiert die Anzahl der Übernachtungsmöglichkeiten gegen unendlich. Einen Überblick geben die Internetseiten www.freiburg.de, www.dreisamtal.de und www.schwarzwald-tourismus.info. Der Outdoorschläfer findet unter www.camping.info seinen Stützpunkt. Ein Tipp: Vom gemütlichen Camping Hirzberg kann man zum Après-Climbing zu Fuß in die Freiburger City laufen. Für Gruppen interessant – der Jugendzeltplatz „Stübledobel" in Oberried (www.jugendzeltplatz-oberried.de). Wer gerne ein Dach über dem Kopf hat, aber nur einen kleinen Geldbeutel: Ramshaldenhütte (DAV Freiburg), Jugendherberge Freiburg (freiburg.jugendherberge-bw.de, Tel. 0761-67656).

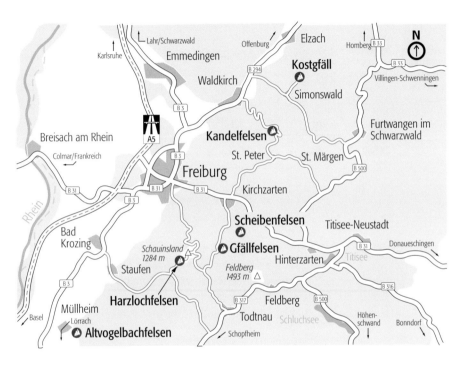

Kostgfäll
Übersicht

Koordinaten	48°07′17″N
	08°05′50″E
Ausgangspunkt	Simonswald
Ausrichtung	SW,S,O
Sonne	ab Vormittag
Wandhöhe	10 - 30 m
Wandfuß	flacher Hang
Routenanzahl	45
Niveau	

1-5	10
6-7	30
8-11	5

Allein die idyllische Umgebung dieses abgeschiedenen Traditionsgebiets lohnt den Besuch. Die im tiefen Wald eines steilen Bachtals weit oberhalb von Simonswald gelegene wilde Felslandschaft besteht aus mehreren Massiven, von denen drei Felsen – Großer und Kleiner Gfällfels und die Flechtenwand – zum Klettern freigegeben sind

Die Kletterei ist abwechslungsreich und kurzweilig, meist hat man es mit wohlwollend positiven Leisten und Kanten zu tun. Die tollen Routen an der steilen, mit Überhängen und Dächern garnierten Südwand des Großen Fels erfordert dazu noch einiges an Oberarmkraft. Aber auch die weniger steilen Wandbereiche beherbergen zahlreiche lohnende Touren für den eher gemäßigten Kletterer, der ansonsten auch am Kleinen Fels einige Leckerbissen genießen kann.

Das an sich gute Routenpotential der Flechtenwand wird leider viel zu selten genutzt, was der Kletterfreundlichkeit nicht gerade zuträglich ist. Wie bei allen schattigen Felsen bildet sich hier schnell eine bei feuchtem Wetter unangenehme Moos- und Flechtenschicht auf Tritten und Griffen. Schade eigentlich: Die gut abgesicherten Touren hätten durchaus mehr Begehungen verdient.

Die Flechtenwand ist ganzjährig frei. Der große und kleine Fels sind vom 1.1. bis 31.7. gesperrt. Sie werden aber falls keine Vogelbrut stattgefunden hat, früher freigegeben. Bitte die Hinweisschilder am Weg vom Bauernhof zu den Felsen beachten oder unter www.igklettern-suedschwarzwald.de nachschauen. Dort wird eine vorzeitige Freigabe bekannt gegeben.

■ *Raptus* (8-) gehört zu den schwereren Wegen im Kostgfäll – Dominik Schmid krallt sich entsprechend fest.

Kostgfäll
Übersicht

Karte	Topographische Karte des LVA Baden-Württemberg, Blatt 7914 Furtwangen, 1:50 000
Anfahrt	Von der A5 Ausfahrt Freiburg Nord auf der B 294 in Richtung Waldkirch. Bei Bleibach abbiegen in Richtung Furtwangen. Nach ca. 6 km erreicht man (Alt-) Simonswald. In der Ortsmitte zwischen den Gasthäusern „Krone-Post" und „Hirschen" abbiegen (Kirchstraße) und weiter in Richtung Haslachsimonswald. Nach ca. 3,3 km, direkt bevor die Straße über einen kleinen Bach führt, auf der rechten Seite kleiner Wanderparkplatz mit Platz für 5-6 Autos.
ÖPNV	Mit der Elztalbahn bis Bleibach und weiter mit dem Bus oder von Freiburg HBF ab die ganze Strecke mit der Buslinie 7272 (Richtung Furtwangen) bis Simonswald-Rathaus (ca. 1 Std.). Von hier zu Fuß weiter wie oben und beim Zustieg beschrieben in einer weiteren guten Stunde zum Fels.
Zustieg	Die Straße bergauf und nach 20 m rechts auf asphaltiertem Fahrweg („Baumerbühlhofweg") zum „Lochhof". Nun immer auf der nördl. Seite des Bachs („Gfällweg", gelbe Raute) auf zuerst breitem, später schmalem, steinigen Pfad 300 m durch ein romantisches, kleines Bachtälchen hinauf. 10 m bevor der Pfad mittels eines Holzsteges (mit Geländer) über das Bächlein führt, links auf steilerem Pfad ca. 100 m bergauf. Man sieht nun links oberhalb die Flechtenwand, 50 m weiter geht es links auf einem Steiglein zur Kleinen Wand, rechts schließt sich die Große Wand an (15 - 20 Min vom Parkplatz).
Abstieg	Zahlreiche Umlenker vorhanden. Teilweise befinden sich diese allerdings „hinter" den Ausstiegen. Lange Schlingen zum Verlängern sind oft hilfreich.

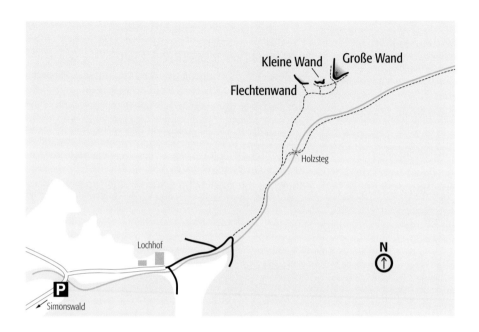

Gestein/Felsstruktur	Überwiegend fantastisch abwechslungsreicher, fester, griffiger Gneis. Platten, Risse, Verschneidungen, Überhänge – alles was das Kletterherz begehrt.
Schwierigkeit	Viele Routen im beliebten mittleren Schwierigkeitsbereich. Einige leichtere Wege und nur wenige ganz schwere.
Absicherung	Prinzipiell gute Absicherung mit Bohrhaken, allerdings sind manche Abstände – auch zum ersten Haken – sportlich. Ein Bündel Keile kann schwache Nerven dann beruhigen.

Kostgfäll
Übersicht, Flechtenwand

Kletterregelung	Flexible Sperrung im Falle einer Vogelbrut. Bitte entsprechende Beschilderung am Zustiegsweg beachten. Gemäß der Verordnung des Landratsamts ist Magnesia nur an extrem schweren Stellen(?!) erlaubt. Am Bachfels, dem ersten Fels auf dem Zustieg, ist das Klettern verboten. Ebenso an der Falkenwand auf der gegenüberliegenden Talseite.
Übernachtung	Campingplatz Schwarzwaldhorn (www.schwarzwald-camping.de, Tel. 07683-477)
Gastrotipps	Simonswald: Kiosk beim Schwimmbad, Cafe Märchengarten, Pizzeria „Sonne" (Talstraße 37)

1 **Linke Kante**   7-
Damit es Spaß macht, muss die Route mehr geklettert werden.

2 **Krabat**   6-   J. Fehrenbach, K. Weiß `90
Ansprechende Verschneidungskletterei, die zu verflechten droht.
   a **Freisicht**   7-   J. Fehrenbach, K. Weiß `90
   Man ahnt es: Der Schlüssel hängt am Überhang. Leider Flechtenalarm!

3 **Alte Verschneidung**   6   F. Schwarz `50
Die offensichtliche Linie am Massiv. Crux ist der Einstieg in die eigentliche Verschneidung. Statt des originalen Quergangs nach links empfiehlt sich der Ausstieg nach rechts zum Umlenker von Route 6.
   a **große Zacken**   7+
   b **Linker Ausstieg**   6-
   c **Direkter Ausstieg**   6-   M. Hamann, T. Becherer `90
   d **Einstürzende Neubauten** 7+   C. Frick, T. Becherer `90
   Der abdrängende Wulst ist nichts für Zwerge. Verzwickt heftige Variante.

4 **Koyaanisqatsi**   7+   M. Müller, C. Frick `86
Das abschließende Dach ist lang nicht so wild, wie es aussieht.

5 **Via Benedikt**   6+   M. Hamann, T. Becherer `90
Lange eigenständige Wandkletterei. Ohne Begehungen wird sich die Natur diesen feinen Weg aber bald zurückerobern. Also ran!

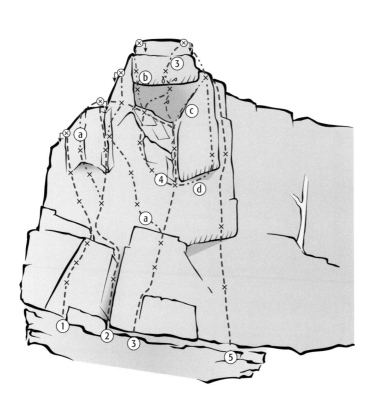

Kostgfäll
Kleiner Fels

1 **Dirty blues** 8+/9- C. Frick´90
Schattiges Wändchen ums Eck. Dirty passt zu der Abfolge von Längenmoves.

2 **Die Wiederkehr des Gleichen** 9 C. Frick´87
Tüfteliger Boulder entlang der überhängenden Kante. Einstieg von links.

3 **Doppeldach** 7- F. Schwarz´82
Pumpige untergriffige Hangeltraverse.
  a **Direkter Einstieg** 7+
  Ein weiter Zug, und hat ihn.
  b **Direktes Doppeldach** 7 F. Nothacker´82
  Raffinierte und anstrengende Bewegungssequenz. Eben ein Dach mehr.

4 **Simonswälderverschneidung** 5 Winterhalter, Wehrle, Bronner´30
In der eigentlichen Verschneidung herrliche Piazkletterei und oben noch ein schöner Riss – gefühlte drei Sterne.

5 **Waldkircherwand** 5+ P. Rambach, W. Messmer´63
Der Weg des geringsten Widerstands nimmt einen weiten Rechtsschwung.

6 **Direkte Waldkircherwand** 7- A. Ambs´82
Etwas unübersichtlich, und zwischen dem 1. und 2. BH sollte man nicht fallen.

7 **Raptus** 8- F. Nothacker´83
Knackiger Einstieg, und dann muss man dranbleiben, bis sich die Kante neigt.

8 **Risskamin** 5+
Klassischer Weg, den man nicht gemacht haben muss. Sicherung mit Keilen.

9 **Mittagsweg** 4- Winterhalter, Wehrle, Bronner 30er
Genuss entang der schwach ausgeprägten gestuften Verschneidung.

10 **Dezemberweg** 6- C. Frick, M. Müller, P. Klausmann´85
Feine Wandkletterei. Der erste Haken steckt – wie bei allen Routen an dem Wändchen – recht hoch.

11 **Hakenleiter** 6 P. Rambach, W. Messmer´63
Um die drei dicht aufeinander folgenden Bolts recht kleingriffig.

12 **Hakenleiterkante** 6- P. Rambach, W. Messmer´63
Über drei Bohrhaken direkt entlang der Kante.

■ Perfekter Klemmkeiltrichter am Ende der *Simonswälderverschneidung* (5).

Die 1825 erbaute **Hexenlochmühle** ist mit ihren zwei Wasserrädern einzigartig im Schwarzwald. Über das große Wasserrad fließen 300 Liter Wasser pro Sekunde und bringen eine stattliche Leistung von 13 Pferdestärken.

1 **Panzerknacker**   6+   M. Müller '84
Egal ob links geklettert oder rechts: Am ersten Haken gibts die Crux.

2 **Plättle**   4-   Winterhalter, Wehrle, Bronner 30er
Toller Klassiker mit kräftigem Auftakt und luftiger Abschlussverschneidung in der Ostwand. Spätestens dort sind Keile ratsam.
  a **Plättle direkt**   6+
    Homogener, wenn nach dem Riss links zum Panzerknacker-Umlenker geklettert wird.

3 **Kratzbürste**   5-   M. Müller '83
Recht frei, aber beim Ausstieg auf das Band kommt dann doch noch ein rettender Henkel.
  a **Linker Ausstieg**   6
    Noch nicht sanierter linker Ausstieg.
  b **Schwarzdach**   7+   F. Schwarz '55
    Steile Abschlusswand mit griffigen Käntchen und Leisten.
  c **Neues vom Muskelplotz und Hotzenplotz**   8
  d **Abzwacker**   6

4 **Flugkante**   6   P. Rambach, W. Messmer '63/64 / M. Müller '85
Original Querung zum Stand von 3, heutzutage üblich mit der sich perfekt anschließenden Variante durch die obere Platte.
  a **Popeye takes spinach**   7+   P. Klausmann, A. Kienzle '87
    Linke Einstiegsvariante zur *Flugkante*. Längenproblem.

5 **–**   6   P. Klausmann, A. Kienzle '87
Schlüsselstelle ist die anspruchsvolle Querung um die Ecke.

6 **Fruchtbarkeitstanz der Regenwürmer**   8-   C. Frick '86
Schöne Linie entlang des leicht überhängenden Pfeilers. Alles gilt.

7 **Schwarzriss**   4+   F. Schwarz, '50er
Herrliche, freie Risskletterei. Ein echter Klassiker mit Niveau.

8 **Feinschnitt**   7-   C. Frick '90
Etwas reingequetscht. Aber die Abschlussplatte: vom Feinsten!

9 **Schwarzer Preuß**   6+   F. Schwarz, M. Preusche '56
Nimmt die schmale Verschneidung und geht dann rechts haltend raus.

10 **Autoput**   6+/7-   M. Müller '84
Startet sehr knapp neben 11 und zieht dann mittig gutmütig durch das Dach.

11 **Preußkante**   5+
Nahezu perfekte Genusskletterei mit einer kurzen schweren Passage an der Kante. Anschließend rechts (1 BH) über liegende Wand Richtung Gipfelkreuz.
  a **Remember Grant**   6

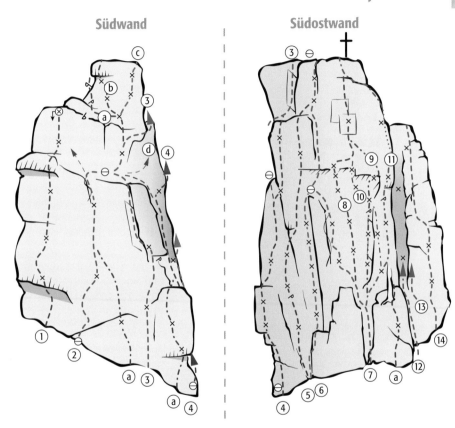

Südwand

Südostwand

12 **Kamin**   3   Winterhalter, Wehrle, Bronner 30er
   Leider hält sich sich Feuchtigkeit lange, aber außen spreizen ist ohnehin eleganter als drinnen klemmen. Leicht, aber selbst abzusichernd zum Gipfelkreuz.

13 **Kaminkante**   4+
   Über die gebrochene rechte Kaminkante. Äußerst selten begangen.

14 **Semikolon**   4+   R. Grieg '84
   Nach der Einstiegswand gestuft zum Umlenker. Sehr selten begangen.

A2
Kandelfelsen
Übersicht

Koordinaten	48°07´17´´N
	08°05´49´´E
Ausgangspunkt	Kandel
Ausrichtung	W, SW, NO
Sonne	ab Mittag
Wandhöhe	10 - 30 m
Wandfuß	unebene Hanglage
Routenanzahl	103
Niveau	

1-5	60
6-7	39
8-11	4

Der Kandel (1243 m) ist eines der beliebtesten Ausflugsziele im ganzen Schwarzwald. Reisebusse, Motorradfahrer, ganze Familien in ihren Vans: Alle lockt die tolle Fernsicht über das 1000 Meter tiefer gelegene Rheintal bis hinüber zu den Vogesen, aber auch hinein in den Schwarzwald und bei entsprechender Sicht sogar bis zu den Alpen. Die beste Sicht hat man von der Kandelpyramide aus, welche den Kandelgipfel um ein paar Meter überragt.

Zum Glück liegen die Kandelfelsen etwas tiefer am Hang und somit abseits vom Touristenrummel. Das heißt aber nicht, dass hier nichts los wäre. Die Felsgruppe hat für Anfänger und Kletterer der gemäßigten Schwierigkeitsgrade eine große Tourenfülle zu bieten und viele Routen üben nach der Sanierung eine hohe Anziehung auf die breite Klettermasse aus. Allerdings sollten nach wie vor mobile Sicherungsgeräte mitgebracht werden. Ob sie zum Einsatz kommen, hängt von der Routenwahl und dem persönlichen Klettervermögen ab. Die zahlreichen Risse und Verschneidungen nehmen jedenfalls Klemmgeräte bereitwillig auf. Und wenn wir schon bei der Ausrüstung sind: Trotz des überwiegend bombenfesten Gesteins ist das Tragen eines Helms kein Fehler.

Aufgrund der Lage über dem winterlichen Nebelmeer und der Südexposition großer Wandbereiche lässt sich hier auch in der kalten Jahreszeit und in den Übergangszeiten klettern. Die Schattenseiten der Kandelfelsen sind oft lange feucht, die Einstiege sumpfig. Ein Mikroklima, in dem hüfthohe Farne und dicke Moospolster aufs Vortrefflichste gedeihen, ganz zum Unbehagen des Klettervolks.

■ Unten das Rheintal, oben der Umlenker. Landschaftlich gehört das Kandelgebiet zu den absoluten Highlights im Südschwarzwald.

Kandelfelsen
Übersicht

Karte	Topographische Karte des LVA Baden-Württemberg, Blatt 7914 St. Peter, 1:25 000
Anfahrt	Von der A5 Ausfahrt „Freiburg Nord" auf der B294 nach Waldkirch, dort Ausfahrt „Waldkirch Ost/ Kandel", die Kandelstraße L186 in Richtung St. Peter. a) Nach circa 8 km in einer scharfen Linkskurve auf einem Parkplatz in der Kehre parken (Bushaltestelle). Weiter wie beim Zustieg a) beschrieben. b) Weiter bis zum Parkplatz auf der Kandelhöhe (Kandelhotel). Nun wie beim Zustieg b) beschrieben.
ÖPNV	Entweder von Freiburg HBF mit Buslinie 7205 über Glottertal bis Kandel oder mit Bus Nr. 7272 Richtung Furtwangen bis Waldkirch-Post und weiter mit Bus Nr. 7273 bis Kandel (Beide Var. je ca. 1,5 Std.). Weitere Infos unter www.rvf.de.
Zustieg	a) Aus der Kehre auf schmalem Pfad kurz zu Forstweg ansteigen. Auf diesem 40 m nach links bergauf zu einer Gabelung. Hier rechts, bis nach ca. 300 m ein Wanderweg („Damenpfad") links abzweigt. Diesen Weg weiter bis unter die Südwestwand (Kandelfels). b) Vom Kandelparkplatz kurz in Richtung Kandel-pyramide. Den Wegweisern „Großer Kandelfelsen" („Damenpfad") folgend zuerst am Hang entlang, dann absteigend zum Fels (Kapuzenturm). Beide Zustiege schenken sich zeitlich nicht viel (je ca. 15 Min.). Wer zur Südwestseite des Kandelfels will, kommt besser über Variante a), zum Kapuzenturm einen Tick schneller über Variante b).
Abstieg	Abseilen/Umlenken (1x30 m oder 2x20 m)
Gestein/Felsstruktur	Fester, meist senkrechter, rissdurchzogener Gneis.
Schwierigkeit	Ein Paradies für Liebhaber leichter bis mittelschwerer Routen.

JETZT IST
STEINZEIT
ANGESAGT!

© Sean McColl · Archiv Mammut · 2014

SF SPORT FABRIK
BRUCHSAL

MAMMUT

Kandelfelsen
Übersicht

Absicherung	Sehr unterschiedlich. Oft mit neuem Hakenmaterial ordentlich abgesichert. Klemmgeräte finden trotzdem noch Verwendung, sofern am Gurt mitgeführt. Meist ein Umlenker für mehrere Touren.
Kletterregelung	Neutourenverbot, Wegegebot beachten. Magnesia bitte nur sparsam verwenden.
Übernachtung	www.camping-elztalblick.de www.camping-steingrubenhof.de

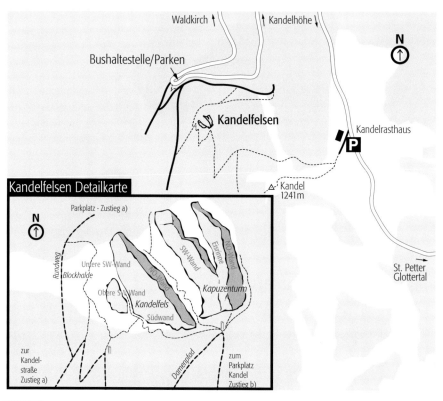

Kandelfels Obere SW-Wand

Kandelfels Untere SW-Wand

Kandelfels
Übersicht

Orientierung

Der Kapuzenturm besteht aus zwei fast parallelen Felsriffen, die ganz oben an der Bergseite miteinander verbunden sind. Die *Eisrinne* ist die Rückseite der Nordostseite. Über die Kante dieses Riffs führt der auf der Nordostseite einsteigende „Kandel Höhenweg". Das kürzere südwestseitige Riff bildet die Südwestwand aus, die auf S. 76 detailliert beschrieben ist.

Sektoren

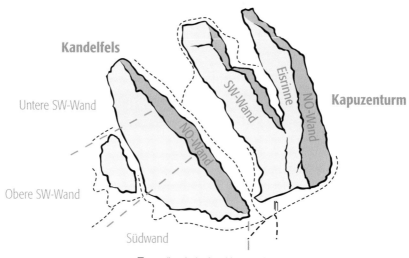

■ Monika Schmitteckert sichert Daniel Karrais in *Via Mala* (4+).

Kandelfelsen
Kandelfels, Untere SW-Wand

1 **Petersgrat** 3+ P. Rambach
Meist wird heute über c eingestiegen und über Route 5 ausgestiegen.
  a **Direkteinstieg** 4
  b **Mummeryriss** 5 G. Schuler
    Cleane mit Keilen abzusichernde Einstiegsvariante.
  c **Einstiegsplatte** 3+ P. Rambach ´77
  d **Einsteigsverschneidung** 3+ P. Rambach ´77

2 **Eicher Weg** 6+
Verläuft ständig links des *Fangs*.

3 **Fang** 6 P. Rambach ´81
Sehr interessante, abdrängende Wand mit Untergriffen.

4 **Amerikanischer Riss** 5
Cleane Tour.

5 **Westendführe** 4+ P. Rambach ´73
Außerordentlich beliebte Genusskletterei, die auch in zwei Seillängen geklettert werden kann.

6 **Westendpiaz** 4+ G. Scherer ´84
Durch die Sanierung konnte die Kletterei bis zum Gipfel verlängert werden.
Risse, Schuppen, Überhänge: alles dabei.

7 **Kristallriss** 5+ M. Spindler, P. Rambach ´73
Klassische Linie, mit Schlüsselstelle am Überhang über dem Band.

8 **Kristallwand** 6 G. Scherer ´84
Gut gesicherte Kletterei, zuerst über den Überhang, dann knifflige Einzelstelle an steiler Wand.

9 **Via Mala** 4+ P. Rambach ´74
Klassiker, mit schwerster Stelle am ersten Bohrhaken, oben Traumverschneidung im 3. Grad.

10 **Zentralpfeiler** 5+ P. Rambach ´79
Luftige Kletterei, mit berühmtem Runout am Überhang (gefährlich).

11 **Piazkante** 6 G. Schuler
Schwierige Einzelstelle ganz zum Schluss, weite Hakenabstände, Cams mitnehmen.

🔲 Am unteren Teil der Südwestseite ist immer was los.

12 **Pumprisse** 7- G. Scherer ´84
Steile, leicht überhängende Wandkletterei, in der kein Riss zum Pumpen zu finden ist.

13 **Christkindlesweg** 5+ G. Scherer ´86
Gute Tour mit weitem Hakenabstand, auch unter dem Namen „Schuppen-shampoo" bekannt.

14 **Zur Teufelskanzel** 7- P. Rambach ´73
Gut gesicherte kniffflige Wand und Risskletterei, das Riesendach – die eigent-liche Teufelskanzel – fiel dem Bergsturz 1981 zum Opfer.

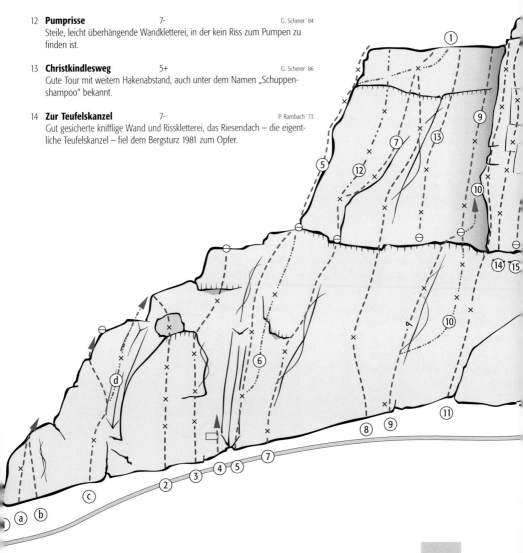

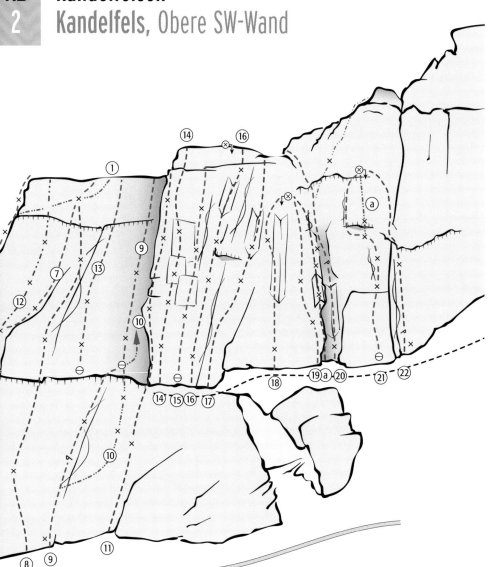

15 **Schweine im Weltall**   9-   C. Frick, M. Müller '86
Nach Griffausbruch haben sich die Schwierigkeiten anscheinend auf 9- erhöht.

16 **Scherer-Rambach**   6   P. Rambach, G. Scherer '81
Der Prüfstein für den 6. Grad.

17 **Blues und Jazzclub**   7   C. Frick '85
Gepfriemel an glatter Plattenwand, weite Züge.

18 **Schlipf**   3+   P. Rambach '81
Kleine Verschneidung.

19 **Zwei alberne Säcke beim Bouldern**   5+   C. Frick, P. Hoffmann '86
Einstige Topropevariante, heute eingebohrt.
  a **Giftzwerg**   7+   G. Schuler
  Reines Boulderproblem, mit zwei Haken bestens gesichert.

20 **Brych**   3+   P. Rambach '81
Genussroute durch breiten Kamin und schöne Kante direkt bis zum höchsten
Punkt des Kandelfelsen.

21 **Bergwachtwändle**   5-   P. Rambach '81
Steile Wand mit guten Griffen.
  a **Bergwachtkante**   5+   P. Rambach '81
  Der lohnende Ausstieg des *Bergwachtwändles*, exponierte Kletterei direkt an der
  Kante.

22 **Dom**   6-   P. Rambach '81
Schwieriger Einstieg in eine Verschneidung.

▣ Mehrere Informationstafeln an den Zugangswegen bieten interessante und nützliche
Informationen zu den Felsformationen am Kandel.

22 Dom   6-   P. Rambach ´81
Schwieriger Einstieg in eine Verschneidung.

23 Kuhweg   3+   P. Rambach ´81
Ob hier wirklich Kühe hochkommen?

24 Obere Kante   6   P. Rambach ´81
Die Verlängerung zur *Bergwachtkante*. Minidach und steile Wand.

25 Schleierverschneidung   4-   P. Rambach ´81
Kurze abdrängende Verschneidung.

26 Schleier   5   P. Rambach ´81
Am Überhang gute, aber weit auseinander liegende Griffe, oben luftige selbst
abzusichernde Kante.
    a   **Direkter Ausstieg**   5
       Mit Bohrhaken abgesicherter Direktausstieg.

27 Fleischbank   7-   P. Rambach ´81
Abdrängende Wandkletterei mit toller Piazschuppe am Ausstieg.

28 Kurz aber hart   7+   M. Müller ´85
Gut gesicherter Boulder, wer's kann der kann's.

29 Noch kürzer, aber weicher   8+   C. Frick ´87
Direkt geklettert heikler Aufrichter, mit leichtem Rechtsschwenk ein netter
Siebener.

30 Böser Tritt   3   P. Rambach ´81
Die Verschneidung unten wird meist ausgelassen, einfach über den Grat mit
schöner Platte zum höchsten Punkt.

⬛   Wenn der Einstieg des *Dom* (6-) erst mal geschafft ist, ist der Weg zum Gipfel frei.
Da bleibt dann nur noch die Qual der Wahl: Wo weitersteigen?

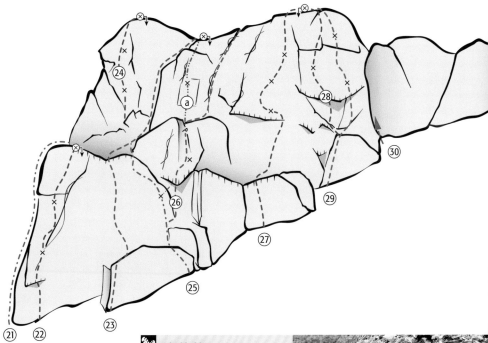

Blockhalden

Die Blöcke am Fuß der Felsen werden von Algen, Flechten und Moosen besiedelt. An Stellen mit etwas Feinerde wachsen Farne, Gräser, Kräuter wie z.B. der Rote Fingerhut und Gehölze. Die Felsblöcke, das besondere Mikroklima und der hohe Anteil an Totholz machen die Blockhalden zu wertvollen Biotopen. Sie sind Lebensraum für Eidechsen und Schlingnattern. Bitte nicht betreten!

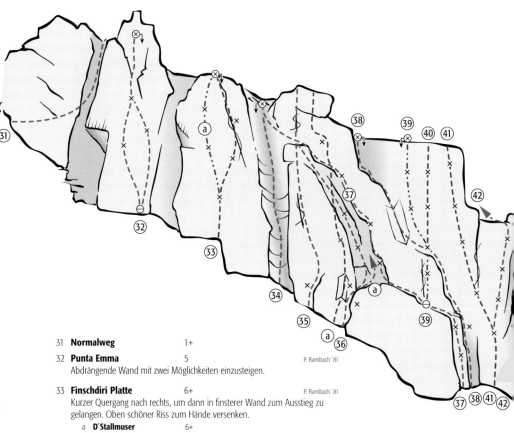

31 **Normalweg**   1+

32 **Punta Emma**   5   P. Rambach '81
Abdrängende Wand mit zwei Möglichkeiten einzusteigen.

33 **Finschdiri Platte**   6+   P. Rambach '81
Kurzer Quergang nach rechts, um dann in finsterer Wand zum Ausstieg zu
gelangen. Oben schöner Riss zum Hände versenken.

    a **D´Stallmuser**   6+
       Gut gesicherte leicht überhängende Wandkletterei, Direktvar. zur *Finschdiri Platte*.

34 **Denzlingerweg**   3+   P. Rambach '77
Selten begangene Tour, botanisch wertvoll.

35 **Denzlingerpfeiler**   5-   P. Klausmann, I. Rau, C. Frick '86
Nach der Sanierung äußerst lohnende Risskletterei, in der Cams ihre Freude
haben werden. Achtung der 1. Haken steckt tief.

    a **Gamswand**   6   G. Schuler
       Nette Kletterei rechts am *Denzlingerpfeiler*, gut gesichert.

36 Gamsbänder 2+ P. Rambach ´76

Nette Plattenkletterei, geeignet für die ersten Vorstiegsversuche. Der Einstieg über die *Ökologentreppe* ist dem Orginaleinstieg vorzuziehen. Sanierung geplant.

> a **Hirschbrunft** 5 G. Schuler
> Kurze Wandkletterei mit drei Bohrhaken.

37 Ökologentreppe 4 C. Frick, P. Klausmann ´84

Ebenfalls geeignet für die ersten Vorstiege. Der Riss am Ausstieg brachte schon manchen Vierer-Kletterer arg ins Schwitzen.

38 Ruländerweg 5+ P. Rambach, A. Graeter ´76

Schöne Verschneidungskletterei alpinen Stils mit anspruchsvoller Platte im Linksquergang, Keile und Cams mitnehmen.

39 Der Weg zur Sonne 6 HJ. Zimmermann

Schöne elegante Wandkletterei, die den Ruländerweg kreuzt.

40 Klopfen an Gottes Tür 7- P. Klausmann ´86

Wandkletterei an kleinen Leisten.

41 Walpurgisnacht 6+ T. Becher, M. Hamann ´90

Wunderschöne Wandkletterei, vielleicht die schönste Route am Kandelfels überhaupt.

42 Ruländerkante 8+ P. Rambach ´80

Definierte Route, der Riss rechts darf nicht benutzt werden, harte Boulderstelle unter dem wackeligen Block.

43 Bockmattliturm 7- P. Rambach ´80

Bei der Erstbegehung stürzte „Bätsch" Rambach in den einzigen schlechten Haken, der Legende nach Stumpen rauchend. Heute bestens gesicherte Wandkletterei.

44 S'Engele und s'Teufele 7- C. Frick ´90

Kleines Dach gleich zum Start, anschließend an Kante zum Umlenker.

45 Bergwurz 4 P. Rambach ´81

Nur der Vollständigkeit wegen erwähnt.

1 Petersgrat 3+ P. Rambach ´77

Sehr schöne Zweiseillängen Gratkletterei mit mehreren Einstiegsmöglichkeiten. Quert am Ausstieg auf dem oberen Band luftig nach rechts. Meist wird heutzutage über die *Westendführe* ausgestiegen, dann 4+.

Kandelfelsen
Kapuzenturm, Eisrinne

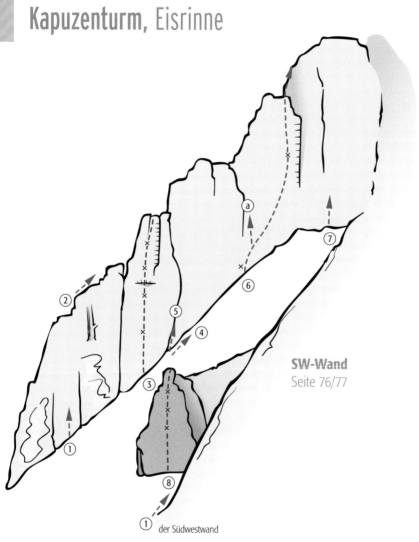

SW-Wand
Seite 76/77

① der Südwestwand

1 **Gailtalerin** 5+ G. Schuler
Die Rinne hochsteigen bis zur großen Tanne, dort dahinter Einstieg. Über
Platte und kleinen Überhang auf die Kante, die zum Stand des *Kandel
Höhenweg* führt (4 BH).

2 **Kandel Höhenweg** 3+
Einstieg auf der NO-Seite (Route 17), die zweite Seillänge ist clean (2+).

3 **Hexenkessel** 6 G. Schuler
Einstieg an der engsten Stelle der Eisrinne. Den Haken folgend zum Überhang,
diesen überklettern zum Handriss und weiter zu Standhaken auf dem Kandel
Höhenweg. Zur Absicherung des Handrisses evtl. Camalot Gr. 0,4.

4 **Eisrinne** M2 P. Rambach
Winterkletterei durch schneegefüllte Rinne mit Steilaufschwüngen.

5 **Innerkofler** 3+ S. Innerkofler
Cleaner Kamin oberhalb des Steilstücks der *Eisrinne*.

6 **Wälderstreich** 5+/6- G. Schuler
Kurz den Riss piazen zu Henkel rechts (1 BH).
  a **Kaminle** 2+
  Kurzer Kamin, der aus dem oberen Teil der *Eisrinne* zum Grat führt.

7 **Sonnenwändle** 3+ P. Rambach
Kurze, gut griffige Wand, die aus dem obersten Teil der *Eisrinne* zum Gipfel
führt (1 BH).

8 **Paint it black direkt** 8 G. Schuler
Den kleinen Pfeiler, der rechts in der *Eisrinne* steht, ersteigen. Direkt über die
Haken geklettert 8, etwas rechts davon 7. Der Ringhaken zum Umlenken befin-
det sich ziemlich weit hinten.
  a **Pfeilervariante** 7
  Am niederen Pfeiler rechts.

🔲 Bei jedem Wetter, in jedem Gelände. Die Bergwacht trainiert in der *Eisrinne* (M2).

1 **Waldkircherkante** 3+, 2, 2+
Der Grat, der die *Eisrinne* rechts begrenzt. Einstieg am tiefsten Punkt oder aus der *Eisrinne* einqueren. Lange Gratwanderung, in der sich Kletterstellen mit Gehgelände abwechseln. Gelegentlich findet man auch den einen oder anderen Haken. Längste Tour am Kandel, 3 SL.

2 **Johnny Walkerpfeiler** 6 G. Schuler
Befindet sich vis-à-vis der *Ruländerkante* (NO-Wand Kandelfels). Über kleines Dach in die Wand mit kleingriffiger Crux.
  a **Jack Daniels Kante** 7+
  Überhängende Kante links von *Johnny Walkerpfeiler*.

3 **Plattenwieble** 4+ G. Schuler
Plaisirmäßig eingerichtete Plattenschleicherei. In Gedenken an Josefa Schuler (Plattenwieble) 1858-1936, ein Schwarzwälder Original und Urahnin des Routeneinrichters.

4 **Telemark** 4+ G. Schuler
Kurze, gut gesicherte Wandkletterei, die auch bis zum Gipfel weitergeführt werden kann.
  a **Snowboarder** 4
  b **Freerider** 5
  c **Brettlehupfer** 3+

5 **Wäldersteig** 2+ P. Rambach ´81
Anfängerroute mit mehreren Varianten.
  a **Pfeiler** 3
  b **Verschneidung** 5

6 **Guideführe** 6- P. Rambach ´79
Gern gekletterte Route über den Überhang und die ausladende Zipfelmütze.

7 **Via Lukas** 6+ T. Becher, M. Harmann ´93
Rechts der *Guideführe*, gutgriffige überhängende Route.

8 **El Captian** 6 G. Scherer ´83
Giftige, kleine Verschneidung.

9 **Bellina** 6 B. Reis, G. Friedrich ´90
Südfranzösisch abgesicherte kurze Route.

10 **Adlerwändle**   4+   P. Rambach´81
Cleane Tour, wird meist im Toprope geklettert.

11 **Ypsilonriss**   4+   P. Rambach´81
Auch hier lässt sich ein Toprope problemlos einrichten.

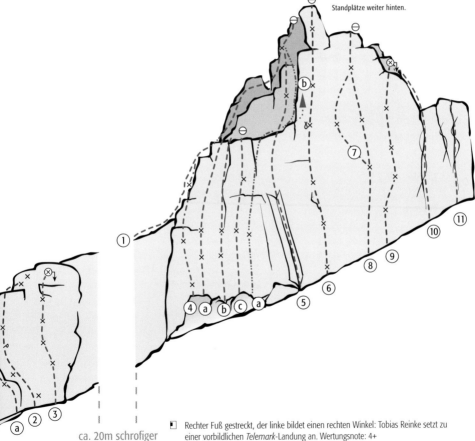

Standplätze weiter hinten.

ca. 20m schrofiger
Fels

■ Rechter Fuß gestreckt, der linke bildet einen rechten Winkel: Tobias Reinke setzt zu einer vorbildlichen *Telemark*-Landung an. Wertungsnote: 4+

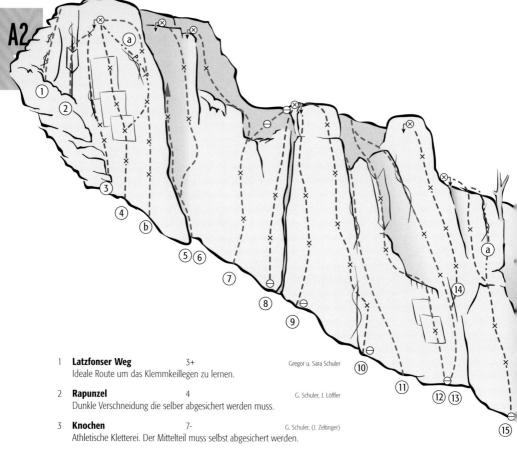

A2

1 **Latzfonser Weg** 3+ — Gregor u. Sara Schuler
Ideale Route um das Klemmkeillegen zu lernen.

2 **Rapunzel** 4 — G. Schuler, J. Löffler
Dunkle Verschneidung die selber abgesichert werden muss.

3 **Knochen** 7- — G. Schuler, (J. Zeltinger)
Athletische Kletterei. Der Mittelteil muss selbst abgesichert werden.

4 **Bonattipfeiler** 7- — G. Scherer ´84
Das ist eine Route, wo man immer denkt, dass was falsch läuft.
Ganz schön technisch, und es kostet eine Menge Zeit, Höhe zu gewinnen.
   a **Variante rechts** 7-, A0 — G. und J. Scherer
   b **Projekt** — G. Schuler
      Extreme Plattenstelle.

5 **Trenkerriss** 4+ — L. Trenker
Erstklassige überhängende Spreizverschneidung, nicht durch den moosigen
Einstieg abschrecken lassen! Klemmkeile.

6 **Bergfriedel** 4+ — G. Schuler
Schöne Wand mit „Knobs".

7 **Nordwandexpress** 5 — G. Schuler
Überraschend gutgriffig mit schöner Kante zum Schluss.

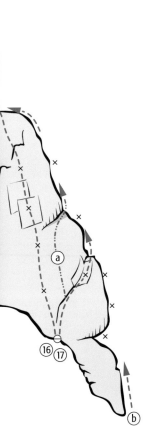

8 **Heckes Eck**   6+   G. Schuler
Coole Foothook-Stelle zu Beginn, anschließend Genuss.

9 **Sepp Henkel Kante**   7-   G. Schuler
Trickreicher Einstieg (Größenproblem). Nach dem zweiten Haken Runout, evtl.
Klemmkeile einsetzen.

10 **Brissagopfeiler**   7-   G. Schuler
Trickreiche Verschneidung zu Beginn. Vorsicht nach dem 2 Haken, anschließend schöne aber schwierige Wandkletterei.

11 **KK Variante**   4+   G. Schuler
Eigentlich schöne selbst abzusichernde Risskletterei, sollte aber unbedingt
wieder einmal geputzt werden.

12 **Klettern isch a Burrasport** 4+   G. Schuler
Nach schöner Platte anspruchsvolle Stelle, um in den Riss zu gelangen.

13 **Halunkenriss**   5-   G. Schuler
Alpin abgesicherte Risskletterei.

14 **Sankt Peter Wandel**   6   G. Schuler
Bestens abgesicherte Wandkletterei mit Schlüsselstelle kurz vor dem Umlenker.

15 **Satansbraten**   6   G. Schuler
Anspruchsvoll nach links zum Überhang, gute aber weit auseinander liegende
Griffe.

   a **Hexensabbat**   7   M. Beschle
   Der direkte Ausstieg des *Satansbraten*, selbst abzusichernder Handriss, oben rechts
   guter Griff.

16 **Rock a Roll**   4+   G. Schuler
Beliebte und gut gesicherte Genusskletterei über Platten und kleine Überhänge. Oben evtl. einen Keil legen. Stand an Sanduhrschlinge.

17 **Kandelhöhenweg**   3+/4-   G. Schuler
Erstklassige Route, die in zwei Seillängen zum Gipfel führt. Genuss pur mit
schöner Aussicht und Wandbuch. In der leichten zweiten Seillänge (2+) befinden sich keine fixen Sicherungen.

   a **Stay clean**   4   G. Schuler
   Feiner Riss, der anspruchsvoll mit kleinen Keilen selbst abzusichern ist. Am Battert
   bekäme die Route das Qulitätssymbol eines Rollstuhls.

   b **Direkter Kandelhöhenweg**   5   G. Schuler
   Begeisternde Kletterei über zwei Überhänge und schöne Platte.

Scheibenfelsen (Zastler)
Übersicht

Koordinaten	47°55'14.0'' N
	07°59'28.5'' E
Ausgangspunkt	Zastler
Ausrichtung	SW
Sonne	ab MIttag
Wandhöhe	20 - 30 m
Wandfuß	Felsband
Routenanzahl	35

Niveau	
1-5	8
6-7	23
8-11	4

Eigentlich eine grandiose Felsengruppe am südlichen Steilhang des Hinterwaldkopfes im Oberrieder Ortsteil Zastler. Wenn da nicht das leidige Kletterverbot wäre. So beschränkt sich der Spaß auf den unteren Fels – die oberen Felsen sind Tabu. Was bleibt, sind träumende Blicke.

Das südseitig exponierte Gebiet bietet fast das ganze Jahr über gute Bedingungen, allerdings ist bei Feuchtigkeit oder Schnee zu beachten, dass die Routen von einem Band aus starten und so im Einstiegsbereich latente Absturzgefahr besteht. Kleinere Kinder haben hier gar nichts verloren.

Der Charakter der Routen ist insgesamt deutlich ernster als im unweiten Gfäll. Zwar sind alle Kletereien saniert, aber weite Hakenabstände sind eher die Regel als die Ausnahme. Reinrassige Plaisirkletterer müssen die A...backen hin und wieder etwas zusammenkneifen.

Der Fels ist am Zastler z.T. weniger verwittert als am Gfäll und nicht so feingriffig strukturiert, die Formationen sind großformatiger. Im mittleren Wandbereich ähneln sich die Routen in Charakter und Anspruch.

Ihren Namen haben die Felsen übrigens von einem alten alemannischen Fasnachtsbrauch: dem Scheibenschlagen. Dabei werden brennende, funkenstiebende Holzscheiben wie Sonnenräder in die dunkle Tiefe geschlagen. Ob sich dieses Treiben wohl mit dem Schutzbedarf der Felsen verträgt?

 Steffi Zimmermanns prüfender Blick zeigt es deutlich: Klettern ist nun mal reine *Vertrauenssache* (7-).

Oberer Scheibenfels (z. Zt. gesperrt)

Unterer Scheibenfels

Anfahrt	Von Freiburg auf der B31 Richtung Osten nach Kirchzarten. Auf der L126 Richtung Süden nach Oberried. Von der L126 links nach Oberried abbiegen und auf der Hauptstraße bis nach Zastler. Hier folgt man der Straße bergauf, bis die Felsen auf der linken Seite erkennbar sind. Der Parkplatz ist direkt an der Straße bei der Holzbrücke (Glashansenhofweg).
Zustieg	Vom Parkplatz über die Brücke bis zu dem Holzkreuz. Hier nach rechts auf dem Schotterweg bis zu einer Holzbank, weiter auf dem Fahrweg in Richtung der Wohnhäuser, nach circa 50 m an einem Schild rechts auf schmalem Pfad bergauf zum Fels (ca. 15 Min.).
Abstieg	An den Umlenkern abseilen, bitte nicht aussteigen.
Gestein/Felsstruktur	Flechtiger, aber trotzdem sehr griffiger Gneis.
Schwierigkeit	Viele Routen im mittleren Schwierigkeitsbereich.

Absicherung	Neue Klebehaken mit Ringen zum Umlenken. Weite Hakenabstände verleihen auch den leichteren Touren eine gewisse Ernsthaftigkeit. Manchen Routen lassen sich aber mit einem Satz Keile oder Camalots gut absichern.
Kletterregelung	An Umlenkern abseilen und nicht auf den Felskopf aussteigen. Das Gebiet befindet sich in einem Bannwald. Bitte auf dem Weg bleiben und Müll natürlich wieder mitnehmen.
Tipp	Mückenschutz einpacken.

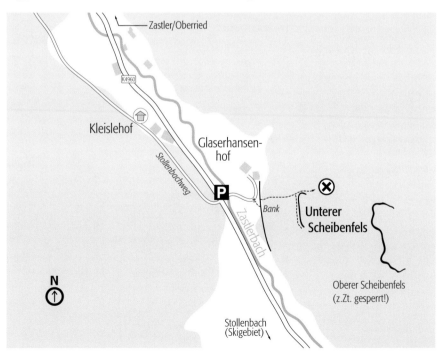

„Schibi, schibo, wem soll die Schibe goh? Die Schibe soll d'r ... goh."

Das **Scheibenschlagen** ist ein Fastnachtsbrauch, bei dem glühende Holzscheiben mit Stöcken von einer Rampe ins Tal geschleudert werden. Mit dem Licht soll der Winter und mit ihm die dunklen und finsteren Geister vertrieben werden. Dieses Ritual war wohl auch der Namensgeber für die Scheibenfelsen.

Foto © Olaf Herzog / STG

1 **Lego** 6+ L. Scherer '81
Schöne Tour. Eine Schlinge zur sinnvollen Absicherung ist von Vorteil.
   a **Direktausstieg** 7 O. Sittka, K. Goldschmidt '85
   Die Begradigung bietet diffizile, kleingriffige Leistenkletterei.

2 **El Bruto** 6+ 70er
Gut gesichert lässt sich diese Topverschneidung genießen. Oben wird's schwer.

3 **Extradry** 7- L. Scherer '81
Gleichgewichtsproblem und Crux am Einstieg.
   a **Direkteinstieg** 7-/7 R. Schempp '97
   Noch etwas technischer und einen Tick schwerer als das Original.

4 **Konfrontation** 8- Urban '88
Wandkletterei, die ein gutes Balancegefühl erfordert. Im oberen Teil leider definiert, die Griffe und Tritte von *Toni's Grausen* sind tabu.

5 **Toni's Grausen** 6+ 70er
Seit der Block unten herausgebrochen ist, anspruchsvolle Einstiegsstelle. Die Tour zieht sich rechts am Überhang entlang, danach einfacher, aber schön.
   a **Libido** 6 L. Scherer '81
   Schöne Einstiegsvariante mit Dächlein und kurzer Verschneidung.
   b **Hannes goes to Ottawa** 8-/8 B. Wiese '97
   An abschüssigen Auflegern über das Dach.
   c **Memphis Suffer** 8/8+ B. Wiese '97
   Die schwerste und kleingriffigste der drei Einstiegsvarianten.

6 **Nachbrenner** 6+ J. Roth, U. Schley '96
Kleine Dächer garnieren diese schöne Wandkletterei.
   a **Andere Auswege** 6+ C. Heidemann '98
   Ausstiegsvariante, die Gesamtschwierigkeit ändert sich nicht.

7 **Neue Lenzerverschneidung** 4+ S. Kaul, R. Schempp '96
Trotz Vegetation schöne Tour, bei einige Keile für mehr Sicherheit sorgen.

8 **Diätjoghurt** 6- S. Kaul, D. Schmidt '96
Klasse Kantenkletterei mit sehr weiten Hakenabständen.

9 **Knautschzone** 6- R. Schempp '96
Nicht viel mehr Haken als beim *Diätjoghurt*, trotzdem deutlich entspannter zu klettern.

10 **Lenzerverschneidung** 4+ G. Lenzer, W. Blattmann '56
Geschwungener Altklassiker – so hat man früher Felsen erschlossen.
   a **Direkte Lenzverschneidung** 6+/7- L. Scherer '78
   Hier kann gestemmt und gespreizt werden, bevor oben rechts die Crux kommt.

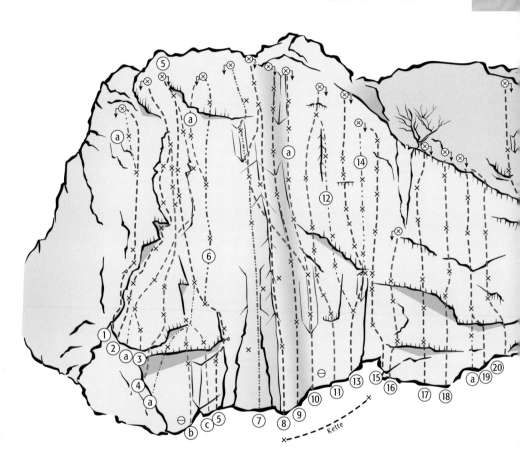

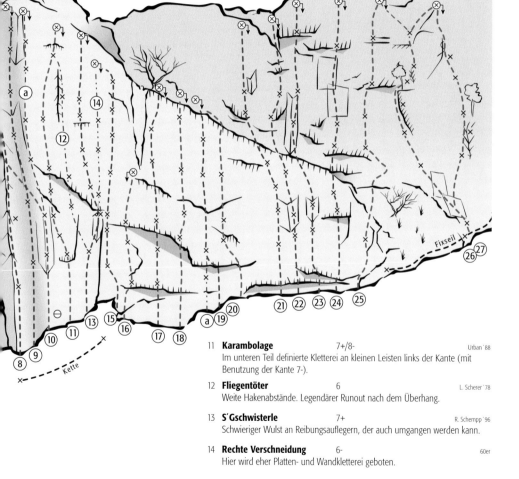

11 **Karambolage**   7+/8-   Urban ´88
Im unteren Teil definierte Kletterei an kleinen Leisten links der Kante (mit Benutzung der Kante 7-).

12 **Fliegentöter**   6   L. Scherer ´78
Weite Hakenabstände. Legendärer Runout nach dem Überhang.

13 **S´Gschwisterle**   7+   R. Schempp ´96
Schwieriger Wulst an Reibungsauflegern, der auch umgangen werden kann.

14 **Rechte Verschneidung**   6-   60er
Hier wird eher Platten- und Wandkletterei geboten.

15 Vertrauenssache 7- M. Vogel '96
Nach dem Dach kommen gute Griffe, man muss nur dran glauben.

16 Kurz 5+ J. Roth '96
Kurz ... und gut (-griffig, -gesichert).

17 Tritt ins Leere 6+ M. Vogel, N. Georgi '96
Am Dach hinlangen und dann Genuss.

18 Flechtenwand 5+
Unten leicht exponiert nach rechts ziehen, danach schöne Leistenkletterei.

19 Zoff 6- R. Schempp, A. Brünner '96
Oben tolle Plattenkletterei, die erst mal erreicht werden muss (schlechter
gesichert als 19a).

  a **Megazoff** 7-/7 R. Schempp '96
  Kaltstart!

20 Baby Joe 5+ R. Schempp '96
Anfangs ganz schön unangenehm für den Grad, oben gemütlicher.

21 Graue Zeiten (Haidenai) 7- '85
Einstiegboulder zum ersten Haken. Danach schöne, abwechslungsreiche
Kletterei an kleinen Leisten bis zum Absatz. Von dort nochmals schwieriger
Boulder über einen kleinen Bauch, den man rechts umgehen kann.

22 Via Anja 7- V. Augustiniak, R. Schempp '96
Abwechslungsreiche Kletterei mit kleinen Griffen. Keile oder Cams mitnehmen,
sonst ist das Anklettern des 1. Hakens vom Band sehr gefährlich.

23 Überholverbot 6- R. Schempp '96
Insgesamt wohlwollender als *Via Anja*. Keile oder Cams mitnehmen, sonst ist
das Anklettern des 1. Hakens vom Band sehr gefährlich.

24 Weg in die Unabhängigkeit 7+ M. Vogel '96
Trickreicher Aufrichter am Überhang.

25 I(ch)G(eh) Klettern 5+ R. Schempp '96
Immer schön nach rechts, dann wird's nicht zu schwer.

26 Schwarzwaldbub 4
Neue (und zusätzliche) Haken machen die Tour zu einem Kletterfest.

27 Schwarzwaldmädel 3
Hier lässt sich der Zastler-Gneis gut gesichert genießen.

◾ Erst *Tritt ins Leere* (6+), dann Blick ins Tal, Richtung Oberried.

Wenn richtig heftige Winter den Schwarzwald fest im Griff haben, dann ist auch am Gfäll Schluss mit lustig und aus mit klettern, aber für gewöhnlich ist die Saison an den zum Teil herrlich sonnenexponierten Felsen lang.

Das Hausgebiet der Freiburger Kletterer ist ein richtiges Felsenlabyrinth, in dem Gebietsneulinge sich erst einmal um den Überblick bemühen müssen. Immerhin über hundert Routen verteilen sich auf zehn beschriebene Felsen bzw. Sektoren.

Das Routenangebot bietet dabei besonders dem Normalkletterer im Niveau 4 bis 6 reichlich Betätigungsfeld. Darüber wird das Angebot schnell schmaler, und wer richtig schwer klettern will, sollte sich besser jenseits des Rheins seine Ziele suchen. Der Gneis im Gfäll ist kompakt und meist sehr kletterfreundlich feinstrukturiert. So überwiegt griffige Wandkletterei, die teilweise für den Schwierigkeitsgrad recht steil ist. Wild aussehende Überhänge ergeben sich leicht, wenn man sich erst einmal getraut hat loszusteigen.

Einsteiger ins Gebirgsklettern finden an der Rhodewand, am Warmen Fels und am Studentenwegmassiv einige lohnende lange Mehrseillängenrouten, in denen man die ganzen Anforderungen alpiner Routen wie Standplatzbau, Klettern in Wechselführung etc. kennen lernen kann.

Besonders wichtig für eine Studentenstadt mit einem grünen Bürgermeister: Die Erreichbarkeit des Klettergebiets mit öffentlichen Verkehrsmitteln und Fahrrad ist perfekt – dafür noch einen Pluspunkt oben auf.

☐ Morgendliches Gegenlicht oberhalb der Erlenbacher Hütte – ein grandioser Klettertag im Gfäll steht bevor.

■ Christiane Begatik ist am Oberen Fels in halber Wandhöhe gestartet und hat in *Gemsleins Tagtraum* (4+) nach wenigen Metern schon einen fetten Tiefblick.

Anfahrt

Von Freiburg auf der B31 in Richtung Osten nach Kirchzarten. Der Beschilderung Todtnau/Oberried folgend auf der L126 in Richtung Süden bis nach Oberried. Nun je nach Ziel bzw. Zugang entweder:
a) Von unten: Auf der L126 weiter durch den Ortsteil Hintertal in Richtung Todtnau bis zu wenigen Parkmöglichkeiten bei der Bushaltestelle Oberried-Schneeberg (ca. 2 km vom Ortsende Oberried).
b) Von oben: Noch vor Oberried die L126 links in Richtung Ortsmitte Oberried/Zastler verlassen. Nach 350 m links (Richtung Zastler), nach knapp 200 m rechts (Vörlinsbachstraße) in Richtung Campingplatz/Erlenbacher Hütte abbiegen. Nun immer bergauf am Campingplatz vorbei und weiter in zahlreichen Kehren weiter bergauf bis zu einem geschotterten Holzlagerplatz „Gfällmatte" (ca. 5 km von der Abzweigung an der L126; [47°54'44"N, 7°56'55"E])

ÖPNV

Mit dem Bus 7215 (Kirchzarten – Todtnau) im Stundentakt bis zur Haltestelle Oberried Schneeberg.

Zustieg

a) Von unten: An der L126 von Oberried Richtung Schauinsland. Nach der Brücke zum Schneeberger Hof parken. Über die Brücke und 50 Meter vor dem Hof rechts hoch zu Garagenhäuschen. Über ein Wiesenstück hoch zu Baum mit rotem Punkt. Von hier auf schmalem Pfad zum Wanderweg. Auf diesem steil rechts entlang den Hang queren bis der Weg in der 1. Serpentine den Bach erreicht. Bei der 2. Serpentine erreicht man einen „Grat" und gelangt kurz darauf zu einem Nebenfelsen. Ca. 50 m nach dem Felsen biegt man links ab (gelbe Raute im Rücken) und steigt kurz ab zu einem kleinen Bach und den Vorderen Felsen (ca. 25 Min).

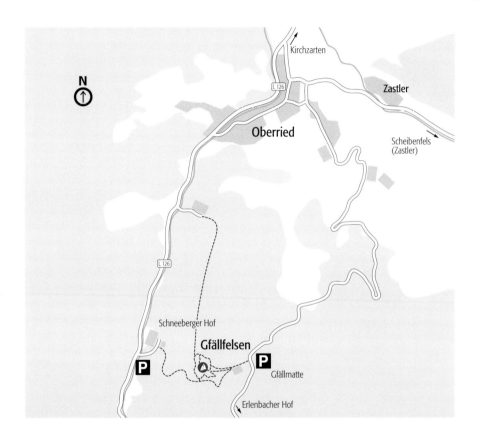

b) Von oben: Am nördlichen Ende des „Parkplatzes"
führt gegenüber ein Pfad in westlicher Richtung zur
Wiese der „Gfällmatte". Nun je nach Ziel verschiedene
Möglichkeiten:

1. „Vordere Felsen" usw.: In WSW Richtung auf einer
Trittspur durch die Wiese auf den großen Baum

Pionierpflanzen

Die Gfällfelsen bestehen aus grau-braunen Gneisen mit teilweise lagiger und adriger Struktur. Sie sind vor über 350 Mio. Jahren durch Metamorphose aus anderen Gesteinen entstanden. Die Gesteinsoberfläche wird zunächst von Algen, Flechten und Moose besiedelt. Diese Pionierpflanzen sorgen für etwas Humus und vereinzelt können Farn- und Blütenpflanzen folgen. Flechten an Gneisfelsen sind Landkartenflechte und Nabelflechte. An feuchten Stellen wächst das satt-grüne Bandmoos, an sonnigen und trockenen Felsbereichen kommen dunkle, polsterförmige Kissenmoose vor.

oberhalb des Hauses zu. Kurz dahinter führt ein Wanderweg (gelbe Raute) in den Wald, diesem bergab folgen. Ungefähr 60 m nach der ersten Kehre (ca. 50 m bevor der Weg auf das Bächlein in der Senke trifft) zweigt rechts eine Wegspur ab (Raute an Baum). Über diesen (sich oftmals verzweigenden und wieder vereinigenden) Pfad in zahlreichen Kehren in westlicher Richtung bergab bis zur Südseite der Vorderen Felsen (ca. 10-15 Minuten). Vom unterhalb verlaufenden Weg (Wanderweg „Felsenweg") gelangt man in wenigen Minuten zu den Felsen 4.2 bis 4.4 und an der Bergseite des Bauerntürmchens vorbei zum Wandfuß der Rhodewand.

2. „Obere Felsen": Am nördlichen Rand der Gfällmatte auf Wanderweg in westlicher Richtung am Waldrand entlang, bis der Weg am nordwestlichen Ende der Wiese in den Wald führt. Nach wenigen Metern Abstieg gelangt man zu einem markanten Vermessungspunkt (Stein). Nun in nordwestlicher Richtung, immer knapp rechts des Rückens, auf Wegspuren bergab. Nach ca. 70 m befindet sich linker Hand der Ausstieg des Zigeunerwändchens (Obere Felsen). Zu dessen Einstiegen gelangt man zuerst orographisch links, dann rechts absteigend. Zu den Einstiegen des Birkenwändchens von dem erwähnten Gipfelbereich des Zigeunerwändchens weitere 60 m rechts des Rückens absteigen, bis linkshaltend querend die Einstiege erreicht werden können (ca. 10 Min.). Wenige Meter westlich des Birkenwändchen-Einstiegsplateaus befindet sich der Gipfelbereich der Rhodewand. In südlicher Richtung können, zuerst kurz ab- (noch weiter absteigend gelangt man zu den

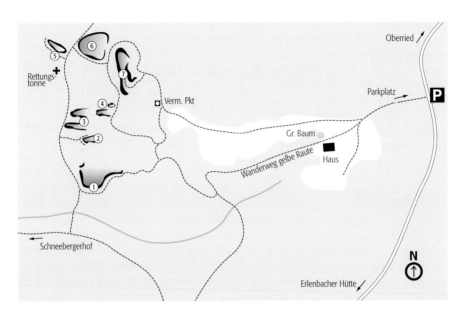

Einstiegen der Rhodewand), dann aufsteigend, die Einstiege der Zähringer Wand erreicht werden.

3. „Zähringer Wand, Bohrhakentürmle": Vom beim Zustieg 2. erwähnten Vermessungspunkt in südlicher Richtung auf einem Pfad bergab und unter einem umgestürzten Baum hindurch. Nach einer Serpentine schlängelt sich der Weg in westlicher Richtung (dazwischen kurzes Flachstück mit umgekippten Fichten) bis in den Sattel oberhalb des Bohrhakentürmchens hinab. Vom Sattel zum Bohrhakentürmchen absteigen oder auf Wegspuren in Richtung Norden zu den Einstiegen der Zähringer Wand bzw. weiter absteigend zur Rhodewand (Zustieg 10 bis 15 Min.).

Gfällfelsen
Übersicht

Karte	Topographische Karten Baden-Württemberg: Freiburg im Breisgau, SO Blatt 8013-G
Übernachtung	Übernachten im Stroh auf der Erlenbacher Hütte (www.erlenbacher-huette.de, Tel. 07661-4518), Altenvogtshof (www.altenvogtshof.de, Tel. 07661-61818), Schwarzwald Camping Kirnermartes (www.kirnermartes.de, Tel. 07661-4727).
Abstieg	Ist bei den einzelnen Felsen näher beschrieben.
Gestein/Felsstruktur	Fester, teilweise perfekter Gneis.
Schwierigkeit	Reichlich Stoff im mittleren Schwierigkeitsgrad.
Absicherung	Gut mit Bohrhaken und Ringen.
Kletterregelung	Es besteht Magnesiaverbot, und das Klettern ist nur an den beschriebenen Felsen erlaubt.
Gastrotipp	Der „Quadroteller" in der Erlenbacher Hütte; warme Küche bis 22:00 Uhr. Wer bis kurz vor Küchenschluss klettert, sollte sich allerdings unter Tel. 07661-4518 anmelden – die Wirtsleute werden es danken!
Hinweis	Das Feuermachen an der Gfällmatte und auf den Felsen ist strikt verboten. Die Erstehilfebox südlich vom Bauerntürmle (am Weg) ist ohne Inhalt!

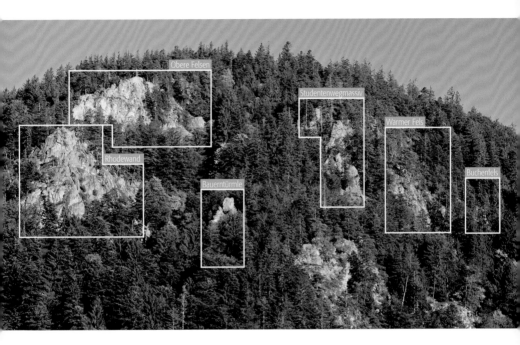

A4.1 Gfällfelsen
Ü Vordere Felsen

Koordinaten	47°54'39"N
(Schleierkante)	07°56'29"E
Ausgangspunkt	Oberried
Ausrichtung	S, W
Sonne	ab Mittag
Wandhöhe	15 - 35 m
Wandfuß	eben / steiler Hang
Routenanzahl	44
Niveau	

1-5   21
6-7   19
8-11   4

Von allen Gfäll-Felsen erfordert der Vordere Fels den längsten Zustieg. Trotzdem gehört er mit zu den beliebtesten Zielen. Zum einen treffen ihn durch seine größtenteils südseitige Ausrichtung früher die wärmenden Sonnenstrahlen als die meisten anderen Felsen, zum anderen bietet das breite Massiv eine reiche Auswahl an Routen in allen Schwierigkeitsgraden. Der Ausstiegsbereich wird gerne auch zum Après-Climbing genutzt, da man hier besonders lange die Sonne genießen kann. Am rechten oberen Bereich finden vor allem Kletterer der unteren Schwierigkeitsgrade ihren Gefallen, während der höhere, unten am Weg gelegene Teil ambitioniertere Kletterer anzieht. Hier findet man die meisten schweren Sportkletterrouten im gesamten Gebiet – die Schwierigkeiten reichen immerhin bis zum 8. Grad.

Im Bereich des Großen Dachs lockt mit der 1939 erstbegangenen „Schleierkante" ein Ultraklassiker. Die einstmals technisch gekletterte Route entlang der markanten Kante läuft heute unter 6+ und gilt in diesem Grad als eine der schönsten Routen im Südschwarzwald.

Regen? Hagel? Tiefschnee?

Kletterhalle
DAV Sektion Freiburg-Breisgau

Kletterer: Jonathan Kottlors

Wir bieten euch:

❄ 1600 m² Kletterfläche indoor
❄ 80 m² Kletterfläche outdoor
❄ 180 Kletterrouten vom 3. bis 10. Grad
❄ bis zu 15 m Hallenhöhe
❄ Boulder- und Schulungsbereiche
❄ regelmäßig Kletterkurse von Toprope
   über Technik bis Vorstieg

Besuche uns unter:
www.dav-freiburg.de/de/kletterhalle/

DAV
Deutscher Alpenverein
Sektion Freiburg-Breisgau

DAV-Kletterhalle
Sektion Freiburg-Breisgau
Lörracher Straße 20a
79115 Freiburg
+49(0)761-45985846
kletterhalle@dav-freiburg.de

Öffnungszeiten:
Montag bis Donnerstag	15:00 - 23:00 Uhr
Freitag	12:00 - 23:00 Uhr
Samstag, Sonntag & Feiertag	10:00 - 21:00 Uhr

1 **Trojanplatte** 4 S. Kaul, L. Trojan
Schöne, gut eingerichtete Plattenroute. Gutes Gelände fürs Vorstiegstraining.

2 **Erst putzen, dann bohren** 5- S. Kaul, L. Trojan
Charakter ähnlich der *Trojanplatte*, nur etwas schwerer.

3 **Fallerriss** 7- L. Berreth ´78
Erst schöner Fingerriss, dann oben an der Kante noch mal kurz knifflig.

4 **Patscherverschneidung** 5+ L. Berreth ´78
Gutmütige Verschneidung.

5 **Brücklekante** 5+ L. Berreth ´78
Schwerer Aufrichter über dem Dach. Der Rest ist deutlich leichter.

   a **Reise ins Nichts** 7+ C. Frick ´97
   Der Name ist Programm. Fürs Gfäll ungewöhnlich athletisch.

6 **Bratwurstpfeiler** 6-
Lohnende Alternative zu *Brücklekante*. Leider etwas dreckig.

   a **Salatplatte** 4+

7 Projekt
Boah!! Das ist ja ein weiter Zug!

8 **Großes Dach** A2 W. & L. Scherer ´76
Bisher noch nicht befreit ... passiert das irgendwann?

9 **Helmut Kohl, halt´s Maul** 8 C. Frick ´86
Athletische Kletterei mit ordentlich Luft unterm Kiel.

10 **Kieneweg** 6 H. Kiene ´77
Gut sanierte Tour. Lohnende Alternative bei Stau in der Schleierkante.

   a **Originalausstieg** A1/6 H. Kiene ´77
   Klettert heute kein Mensch mehr, in diesem Zustand kein Wunder ...

Detail Großes Dach

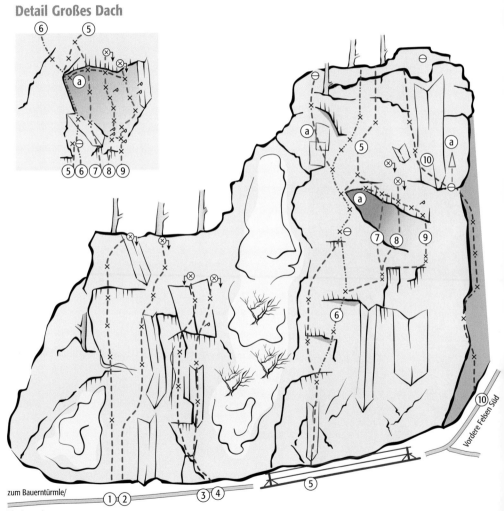

zum Bauerntürmle/

Rhodewand

Vordere Felsen Süd

11 Schleierkante 6+ A. Lehmann, F. Gaiser, A. Ries '39
Alles, was man über diese Route sagen kann, wird ihr nicht gerecht. Einfach gut!

12 Weiche Konstruktion 8+ unten: P. Hoffmann '86, oben: C. Frick '87
Anspruchsvolle Kletterei, der obere Teil ist besonders heftig. Die kleinen Griffe haben schon so manchen Aspiranten ins Grübeln gebracht.

13 Große Schleier 8- A. Lehmann '49
Der Einstiegsboulder stellt hohe Anforderungen ans Gleichgewicht und wartet mit der Crux in der Rechtstraverse auf. Der obere Boulder ist für Kleine extra hart.
   a **Kienevariante** 7+ H. Kiene '78
   Herrliche Wandkletterei, umgeht die harten Stellen der *Großen Schleier* elegant.

14 Diagonale 7- L. Scherer '80
Am dritten BH heißt es aufstehen. Danach Ausstieg über die *Große Schleier*.

15 Badisch Schwäbische Freundschaft 6/6+
Eigenartige Verschneidungskletterei, Zustieg am besten über die *Diagonale*.

16 Zickzackweg 6+ L. Scherer '78
Guter Risseinstieg (wenn man diesen wegdefiniert, Wandkletterei, ca. 7-), im oberen Teil noch mal aufstehen an dem Pfeilerchen.

17 Krümelmonster 6+/7- C. Frick, S. Schaake '90
Da sieht man schon den Umlenker und dann wird es noch mal schwer ... In der Mitte leider durchs Gemüsebeet.

18 Bärenweg 3- Dr. Tauern, Dr. Baader '20
Zugewachsen.

19 Stutzriss 4+ E. Wagner '31
Für Leute aus der Halle die Hölle!
   a **Umgehung** A1/4+ L. Berreth '75
   Klettert das jemand?

20 Knecht 7- L. Scherer '80
Drei Sterne für diese Route.

▣ Ralf Kempf in der *Großen Schleier* (8-), einem der besten klassischen Kletterwege im Gfäll.

Vordere Felsen
Großes Dach

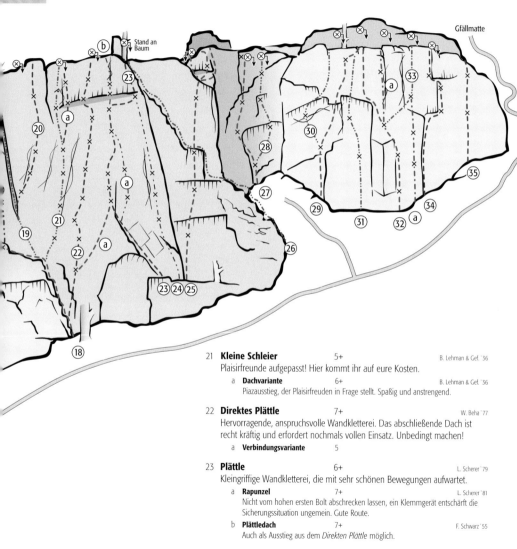

21 Kleine Schleier 5+ B. Lehman & Gef. ´36
Plaisirfreunde aufgepasst! Hier kommt ihr auf eure Kosten.
a **Dachvariante** 6+ B. Lehman & Gef. ´36
Piazausstieg, der Plaisirfreuden in Frage stellt. Spaßig und anstrengend.

22 Direktes Plättle 7+ W. Beha ´77
Hervorragende, anspruchsvolle Wandkletterei. Das abschließende Dach ist
recht kräftig und erfordert nochmals vollen Einsatz. Unbedingt machen!
a **Verbindungsvariante** 5

23 Plättle 6+ L. Scherer ´79
Kleingriffige Wandkletterei, die mit sehr schönen Bewegungen aufwartet.
a **Rapunzel** 7+ L. Scherer ´81
Nicht vom hohen ersten Bolt abschrecken lassen, ein Klemmgerät entschärft die
Sicherungssituation ungemein. Gute Route.
b **Plättledach** 7+ F. Schwarz ´55
Auch als Ausstieg aus dem *Direkten Plättle* möglich.

24 **Plättlekante**   6-   W. Ehret `73
Schöne Bewegungen entlang des Risses, oben witzige Quarzstrukturen. Lange
Schlinge für den Stand.

25 **Haifischnase**   5+   C. Krempp `75
Die deutlich schwerste Stelle wartet am kleinen Dächlein ganz oben. Linker
Ausstieg zur Kette 4, direkt übers Dach 5+ und direkt an der Kante 5.

26 **Kleiner Bärenweg**   1+   `20
Eher als Schnellauf- und -abstieg gebräuchlich, denn als eigenständige Kletterei
zu beachten.

27 **Natimuk**   4+   J. Grams, T. Waltenberger `09
Schwerste Stelle am 2. Bolt, auf das Podest.

28 **Kaluma**   4   J. Grams, T. Waltenberger `09
Einzelstelle in der Querung, danach genüsslich zum Umlenker.

29 **Rastplatzpfeiler**   4+
Mit einigen Keilen verziert eine tolle Route für Einsteiger.

30 **Peterchens Mondfahrt**   4
Ebenfalls schön und ebenfalls Keile!

31 **Rastplatzkante**   5-
Wenn diese Kante kein Genuss ist, welche dann?

32 **Rastplatzverschneidung**   3+
Auf Pfeiler nach links, dann hoch.
    a **Ausstiegs Variante**   5+
      Keile!

33 **Schlingenwändle**   5+
Satter Runout zur Umlenkung, wer in dem Grad nicht wirklich zu Hause ist,
nimmt Keile mit. Schöne Bewegungen entschädigen dann für die Angst.
    a **Einstiegs Variante**   5+ bis ca. 6+ (je nach Definition)
      Je nachdem wie man's klettert, logische Kante oder eiriger Gleichgewichtstanz.

34 **Zimmermannsverschneidung** 6+   F. Zimmermann `55
Crux am Dach. Trickreich nach links.

35 **Grünes Wändle**   6+   L. Scherer `80
Leider etwas kurz, aber dafür schön.

A4.2 Gfällfelsen

1

Buchenfels

Koordinaten	47°54'43"N
	07°56'29"E
Ausgangspunkt	Oberried
Ausrichtung	W
Sonne	ab Mittag
Wandhöhen	bis 30 m
Wandfuß	mittelsteiler Wald
Routenanzahl	4
Niveau	1-5 **2**
	6-7 **2**
	8-11

Ein echter Nebenschauplatz mit bedenkenswerten Vor- und Nachteilen. Auf der Habenseite: Die geringe Besucherfrequentation und dadurch nahezu jungfräuliche Felsbeschaffenheit. Erfolgreichen Besteigern bietet die besondere Ausformung des Felsgrats einen Hauch von Gipfelfeeling. Auf der Sollseite: Ein schattiger Wandfuß und die teils nordseitige Ausrichtung erschweren die Abtrocknung enorm. Insgesamt eher etwas für Individualisten und ambitionierte Gfäll-Liebhaber.

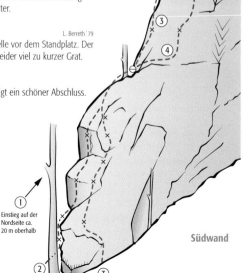

Auf der Nordseite
20m abseilen

1 **Nordwand** 5+ B. Fluck '81
Die schräg geschichtete Platte bietet fantastische aber anspruchsvolle Kletterei. Mit mobilen Sicherungsmitteln kann die recht freie Absicherung etwas entschärft werden.

2 **Elefantenbauch** 7- L. Scherer
Lange feucht und in der ersten Seillänge etwas definiert. Rechts in Richtung *Westgrat* auskneifen macht die Sache deutlich leichter.

3 **Westgrat** (Normalweg) 5+ L. Berreth '79
Viel besser als es ausschaut. Eine kurze schwere Stelle vor dem Standplatz. Der Rest deutlich leichter. Oben raus ein wunderbarer, leider viel zu kurzer Grat.

4 **Perestroika** 6+
Etwas inhomogen, auf eine botanische Querung folgt ein schöner Abschluss.

Einstieg auf der
Nordseite ca.
20 m oberhalb

Südwand

Spektakulär ist dieser Fels nicht, aber wer sich langsam an die Abläufe einer Mehrseillängenkletterei herantasten und seine Ruhe haben will, ist hier – beginnend mit dem benachbarten „Studentenweg" und dann als Steigerung den Warmen Fels – vermutlich nicht „Sau Sau müd", aber zufrieden. Der Felsen befinden sich knapp oberhalb des Verbindungsweges vom Vorderen Fels zur Rhodewand, etwa 20 Meter rechts des Felsens, der vom Weg durchschnitten wird. Da ein detailliertes Topo der gegliederten Wand wenig Sinn macht, ist die Route nachfolgend ausführlich verbal beschrieben.

Koordinaten	47°54'44"N
	07°56'29"E
Ausgangspunkt	Oberried
Ausrichtung	W
Sonne	ab Mittag
Wandhöhe	50 m
Wandfuß	steiler Hang
Routenanzahl	1
Niveau	1-5

1 **Sau Sau müd**   5-   S. Kaul 2005, teilweise schon früher begangen
SL 1: Vom BH links am Wandfuß über Platte (BH) und linkshaltend zu Steilaufschwung. Über diesen (2 BH, jeweils spät sichtbar) in Rinne und rechts aus dieser in die geneigte Wand. Fünf Meter hoch zu Stand (15 m, 4 BH, 5).
SL 2: Gerade hoch und am 2. BH schräg rechts ansteigend (BH) zu kurzer Verschneidung. Diese hoch (alte NH und BH) und rechts auf die Platte zu Stand (12 m, 4 BH, 4+).
SL 3: Durch herrlich strukturierte Platten zu Aufschwung. Diesen hoch (2 BH) und über die Rippe zu Stand am Ende der Wand. (15 m, 2 BH, 3).

Abstieg:
Wir weisen eindrücklich darauf hin, dass im Wald oberhalb der Warmen Wand auch lose Steine liegen und dass der Wanderweg unmittelbar unter der Wand verläuft. Die IG-Klettern empfiehlt deshalb nicht auszusteigen, sondern vorsichtig über die Route abzuseilen (3x20m).
Nur wer absolut trittsicher ist und definitiv keinen Steinschlag auslöst, kann kurz durch den Wald links haltend ansteigen bis zu einer schmalen Trittspur. Auf dieser links absteigend gelangt man zum Einstieg der *Südwand* am Studentenwegmassiv (Route 2, Seite 106) und kann über diese weiter bis zum Gipfel des Studenwegmassivs steigen.

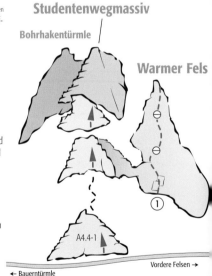

Studentenwegmassiv

Bohrhakentürmle

Warmer Fels

A4.4-1

← Bauerntürmle

Vordere Felsen →

A4.4 Gfällfelsen
Studentenwegmassiv & Bohrhakentürmle

Koordinaten	47°54'43''N
	07°56'32''E
Ausgangspunkt	Oberried
Ausrichtung	W
Sonne	ab Mittag
Wandhöhe	bis 30 m
Wandfuß	steiler Wald
Routenanzahl	7
Niveau	1-5
	6-7

Aus mehreren Riegeln und Stufen aufgebautes, stark geglie-dertes Felsgebilde (siehe Skizze auf Seite 105). Im unteren Teil eher eine unausgesetzte Kletterwanderung von Felsstufe zu Felsstufe nimmt der klassische „Studentenweg" nach oben hin Fahrt auf und endet schließlich schnittig auf einem luftigen Gratkopf. Parallel zum oberen steilen Teil des Studentenweg-massivs steht links davon das als selbstständiges Kletterziel selten besuchte Bohrhakentürmle im Wald – es ist deshalb hier mit aufgenommen und beschrieben.

1 Studentenweg 3+

SL 1: Direkt vom Wanderweg über leichte Platten hinauf und dann auf Pfad-spuren an den Beginn des auffallenden „Großmutterriss" (25 m).

SL 2: Durch den Riss bzw. rechts davon (2 BH) empor zum nächsten Absatz. Stand an Baum (20 m).

SL 3: Rechts über ein kurzes senkrechtes Wandl in gestuftes Gelände und gerade empor zu Stand an großem Baum (25 m).

SL 4: Auf dem Grat weiter bis zum großen Ausbruch. Über eine Wandstufe (1BH) und nach rechts an die Kante zum 4. BH der *Südwand*. Um die Kante und 3 m weiter auf einer Leiste nach rechts queren, bis ein Riss den leichten Aufstieg auf den Grat ermöglicht (30 m).

SL 5: Dem einfachen Grat folgend bis zum Ausstieg (20 m).

Vom 3. Stand des *Studentenweges* zum Einstieg von *Südwand* queren. Oder Zugang von oben auf Pfad.

2 Südwand 4+   L. Berreth ´78

Tolle, gut gesicherte (6 BH) Verschneidungskletterei. Ganz oben gibt es eine Ausstiegsvar. links der Kante (5+). Üblich mehr oder weniger rechts davon.

3 Kinderroute 2

12 Meter bester Fels und üppige Sicherung. Leichter Zugang von oben.

Die Routen 4 bis 6 befinden sich am Bohrhakentürmle. 4 und 6 sind teils vermoost und nicht eingerichtet und bieten nur speziell gearteten Sportsfreunden Kletterspaß.

4 Westgrat 4-6   L. Berreth ´78

Frisch geputzt. Muss aber noch eingebohrt werden (Stand 2014).

5 Bohrhakenwändle 6   L. Berreth ´78

Die Crux zu Beginn kann rechts umgangen werden (5-). Danach folgt Genuss.

    a Dachüberhang 7-   L. Berreth ´78

    Einstiegsboulder durch die Überhänge links der Kante.

6 Zahnbürstle 5+   L. Berreth, T. Grohmann ´78

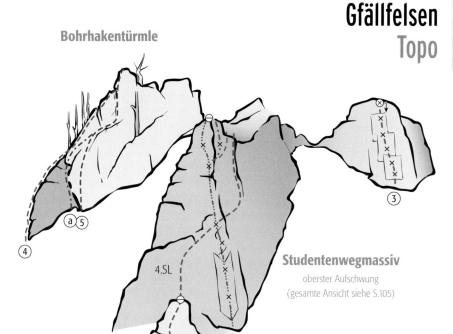

Bohrhakentürmle

4.SL

3.SL

Studentenwegmassiv

oberster Aufschwung
(gesamte Ansicht siehe S.105)

Koordinaten	47°54'45"N
	07°56'29"E
Ausgangspunkt	Oberried
Ausrichtung	N, S, O, W
Sonne	meist schattig
Wandhöhe	20 - 50 m
Wandfuß	eben / steiler Hang
Routenanzahl	18

Niveau		
1-5		10
6-7		7
8-11		1

Völlig frei steht das Bauerntürmle mitten im Wald. Auf den ersten Blick können die teilweise stark bewachsenen Flanken den ambitionierten Sportkletterer abschrecken. Bei näherem Hinsehen eröffnet sich aber eine Fülle an lohnenden Klettereien im unteren bis mittleren Schwierigkeitsgrad. Der ganz unten beginnende „Nordwestweg" erinnert ein wenig an die „Drei Halten Überschreitung" am Battert – in klein.
Zustieg auf dem Verbindungsweg zwischen Vorderem Fels und Rhodewand. Der bergseitige Normalweg über „Dragonerweg" und „Nordverschneidung" startet direkt am Weg.
Vom Gipfel nordseitig abseilen oder über den „Normalwegweg" bzw. „Dragonerweg" abklettern.

1 **Best Western**   7-   L. Scherer ˙81
Kurze überhängende Wandkletterei. Umlenken oder weiter über *Westweg* oder *Direkter Westweg*. Eine der besten Routen am Massiv.

2 **Westweg**   4+   L. Berreth, Maltschewski ˙77
Sehr lohnender Einstieg zum *Nordwestweg*, für Leute, die gerne genüsslich über Platten tänzeln.

3 **Expeditionistenschreck**   7   R. Schempp
Schreck lass nach! Wo sind denn hier die Griffe?

4 **Präzisionsarbeit**   6   S. Kaul
Wer denkt, das Dächle sei die schwierigste Stelle, sollte dort erstmal ankommen.

5 **Südwestwand** (Mittelweg)   4   A. Lehmann ˙35
Gutgängiger Altklassiker.

6 **Risse**   5-
Super Route um den Umgang mit solch wunderlichen Dingen wie Camalots und Hexentrics zu erlernen.

7 **Südostkante** (Kl. Überhang)   6-   D. Bergmann, Mitte der 60er Jahre
Mogelt sich unterm Dach vorbei und ist in dem nach rechts ansteigenden Riss dann mal kurz recht kräftig.

8   **Zentraler Überhang** (Gr. Überhang)   7+/8-   L. Berreth ´75
Boulderstelle an miesen Griffen. Genau da, wo es so aussieht, auch schwer.

9   **Normalweg**   2+   20er
Gemütliche Tour auf den Gipfel. Kann auch Abgestiegen werden.

10   **Bertl Lehmann-Gedächtnisweg**   6+   S. Waldvogel ´52
Wer in *Risse* aufgepasst hat, kann hier auftrumpfen. Gute Clean-Route.

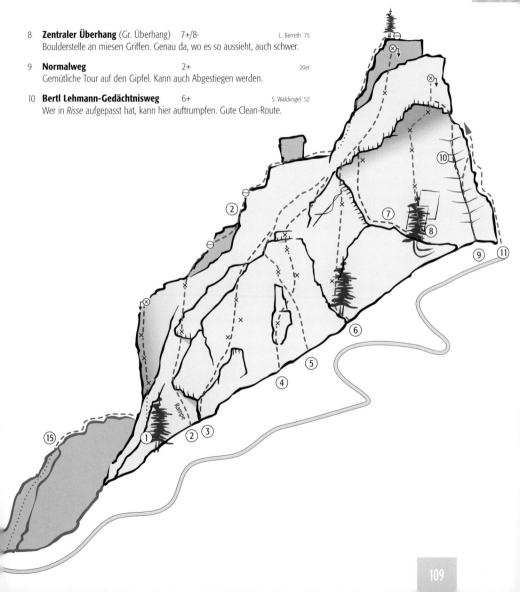

Gfällfelsen
Bauerntürmle, Nordseite

11 **Dragonerweg** 2+ 20er
Gratwanderung als Variante des *Normalwegs*, lohnend.

12 **Nordverschneidung** 4+ Beschner, Drago, Mitte 70er Jahre
Hier wird man für den Grad gefordert. Löst sich aber dann doch ganz gut auf.

13 **Back in Black** 4+ G. Schuler `03
Gut gesicherte Tour. Durch die nordseitige Exposition leider etwas moosig.

14 **Nordwand** 4+/A0 L. Berreth, Mitte 70er Jahre
Zugewachsen, hat nur noch dokumentarischen Wert.

15 **Nordwestweg** 5+ L. Berreth `80
Lohnende Tour, die in drei Seillängen bis zum Gipfel geklettert werden kann.

    a **Shake a leg** 6- G. Schuler 04
    Plattenschleicherei am Anfang, Piazen in der Mitte und Verschneidung am Ende.
    Hier wird was geboten!

    b **Direkter Westweg** 6+/7- L. Scherer `81
    Knackige Stelle an der Kante.

    c **Variante** 4-

▪ Ralf Kempf in der Gegend der *Nordverschneidung* auf dem Weg Richtung Gipfel.

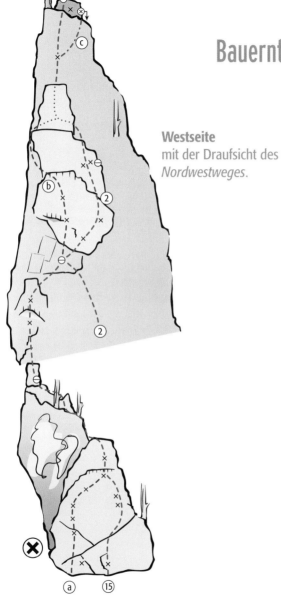

Westseite
mit der Draufsicht des
Nordwestweges.

Nordwestseitiger Vorbau
mit dem Einstieg des *Nordwestweges.*

Gfällfelsen
Rhodewand

Koordinaten	47°54'47"N
	07°56'30"E
Ausgangspunkt	Oberried
Ausrichtung	W
Sonne	ab Mittag
Wandhöhe	70 m
Wandfuß	eben
Routenanzahl	15
Niveau	1-5 9
	6-7 6
	8-11

Mit bis zu drei Seillängen gehört die bereits vom Tal aus gut sichtbare Felsbastion zu den höchsten Wänden im Süd-schwarzwald. Nur im Schlüchttal muss man den Kopf weiter in den Nacken legen, um vom Einstieg den Gipfel zu sehen. In der Mitte des steilen Hangs aus dem Wald ragend, scheint der Zustieg von oben wie von unten ungefähr gleich lang, ist von der Gfällmatte aber bequemer und schneller. Wer vom Schnee-berger Hof zusteigt, bekommt dafür eine Unternehmung mit insgesamt schon leicht alpinem Flair geboten.

Allerdings ist für den Klettergenuss wie bei allen großen Wän-den auch hier die sorgfältige Auswahl der Kletterroute der entscheidende Faktor. Zahlreiche, zum Teil dicht bewachsene Bänder können den Kletterfluss an der Rhodewand mitunter bremsen. Manche Touren bieten zudem eine ausgesprochene Schlüsselstelle, was im Umkehrschluss bei Routiniers über die Gesamtlänge der ansonsten deutlich leichteren Tour zu einer gewissen Unterforderung führen kann.

Ein absolutes Highlight ist die geradewegs zum Gipfel führen-de Route „Secret of Geierwally", die über die gesamte Länge mit ausgezeichnetem Fels aufwartet. Der Bereich rechts da-neben bietet tolle Einseillängenrouten. Die Absicherung ist in allen Routen so, dass man auch mal etwas wagen kann.

Auf einem der beschriebenen Wege zum Sektor „Vordere Felsen" und auf dem Unteren Verbindungsweg zum Fuß der Rhodewand. Oder zu den sich direkt darüber befindlichen Oberen Felsen und auf deutlichen Trittspuren rechts vom Mas-siv, entlang der Südwand, absteigen.

■ Die Südseite der Rhodewand mit Blick ins Oberrieder Tal. Der Kletterer befindet sich im Direktausstieg des *Normalwegs*.

Nur bei den gut abgesicherten Einseillängenrouten darf man zusätzliche Sicherungsmittel im Rucksack lassen. Ansonsten empfiehlt sich, einen Satz Klemmkeile und ein paar kleine bis mittlere Cams mitzuführen. Bitte nicht über die Wand abseilen. Steinschlaggefahr für den Wanderweg der am Wandfuß lang geht.

1 **Secrets of Geierwally**   4+, 3+, 5   S. Kaul '00
Perfekter, griffiger Fels, dazu noch sehr abwechslungsreich. Insgesamt eine der lohnendsten Mehrseillängenrouten am Fels. Nicht zu unterschätzen. Crux kommt zum Schluß.
    a   **Direktvariante**   6
       Vom Stand geradaus über ein kleines Dächle.

2 **Sag mir wo die Freunde sind** 4, 6-, 5   S. Kaul, L. Scherer

3 **Go West**   6-   L. Scherer '81
Immer wenn man es braucht, taucht unversehens die rettende Leiste auf.

4 **Rhodewandverschneidung**   6+, 4   U. Patschneider, Ende der 60er Jahre
Die anspruchsvollste Route am Massiv, es wartet eine griffarme Crux.
    a   **Direktvariante**   6-

5 **Mona Lisa**   5+, 3+   S. Kaul '97
Unten tricky durch das Verschneidungssystem, oben leichte Plattenkletterei.

6 **Muffenlos**   5-   S. Kaul '98
Nette, gut abgesicherte Kletterei. Oftmals ziemlich schmutzig.

7 **Katrins Weg**   4-   S. Kaul '98
Wie *Muffenlos* nach Regen leider länger nass.

8 **Lorenzriss**   4+   L. Berreth '76
Na wenn das mal kein Riss ist. Leider ebenfalls manchmal etwas dreckig.

9 **Ökosteuer**   3, 3+   L. Berreth, Hartmann '76, saniert durch S. Kaul '99
Unten kurz nette Kletterei, dann lange Gemüsequerung zum Stand. Zweite SL dafür lohnend (vor Sanierung und geändert Wegführung *Zweifreundeweg*).

10 **Für Große**   6-, 5+   L. Berreth '76, saniert R. Schempp '00
Nicht vom Einstieg abschrecken lassen, danach wird es bequemer. Leider etwas dreckig.

11 **Für Kleine**   4-, 3   R. Schempp '00
Wem der *Normalweg* gefallen hat, sollte sich diese Tour unbedingt zu Gemüte führen.

12 **Normalweg**   2, 2+   20er
Weg des geringsten Widerstandes. Daher die erste Tour am Fels.
    a   **Ausstiegsvariante**   3+

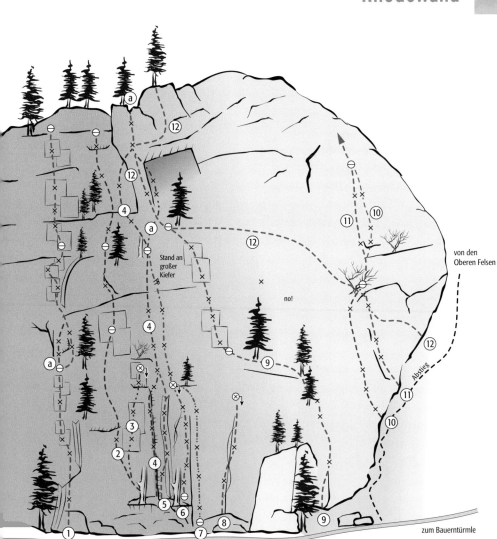

Stand an großer Kiefer

von den Oberen Felsen

no!

Abstieg

zum Bauerntürmle

Wanderweg ◇

Gfällfelsen
Obere Felsen

Koordinaten	47°54'46"N
	07°56'33"E
Ausgangspunkt	Oberried
Ausrichtung	W
Sonne	ab Mittag
Wandhöhe	10 - 30 m
Wandfuß	meist fast ebener Hang, am Zigeunerwändle Absturzgefahr
Routenanzahl	29
Niveau	1-5 17
	6-7 11
	8-11 1

Vielleicht das Prunktstück des Gebiets. Perfekter, feinstrukturierter Gneis wie aus dem Ergonomieinstitut ermöglicht schieren Klettergenuss im Schwierigkeitsniveau 4 bis 6. Selbst bretthart aussehende Überhänge lösen sich in gutgriffigen Wohlgefallen auf.

Die Sicherung ist an sich gut, allerdings muss schon der eine oder andere runout geklettert werden, und in manchen Routen steckt der erste Haken recht hoch. Unfair aber nie.

Wir haben das zergliederte Massiv in drei Sektoren aufgeteilt: Birkenwändle, Zähringerfels und Zigeunerwändle.

Der Zustieg erfolgt über den oberen Verbindungsweg vom Vorderen Fels her am Bohrhakentürmchen vorbei zum Zähringerfels. Oder über den unteren Verbindungsweg bis zur Rhodewand und rechts von dieser aufsteigend. Man gelangt so direkt zum Birkenwändle.

Bei alle Routen kann umgelenkt oder ausgestiegen werden.

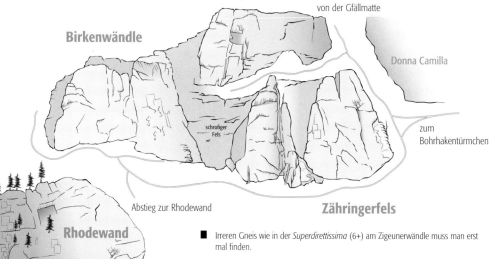

■ Irreren Gneis wie in der *Superdirettissima* (6+) am Zigeunerwändle muss man erst mal finden.

A4.7 Gfällfelsen
Obere Felsen, Birkenwändle

Das Birkenwändle ist der äußerst linke Teilbereich der Oberen Felsen. Wegen der vielen leichten Genusskletttereien ist es als Einstieg ins Klettern am Gfäll sehr beliebt.

Beim Zustieg vom Schneeberger Hof erfolgt der Zugang vom Vorderen Fels über den oberen Verbindungsweg. Beim Zustieg von der Gfällmatte nimmt man bei dieser den oberen Weg am Waldrand entlang und hält sich im Wald bei der ersten Wegteilung rechts. Am nächsten Felskopf nochmals rechts, um in der Folge an den Felsen bleibend zum geräumigen Rastplatz unter dem Birkenwändle abzusteigen.

Siehe auch Übersichtsskizze auf Seite 116.

1 **–** 5+ M. Schill `90
War jahrelang 6-, bzw. wars nicht. Wo man es schon ahnt, ist es auch schwer.
  a **Januarweg** 6+ S. Kaul `08
    Etwas verkürzte Aufwärmphase an leicht polierten Griffen und Tritten.

2 **Ex und hopp** 6 S. Kaul `08
Einstieg über die kurze Kante, kräftige Stelle am Aufschwung (kleine Bühler).

3 **Direktes Birkenwändle** 4
Knapp rechts der kurzen Kante logisch leicht zum 1. BH. Oben raus grandios.

4 **Birkenwändle rechts** 3+ 1920er Jahre
Dem leichtesten Weg folgend durch die griffige Wand. Für den Schwierigkeitsgrad erstaunlich steil. Der erste Haken steckt recht hoch.
  a **Direkter Einstieg** 5
    Steile Variante über den Überhang, links haltend am einfachsten.

5 **Nina** 3 G. Erhard `00
Die markante, gutgriffige Verschneidung. Sicher eine der ersten Routen hier.

6 **Luis** 4- R. Schempp, Trefzer `94
Ein sich an riesigen Kellen leicht ergebendes Überhänglein.

7 **Klara** 5- R. Schempp `98
Hohe Spreizfähigkeit hilft am markanten Dächlein enorm. Kleingewachsene werden beim Klinken des Dachhakens womöglich fluchen.

8 **Kleiner Axmann** 5- W. Axmann `38
Oben steil und ruckig über die rissige Steilstufe. Bis zum ersten Ring 4-.
  a **–** 6+ Kaul, Scherer `06
    Interessanter Aufrichter aufs Podest.
  b **Arnold Schwarzenegger** 6+ F. Brückel `87
    Erst Platte, dann Überhang: ein abwechslungsreicher Ausstieg.
  c **Großer Axmann** 7/7+ W. Axmann `51
    Viel Zustieg für den miesen Handklemmer an der Dachkante. Inhomogen.
  d **Rotznase** 8 S. Kohr, T. Wenk `00
    Steiler und abdrängender Pfeiler mit abschüssigen Griffen.
  e **Rechter Ausstieg** 4 Kaul, Scherer `08
    Homogene, weniger luftige Variante als das Original.

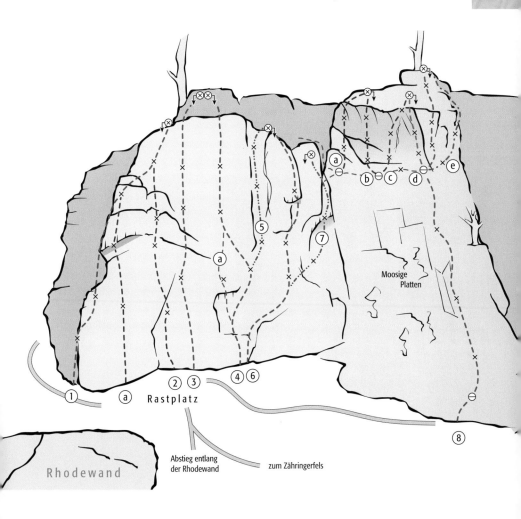

Moosige
Platten

Rastplatz

Rhodewand

Abstieg entlang
der Rhodewand

zum Zähringerfels

1 **Grüner Überhang** 6
Warmlaufen in geneigter Platte, recht technische Reibungscrux in der Mitte und ein erstaunlich leichter Henkelspaß zum Abschluss. Super!

2 **Halb so wild** 7+ '87
Tüftelig steile Wandstelle an kleinen Leisten und Auflegern. Wer nach rechts oder links ausweicht, hat es einfacher.

3 **Black & White** 6+ Sittka, Wangler '87
Nahezu perfekte Kletterei: eine kleingriffige Einzelstelle am Mini-Dächlein, in der Folge leichter werdend zum abschließenden, großgriffigen Überhang.

4 **Semarverschneidung** (Zähringerverschneidung) 5 Gerd & Dieter Semar '58
Der Weg zum hohen ersten Haken gibt den Charakter vor: klassische Frei-kletterei mit logischer Verschneidungslinie und guten Abständen.

5 **Sans Nom** 6 L. Scherer '80
Mit interessanten Gewichtsverlagerungen wird der dritte Haken überkreuzt.

6 **Piazschuppe** 5+ Mitte der 50er Jahre
Die namensgebende Schuppe bietet die zu erwartende herrliche Piazkletterei am Bilderbuch. Oben gerade oder rechtshaltend zum Umlenker.

7 **Traumtänzer** 7- Sittka, Wangler, Goldschmidt '83
Crux ist der Übergang von der steilen Wandstelle auf die Platte. Danach ist die Wiese gemäht.

8 **–** 6-
Sehr gut abgesicherte Route über schwach ausgeprägten Pfeiler. Die BH geben die unten ein wenig gewollte Linie vor. Fazit: sehr schön. Der 1. BH fehlt.

9 **Tannenzäpfle** 5- Sittka, Schaake '87
Perfekt gesicherte Plaisierkletterei, unten entlang einer schwach ausgeprägten Rinne, oben direkt auf der Platte an der Kante.

10 **Donna Camilla** 4+, 3+
Oberhalb des Weges vom Ausstieg Zähringer Fels zum Bohrhakentürmchen ist eine große Felspartie mit den 2SL. Leider ist der Einstieg oft naß. Daher sehr selten begangen.

■ So stellt man sich die ideale Piazschuppe vor. Chris Straka demonstriert in der gleich-namigen Route die Gegenzugtechnik.

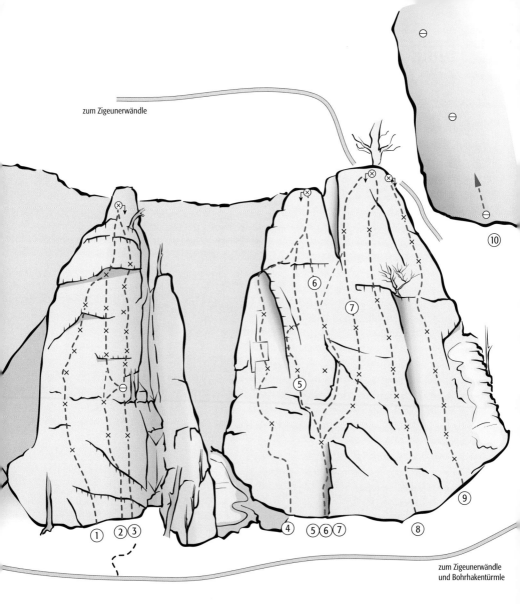

zum Zigeunerwändle

zum Zigeunerwändle
und Bohrhakentürmle

121

Gfällfelsen
Obere Felsen, Zigeunerwändle

Vom Zähringerfels Richtung Bohrhakentürmle, dann aber links ab und
oberhalb vom Zähringer Fels ansteigend (Stellen 1) und querend zur
kleinen Plattform unter dem Oberen
Fels. Vorsicht beim Zustieg und unter
dem Wändchen: Absturzgefahr!

Siehe auch Übersichtsskizze auf
Seite 116.

1 **Direktes Zigeunerwändle** 4+ L. Scherer '78
Wandkletterei an Leisten, vom ersten Haken weg nicht ganz so positiv griffig.

   a **Gemsleins Tagtraum** 4+ N. Theurer '97
   Genüssliche Kletterei auf bzw. links der Kante, die das Zigäunerwändle begrenzt.

2 **Zigeunerwändle** 4 A. Lehmann & Gef. '36
Der Weg des geringsten Widerstands. Im unteren Querriss lassen sich prima
Klemmkeile oder kleine/mittlere Cams platzieren.

   a **Superdirettissima** 6 S. Waldvogel, Ende der 50er Jahre
   Phantastische Wandkletterei an Leisten und teilweise fast so was wie Löchern.
   Beherztes Steigen wird belohnt.

3 **Zigeunerverschneidung** 4 A. Lehann & Gef. '36
Bis zur eigentlichen Verschneidung Wandkletterei mit großen Hakenabständen,
die sich aber mit mobilen Sicherungsmitteln perfekt absichern lässt.

4 **Zigeunerüberhang** 5 A. Lehmann & Gef. '36
An großen, runden Griffe über den veritablen Dachüberhang.

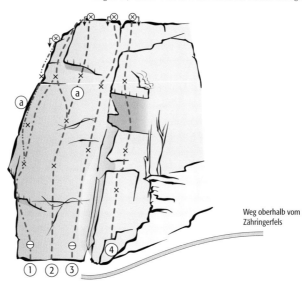

Weg oberhalb vom
Zähringerfels

■ Der *Zigeunerüberhang* ist für den fünften Grad echt steil.

Harzlochfelsen (Stohren)
Übersicht

Koordinaten	47°53'31"N
Unterer Fels	07°52'10"E
Ausgangspunkt	Stohren/Münstertal
Ausrichtung	O, S, W
Sonne	unten: vormittags
	oben: ab Mittag
Wandhöhe	4 - 20 m
Wandfuß	eben, teilw. blockig
Routenanzahl	46
Niveau	

1-5 25
6-7 19
8-11 2

Im gesamten Freiburger Gebiet gibt es von der Münsterstadt aus kaum einen Felsen mit einer weiteren Anfahrt als den Harzlochfelsen. Dafür findet man sich – erst einmal dem Auto entstiegen – aber auch in einer besonders idyllischen Schwarzwaldumgebung wieder, mit zwitschernden Vögeln, rauschendem Bächlein und klimpernden Karabinern. Wenig Verkehr und das alles übertönende Plätschern des Baches lassen einen die Nähe der Straße vergessen.

Geringe Wandhöhen, gute Absicherung und ein großes Angebot an leichten Touren ziehen vor allem Anfänger, Familien und Kletterkurse an. An schönen Wochenenden außerhalb der Feriensaison kann einen schon einmal die große Zahl der hobbymäßig Gleichgesinnten überraschen. Auch als Feierabendspot ist das Felsensemble, das Einheimische auch Stohren nennen, recht beliebt.

Umgekehrt proportional zur geringen Routenlänge trifft man auf eine große Anzahl origineller Kletterstellen. Kanten, Risse, Mantle, Löcher, Reibungsplatten, Leisten, Wülste, Verschneidungen – eigentlich fehlt es an nichts. Stellt sich nur die Frage, ob man links anfängt und rechts aufhört oder andersherum.

Falls man den Parcour zu schnell abgespult hat: Im Faust-Städtchen Staufen aus dem Auto zu steigen lohnt sich. Von den Rissen, die durch die Erdwärme-Bohrungen entstanden sind, sieht man auf den ersten Blick wenig, die historische Altstadt ist wirklich außergewöhnlich schön, und dann wäre da noch der Werksverkauf bei der Brennerei Schladerer.

■ Lässiger Hut, gegliederter Fels – am Harzlochfels gehts gechillt zu.

Anfahrt

a) über Schauinsland: Von Freiburg auf der L124 Richtung Schauinsland. Immer bergauf bis zum Abzweig nach Gießhübel. Ab Stohren bergab, bis es direkt in einer scharfen Linkskurve in einem Waldstück rechts abgeht zum Harzlochhof.

b) über Staufen: Von der Autobahnausfahrt Bad Krozingen über Staufen, Münstertal ins Obermünstertal. Dort Richtung Schauinsland abzweigen. Nach ca. 3 km kommt ein Parkplatz auf der rechten Seite (4 Autos). 200 m weiter vor der Abzweigung zum Harzlochhof (Ferienwohnungen Stohren 1) weitere Parkplätze links entlang der Straße. An der Straße zum Harzlochhof, ca. 100 m nach der Abzweigung bestehen weitere Parkmöglichkeiten.

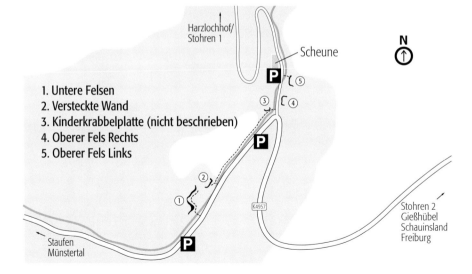

1. Untere Felsen
2. Versteckte Wand
3. Kinderkrabbelplatte (nicht beschrieben)
4. Oberer Fels Rechts
5. Oberer Fels Links

◼ Reichlich Betrieb am Unteren Harzlochfels.

ÖPNV	Theoretisch mit der Buslinie 7215 bis zur Haltestelle Schauinsland-Halde. Ein 45 minütiger Fußmarsch sorgt für warme und hoffentlich nicht schlaffe Muskeln. Ein Fahrrad scheint die bessere Alternative.
Zustieg	Die Felsen stehen gut sichtbar neben der Straße (siehe Karte). Von den oberen Parkplätzen auf einem Weg entlang des Baches zu den unteren Felsen.
Abstieg	Umlenken
Gestein/Felsstruktur	Fester Gneis mit abwechslungsreicher Strukturierung.
Schwierigkeit	Paradies für Anfänger und Fortgeschrittene.
Absicherung	Gut bis sehr gut mit Bohrhaken.
Kletterregelung	Magnesiaverbot

1 **Bella und der Schwarze** 5+ J. Stiefvater
Unten Gleichgewicht, oben gute Griffe.

2 **Flatterkante** 6 S. Lais, R. Schempp & Bergsportgruppe Münstertal ´88
Abdrängende Einstiegswand, oben Gleichgewichtsproblem an stumpfer Kante.
  a **Ohne Riss und Kante** 7 R. Schempp 2011
  Unten etwas definiert, oben sehr schön..

3 **Münstertälerverschneidung** 5- S. Lais & BG Münstertal ´88
Nette Piazverschneidung.
  a **Fingerschmerz** 8-/8 R. Schempp 2011
  Links rauskneifen zählt nicht.

4 **Münstertälerkante** 6+ R. Schempp ´89
Abdrängende Kantenkletterei, nicht ohne.

5 **–** 3- J. Stiefvater
Freigeputzte Verschneidungsrinne.

6 **Rio** 4- S. Lais ´95
Großgriffige Kletterei.

7 **Zuckerhut** 4- S. Lais ´95
Erstaunlich steile Kante.

8 **Mensch, het´s do Henkel** 2+ R. Schempp & BG Münstertal ´88
Stimmt.

9 **Pfifferlingsumgehungstour** 2 R. Schempp & BG Münstertal ´88
Macht man nur, wenn man die Nachbarroute schon kennt.

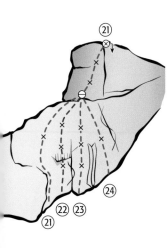

10 **Stangenfieber** 2+/3- R. Schempp & BG Münstertal `89
Drei Haken auf vier Metern – das sollte reichen.

11 **Schermiesler** 3 R. Schempp & BG Münstertal `89
Kurze Kante mit guten Griffen und wenig für die Füße.

12 **Streitfrage** 3+ R. Schempp & BG Münstertal `89
Kurze, botanische und ungesicherte Piazverschneidung. Unlohnend!

13 **Oberschlaule** 6- R. Schempp & BG Münstertal `88
Nur zu Beginn schwierig, die Griffe werden schnell größer.

14 **Heimlidrucker** 6 S. Lais, R. Schempp & BG Münstertal `88
Tolle, anstrengende Wandkletterei an Leisten und Löchern. Gute Route.

15 **Kniffel** 5+/6- S. Lais `95
Fasst schon eine richtige Handrisskletterei.

16 **Larifari** 7+/8- R. Schempp `89
Leider eng definierter Weg, der vollen Einsatz erfordert.

17 **Brych** 3+ R. Schempp & BG Münstertal `88
Verschneidungskletterei, bei der man die Haken von *Larifari* klinkt.

18 **Irren ist menschlich** 4+ R. Schempp, S. Lais & BG Münstertal `89
Nur unten schwer, oben warten große Kellen.
   a **Querhang** 6- oder 7
      Am Überhang direkt über Haken 7, mit Henkel links 6-.

19 **KK** (Kännchen Kaffee) 3 S. Lais, R. Schempp & BG Münstertal `88
Seit der Sanierung passt der Name nicht mehr.

20 **Bergteufel** 5 S. Lais, R. Schempp & BG Münstertal `88
Unten schöner, feiner Riss, oben gutgriffiger, interessanter Überhang.

21 **Hier geht´s lang** 5- S. Lais & BG Münstertal `93
Die Originalroute auf den freistehenden Turm. Der obere Teil bietet sich auch
als Fortsetzung für *Eiszapfen* und *Waldsterben* an.

22 **Eiszapfen** 6 S. Lais `95
Kurzweilige Kantenkletterei an Seitgriffen und Leisten.

23 **Waldsterben** 5- S. Lais `95
Zum Auftakt kleingriffige Leisten, oben wird es einfacher.

24 **Kleiner Überhang** 3 S. Lais & BG Münstertal `93
Plattige Route mit Miniüberhang.

Harzlochfelsen
Versteckte Wand

1	**Wunderland für Bananenfresser**	4	S. Lais '90
	Leichteste Tour am Fels.		
2	**Zwergentod**	5	S. Lais '90
	Gute Griffe, aber nur wenn man hinkommt.		
3	**Uno**	6+	S. Lais '90
	Schöne homogene Kletterei.		
4	**Go West**	6-	R. Schempp '90
	Unten plattig, oben kleiner Überhang.		
5	**Tatort**	6	S. Lais '90
	Gleichgewichtsproblem zwischen dem 1. und 2. Haken.		
6	**–**	6	S. Lais '90
	Kurz, steil und gute Griffe.		
7	**Klein aber fein**	6-	R. Schempp '90
	Vom Charakter wie 6.		

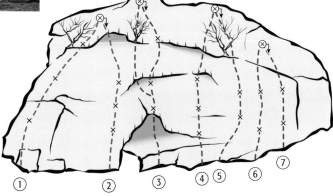

Malerisch liegt der „Obere rechte Fels" mitten im Wald an einem Bach.

Oberer rechter Fels

1 **Osnabrücker Wandl**   6   W. Peter, J. Dincher
Immer links an der Kante halten.

2 **Ela Gedächtnisweg**   6+   R. Schempp ´90
Zum Auftakt steil und anstrengend, oben ein Traum – sehr lohnende Route!

3 **König Alkohol**   5-   BG Münstertal ´88
Gutgriffige Verschneidungskletterei.

4 **No woman, no cry**   6-   S. Lais, R. Schempp & BG Münstertal ´88
Wenn man sich die linke Kante weg definiert, deutlich schwerer. So oder so aber gute Wandkletterei.

5 **Herzblatt**   3+/4-   R. Schempp ´90
Gutgriffige, leicht geneigte Wand.

6 **Aspirinheiland**   5+   R. Schempp & BG Münstertal ´88
Deutlich schwierigere Wandkletterei als in den benachbarten Routen.

7 **Normalweg**   2
Erstaunlich steil für den Grad. Die vier Haken stecken nicht umsonst.

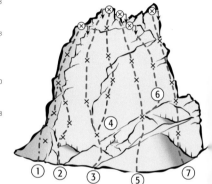

Oberer linker Fels

1 **Herr des Spatens**   5+   R. Schempp & BG Münstertal ´88
Leider viel zu kurze Wandkletterei.

2 **–**   6-
Wenn man unten über die Verschneidung spreizt, leichter.

3 **Oben ohne, unten nichts**   6+/7-   R. Schempp & BG Münstertal ´88
Schwierige Passage im unteren Teil. Wer den 3. BH direkt überklettert, hat einen 7er in der Tasche.

4 **Penicillinteufel**   6   S. Lais, R. Schempp & BG Münstertal ´88
Schwere Einzelstelle im unteren Teil.

5 **Brechende Haken**   4   S. Lais, R. Schempp & BG Münstertal ´88
Nach der leichten Rampe wartet oben eine tüftelige Wandstelle.

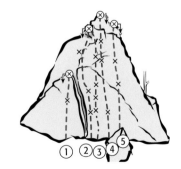

Altvogelbachfelsen
Übersicht

Koordinaten	47°47'10''N
	07°41'54''E
Ausgangspunkt	Egg
Ausrichtung	N, W, S
Sonne	ab Mittag
Wandhöhe	8 - 25 m
Wandfuß	eben/leichter Hang
Routenanzahl	60
Niveau	

Das südlichste Kletterziel im Teilgebiet A gliedert sich in einen etwas anspruchsvolleren Oberen Fels (den eigentlichen Altvogelbachfels), den etwas leichteren und nahezu perfekt abgesicherten Unteren Fels und ein paar Vasallen. Die Felsgruppe liegt direkt an der Straße zum Hochblauen, an Wochenenden muss daher etwas Verkehrslärm hingenommen werden. Dafür ist der Gneis überall richtig gut, neigt wegen der schattigen Lage zwar ein wenig zum Bemoosen, doch dagegen gibt es ja ein probates Mittel: viel beklettern! Und das macht in den oft bewegungstechnisch anspruchsvollen Wandkletterein richtig Spaß. Positive Leisten und kantige Seitgriffe prägen den Charakter des teilweise recht eng angelegten Routennetzes.

Anfahrt

Autobahn A5 Richtung Basel, Ausfahrt Neuburg-Müllheim auf die B370 nach Müllheim (bis hier auf der B3 von Freiburg oder Lörrach). In Müllheim auf der L131 in Richtung Badenweiler, bis nach dem Kreisverkehr am Ende von Müllheim (rechter Hand Tankstelle). Hier rechts in Richtung Hochblauen-Niederweiler abbiegen. In Niederweiler in Linkskurve geradeaus auf der L132 bergauf (Schild Badenweiler/ Therme). Nach ca. 3 km in Richtung Hochblauen/ Marzell abbiegen, dann sofort wieder rechts in Richtung Hochblauen. Nach ca. 4 km auf der L140 in einer scharfen S-Kurve wenige Parkmöglichkeiten (rechts Felsböschung).

Zustieg

Auf der anderen Straßenseite (Talseite) bei einem Holzschild (Fels) über die Leitplanke und auf Pfad bergab zu den einzelnen Sektoren (1 bis 3 Min.).

■ *No easy way out* (7-/7) – Frank Henssler kennt den besten Ausweg.

Abstieg	Abseilen
Gestein/Felsstruktur	Gneis
Schwierigkeit	von 4 bis 8+
Absicherung	Sehr gut. In fast allen Touren stecken Klebehaken, sonst rostfreie Schwerlastanker.
Kletterregelung	Keine Kletterbeschränkungen. Auf bestehenden Wegen bleiben. Müll und Kippen wieder mitnehmen.

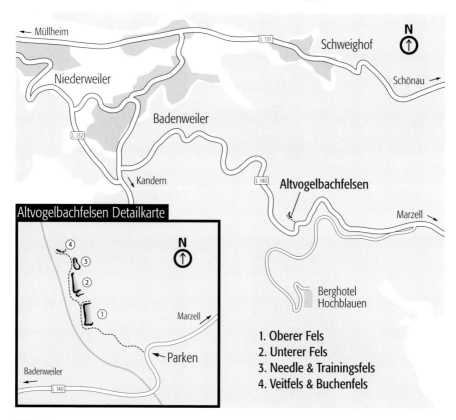

1. Oberer Fels
2. Unterer Fels
3. Needle & Trainingsfels
4. Veitfels & Buchenfels

Nordseite | Südwestseite

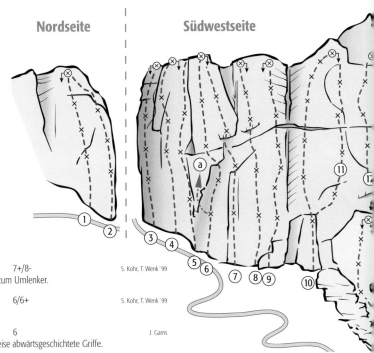

1 **Ranzig** 7+/8- S. Kohr, T. Wenk '99
Tricky, oben etwas exponiert zum Umlenker.

2 **Wildes Fleisch** 6/6+ S. Kohr, T. Wenk '99
Gute Griffe rechts der Kante.

3 **Hinter Baum** 6 J. Gams
Baum fehlt inzwischen. Teilweise abwärtsgeschichtete Griffe.

4 **Ohne Moos nix los** 5 G. Trefzer, F. Henssler '88/89
Da der Baum weg ist, geht es jetzt auch ohne Moos im Riss.

5 **Edge** 6- F. Pretsch
Steile Kantenkletterei an guten Griffen. Im Einstieg ist nicht alles fest.

6 **Toprope** 7+ G. Trefzer '01
Ohne rechte Begrenzungswand.

   a **Gitanes Blondes** 8/8+ C. Frick '90
   Es stecken nur Stifte ohne Plättchen. Die Boulderstelle über dem 2. BH ist brüchig.

7 **Easy** 4 G. Trefzer, F. Henssler
Nützt geschickt die einfachen Stellen der Wand.

8 **Petras Traum** 5+ G. Trefzer, F. Henssler '88/89
Wandkletterei mit Gleichgewichtsstelle kurz vor der Umlenkung.

9 **Sandras Traum** 6- G. Trefzer, F. Henssler '88/89
Unten plattig, oben steil und unten nicht die rechte Verschneidung nehmen.

10 **Rampenweg** 5 G. Trefzer, F. Henssler '97
An guten Griffen über den Wulst.

11 **One Move** 6+ / 7- G. Trefzer, F. Henssler
Ein schwerer Zug an einem Aufleger über dem Wulst.

12 **Tonja** 5 F. Henssler '93
Rechts moosig.

13 **Let it be** 5+ F. Henssler '93
Unten leider oft nass. Oben über kleines Dach zur Abschlusswand.

14 **F.G.'s Alptraum** 6- G. Trefzer, F. Henssler '88/89
Unten leicht, oben abdrängendes Wändchen.

15 **Deutelmooser** 6- G. Trefzer, F. Henssler '88/89
Bis unter den Überhang, dann etwas versteckte Griffe an der Kante.

16 **Näbedra** 5- G. Trefzer, F. Henssler '88/89
Unten Verschneidung, oben Platte.

17 **Sundowner** 5- G. Trefzer, F. Henssler '88/89
Im Zick Zack an guten Griffen.

18 **No easy way out** 7-/7 G. Trefzer, F. Henssler '88/89
Super Wandkletterei, die alles bietet.
   a **Hangover** 7- G. Trefzer, F. Henssler '88/89
     Verbindungsvariante zum Ausstieg von *Gehirnwäsche*. Überhang mit Seitgriff.

19 **Gehirnwäsche** 8- G. Trefzer, F. Henssler '88/89
Ausdauernd an runden Auflegern und Seitgriffen.

20 **Hardcore** 7+ G. Trefzer, F. Henssler 88/89
Crux an Reibungsauflegern am Verschneidungsende. Oben großgriffiges Dach.

21 **Sulzburger Flugshow** 6+/7- G. Trefzer, F. Henssler w88/89
Unten an versteckten Griffen und Tritten unter Dach und mit leichtem
Rechtsquergang darüber.

▪ Gerd Trefzer streckt sich in der *Edge* (6-).

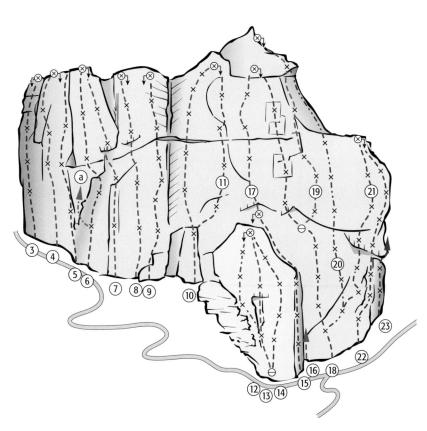

22 **Heftomatic**   7+   C. Frick, S. Vornstein, M. Marx '90
Einstiegsboulder an abwärtsgeschichteten Griffen. Oben dann leichter, als es
aussieht.

23 **Alleingang**   6   F. Henssler '91
Umgeht den Überhang rechts zur technischen Abschlusswand.

Altvogelbachfelsen
Unterer Fels
Westseite

Südseite

1	**Ganz links**	3+
	Einstieg kurz schwer, oben dann leicht.	

2	**Linksaußen**	4-
	Schöne Kletterei an großen Griffen.	

3	**Wurzelsepp**	4
	Unten Platte, oben Wand.	

4	**Mach dich platt**	4+
	Einzelstelle kurz vor dem Ausstieg.	

5	**Gib dir die Kante**	5
	Schöne Kante. Wenn man oben direkt klettert schwerer.	

🔲 David Homberg macht den *Wurzelsepp* (4).

6 **Wiiwegle**   4   H. Weick, V. Kanka, G. Trefzer
Nach dem schwierigen Auftakt wird es immer leichter.

7 **Hildes Schwester**   5   H. Weick, V. Kanka, G. Trefzer
Unten ein Gleichgewichtsproblem, oben Genusskletterei.

8 **Hölderlin**   6 oder 6+/7-   S. Kohr, T. Wenk '99
Mit Kante 6, ohne Kante 6+/7-. Erste Tour am Fels.

9 **Vom Franz**   7   F. Pretsch
Nicht einfach zu lesende Wandkletterei.

10 **Feenzauber**   8/8+   F. Henssler '00
An kleinen Leisten und Seitgriffen gerade hinauf.

11 **Zwergentod**   8   F. Henssler, Haack '00
Technisch anspruchsvoll. Oben nicht links auskneifen!

Frank Henssler spielt mit dem *Fidibus* (7).

Needle

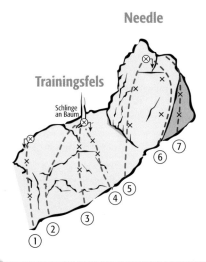

Trainingsfels

Schlinge an Baum

Needle & Trainingsfels

1 **Putzteufel** 4-   H. Weick, V. Kanka, G. Trefzer
Unten an versteckten Griffen und Tritten, oben deutlich leichter.

2 **Klemm Dich** 3+   H. Weick, V. Kanka, G. Trefzer
Cleane Tour. Mit Keilen absicherbar.

3 **Drahtbürste** 3   H. Weick, V. Kanka, G. Trefzer
Die leichteste (und kürzeste) Route des Gebiets.

4 **Hausmeister (Herbert)** 4-   H. Weick, V. Kanka, G. Trefzer
Kurze Spielerei an großen Henkeln.

5 **Ich glaub mir graubelts** 5+   H. Weick, V. Kanka, G. Trefzer
Gewusst wie deutlich einfacher.

6 **Eiskaffee** 6+   H. Weick, V. Kanka, G. Trefzer
Crux ist ein Aufrichter an Seitgriffen, der Rest ist Formsache.

7 **Kante** 7+   H. Weick, V. Kanka, G. Trefzer
Boulderartige Route.

Südseite | Ostseite

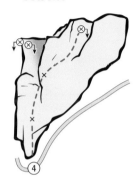

Veitfels & Buchenfels

1 **Avec schmö** 7- / 7 Veit
Steigert sich kontinuierlich, trotz etwas dubiosem Fels recht schön.

2 **Boef rouge** 6 Herbert
Nur Mut, die Griffe sind größer, als es scheint.

3 **Kaltstart** 6+ Veit
Gilt nur, wenn direkt über den Überhang geklettert wird, sonst deutlich leichter.

4 **India** 4- José
Nette Wandkletterei an positiven Griffen.

Kakteen im Schwarzwald? Eine folge der Klimaerwärmung? Nicht ganz, rund 1700 Sonnenstunden pro Jahr und die günstige klimatische Lage bescheren **Badenweiler** ein fast mediteranes Klima. Der im Schwarzwald etwas skurril wirkende Anblick lässt sich im Kurpark von Badenweiler genießen.

Bevor die geprüften Geografen auf die Barrikaden gehen: Wir wissen natürlich auch, dass die Bezeichnung „Hochschwarzwald" für das Teilgebiet B nicht ganz hasenrein ist und in anderem Kontext der Begriff auch anders verwandt wird, aber irgendwie wollten die Klettermöglichkeiten in keines der anderen Teilgebiete so recht passen.

Gebiet A ist von Westen, vom Rheintal her, leicht und schnell erreichbar, die Gebiete C und D von Süden, und ins Gebiet E gelangt man vom Neckartal aus recht zügig. Nur die Felsen im Gebiet B sind für jeden ein ordentliches Eck weg, der nicht gerade droben im Schwarzwald wohnt. Wer hier klettern will, der muss wohl oder übel über den Berg und mitten rein in den Hochschwarzwald.

Doch die Fahrt lohnt sich – nicht umsonst gibt es sowohl für die Felsen um Todtnau als auch für den Windbergfels bei St. Blasien einen eigenen kleinen Kletterführer. Beide Gebiete gehören nicht zu den klassischen Schwarzwälder Kletterfelsen, zu denen hat man womöglich bei der Fahrt durchs Höllental seufzend hochgeschaut und sich bedauernd gefragt: Warum nur ist das alles gesperrt?!

Die erlaubten und beschriebenen Felsen sind nicht so wuchtig und wurden erst in den 1980er und 1990er Jahren konsequent erschlossen. Dementsprechend sind die Routen eingerichtet. Besonders am Windbergfels ist die Absicherung fast durchgehend gut, was sich aber auch bei den Veranstaltern von Kletterkursen schon rumgesprochen hat.

◨ Im Freilichtmuseum Vogtsbauernhof scheint die Zeit still zu stehen.
© Schwarzwälder Freilichtmuseum Vogtsbauernhof, Gutach Foto: Karl Schlessmann

■ Lara Graupner am Freibadfels in Todnau.

Hochschwarzwald
Übersicht

Anfahrt	Aus nördlicher und südlicher Richtung sind die Gebiete Felsele und Todtnau sehr gut über Freiburg bzw. die A5 erreichbar, vom Osten gelangt man über die Höllentalstrecke auf der B31 über Donaueschingen in das Herz des Südschwarzwaldes. Das Klettergebiet St. Blasien erreicht man aus südlicher Richtung am besten über Waldshut, während sich für die Anfahrt aus nördlicher Richtung ein tieferer Blick in die Karte lohnt. Die genaueren Zufahrtsbeschreibungen über die kurvigen Schwarzwaldsträßchen finden sich in den Beschreibungen der einzelnen Felsen.
ÖPNV	Alle Gebiete sind mehr oder weniger gut mit öffentlichen Verkehrsmitteln zu erreichen. Näheres bei den jeweiligen Gebieten.
Karte	Landesvermessungsamt Baden-Württemberg – Landkreis Breisgau-Hochschwarzwald 1:50000 Radwanderkarte.
Übernachtung	Jugendherberge Todtnau-Todtnauberg (www.jugendherberge-todtnauberg.de, Tel. 07671-275), Jugendherberge Feldberg (www.feldberg.jugendherberge-bw.de, Tel. 07676-221), Jugendherberge Menzenschwand (www.menzenschwand.jugendherberge-bw.de, Tel. 07675-326).

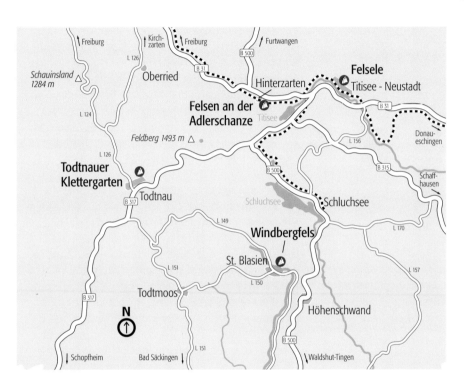

Koordinaten	47°55'17''N
	08°12'16''E
Ausgangspunkt	Neustadt
Ausrichtung	SO
Sonne	ab Vormittag
Wandhöhe	bis 10 m
Wandfuß	meist flacher Hang
Routenanzahl	16
Niveau	

1-5	14
6-7	2
8-11	

Felsele ist ein echt treffender Name für diese wirklich kleine „offene Felsbildung" (... so nennt man Kletterfelsen tatsächlich im Juristendeutsch). Aber glaubt uns: Es lohnt sich, das Seil auszupacken. Der Gneis ist scharf gekantet und super henkelig, so dass sich auch richtig steile Passagen erstaunlich leicht klettern lassen. Das Felsele ist Teil des umgebenden „Felsele Erlebniswald" mit einem Wasserlehrpfad und einem Waldspielplatz und wurde von Jo Grams 2009/2010 mit viel Engagement perfekt eingerichtet.

Anfahrt

Auf der B31 nach Neustadt. Auf der L172 über die Eisenbahnbrücke und Gutach hinweg, an der ersten Kreuzung nach links in die Titiseestraße. Nach 500 m – am McDonalds und der Aral-Tankstelle vorbei – rechts und dann gleich wieder links in den Schottengrundweg. Gleich zu Beginn beim Seniorenzentrum St. Raphael an der Straße parken.

ÖPNV

Mit der Regionalbahn bis zur Haltestelle Neustadt (Schwarzwald). Zu Fuß der Bahnhof- und später Gutachtalstraße in nordwestlicher Richtung folgen, bis ca. 150 m vor der Brücke des B31/L172 Zubringers ein Fußweg zur Kreuzung am Beginn der Titiseestraße führt. Zu Fuß weiter wie unter Anfahrt beschrieben.

Zustieg

Gegenüber dem Seniorenzentrum führt ein Fahrweg nach Norden in das kleine Waldstück. Nach 50 m sieht man linker Hand die Felsen (eine Minute vom Parkplatz).

Abstieg	Umlenken
Gestein/Felsstruktur	Teilweise sehr scharfer Gneis.
Schwierigkeit	Anfängerfels
Absicherung	Die Routen sind gut mit Klebehaken abgesichert.
	Zur Schonung der Felsköpfe wird an soliden Ringen/
	Ketten umgelenkt.
Kletterregelung	Magnesiaverbot

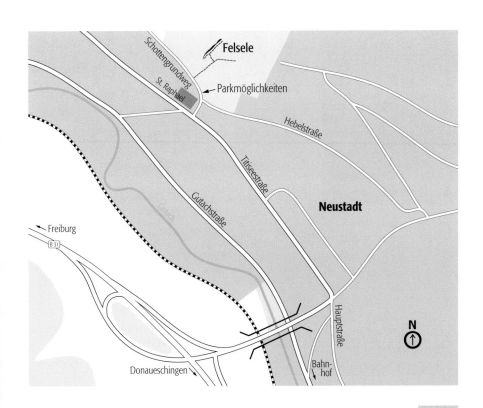

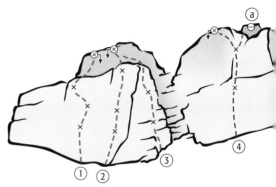

1 **R1** 3- J. Grams
Gutgestufter Fels für Klettereinsteiger.

2 **R2** 5- J. Grams
Abdrängender Einstieg. Nach oben hin immer leichter.

3 **R3** 2+ J. Grams
Sehr schöne, griffige Kletterei mit der schwersten Stelle am Einstieg.

4 **R4** 7- J. Grams
Elegante Kletterei an überhängender Kante.

   a **Rechter Ausstieg** 5+ J. Grams
     Umgehung der Ausstiegscrux.

5 **R5** 4+ J. Grams
Hier wird der Kletterer zum lebendigen Klemmkeil (alte Kleidung vorteilhaft)

6 **R6** 6 J. Grams
Gute Griffe und Klemmer. Ohne weiteres auch statisch lösbar.

7 **R7** 4 J. Grams
Piazkletterei an feinen, aber guten Seitleisten in überhängendem Fels.

▪ Fiddi im Kaltstart der *R6* (6).

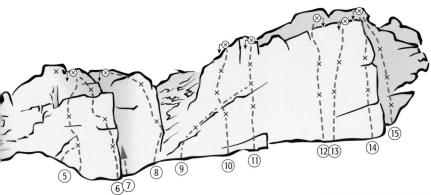

8	**R8**	4-		J. Grams

Kurze Wandkletterei mit überraschend guten Griffen.

9	**R9**	4+		J. Grams

Quergang

10	**R10**	5		J. Grams

Abdrängend zu Beginn, anschließend gutgriffig rechts zur Kante.

11	**R11**	5+		P. Oster

Wunderbare Kletterei an feinen Leisten in der kleinen Verschneidung.

12	**R12**	5+		P. Oster

Giftiger, aber sehr interessanter Boulder an seichter Rissspur im Überhang.

13	**R13**	5		J. Grams

Abdrängend, aber griffig.

14	**R14**	4		J. Grams

Steile, griffige Wand. Allerdings nicht immer vollkommen fest.

15	**R15**	3		J. Grams

Gestufter Fels für Einsteiger.

Am Massiv des Felsele kann ein recht selten gewordener Vertreter aus der Familie der Streifen-farngewächse angetroffen werden. Der **Nordische Streifenfarn** (Asplenium septentrionale) mag es trocken und sonnig. Er wächst auf kalkarmen oder kalkfreien Untergründen wie Mauern oder Felselen.

Felsen an der Adlerschanze (Scheibenfels)
Übersicht

Koordinaten	47°53' 54'' N
	08°06' 33'' E
Ausgangspunkt	Hinterzarten
Ausrichtung	NW
Sonne	keine
Wandhöhe	12 m
Wandfuß	sanft geneigter Hang
Routenanzahl	4
Niveau	1-5 **2**
	6-7 **2**
	8-11

„Adler sollen fliegen", heißt es in einem Song jener erstaunlicherweise so berühmten schwäbischen Band. In Hinterzarten an der Adlerschanze kann man diese Aufforderung Realität werden lassen.

Wer weniger gern fliegt, sondern sich im Gegenteil ganz fest hält, um eben dies zu verhindern, der ist hier aber auch richtig. Direkt neben dem Schanzentisch, noch in Hörweite des Fluglärms, liegt der Scheibenfels im Wald versteckt. Mit vier schattigen Touren nicht gerade der Hotspot im Südschwarzwald. Wer aber nach einer längeren Trockenperiode – allerdings aber auch nur dann – das dringende Verlangen nach einem super Fingerriss verspürt, für den lohnt sich der Aufstieg zu diesem Nebenschauplatz.

Anfahrt	Von Freiburg auf der B31 nach Hinterzarten (25 km). Der Hauptstraße folgend durch den Ort und bei der Kirche links in den Vinzenzzahnweg. An der nächsten Kreuzung rechts in die Sickingerstraße, zum Friedhof und dort parken.
ÖPNV	Mit der Regionalbahn nach Hinterzarten. Vom Bahnhof über die Adlerstraße / Sickingerstraße zur Skisprungschanze (ca. 10 Min.).
Zustieg	Vom Parkplatz die Auffahrt zur Schanzenanlage. Über den Vorplatz und auf dem Trampelpfad den Hang hoch. Nach der dritten Kehre auf der Höhe des Absprungtisches (oberhalb vom Schiedsrichterturm 4) nach rechts auf einem kleinen Pfad in den Wald zum Fels. Ein kleines Holzschild am Waldrand markiert den Pfad.
Abstieg	Umlenken
Gestein/Felsstruktur	Griffiger, zum Teil leider bemooster Gneisbrocken.
Schwierigkeit	Unteres Mittelfeld
Absicherung	Klebehaken und Abseilringe
Kletterregelung	Magnesiaverbot

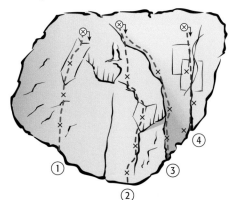

1 **Rinne** 5   J. Grams
   Nasse, moosige Rinne.

2 **Direkte** 6   J. Grams
   Schwierigste Stelle am Anfang.

3 **Tom´s Treppe** 5-   J. Grams
   Anfangs moosig.

4 **Hinterzartener Riss** 6+   J. Grams
   In einem super Riss geradeaus nach oben.

Todtnauer Klettergarten
Übersicht

Koordinaten	47°49' 59'' N
	07°57' 44'' E
Ausgangspunkt	Todtnau/Freibad
Ausrichtung	S
Sonne	ab Vormittag
Wandhöhe	10 - 30 m
Wandfuß	Felsband, Waldhang
Routenanzahl	100
Niveau	1-5 50
	6-7 39
	8-11 11

Morgens Ski fahren und nachmittags in der Sonne klettern. Wer meint, diese Kombination böten nur Briancon, Chamonix oder Cortina, der war noch nie in Todtnau: Morgens am Feldberg carven, mittags am Schwimmbadfels moven – in passenden Wintern kein Problem.

Als modernes Klettergebiet ist Todtnau relativ neu, die Erschließung der heute bekletterten Felsen startete erst in den frühen 1980er Jahren. Markus Trefzer war dann mit über 100 Erstbegehungen der Haupterschließer, Herbert Steiger Motor des frisch gegründeten Clubs der „Kletterfreunde Todtnau". Als Hausmeister haben die Kletterfreunde seither die Felsen gesäubert, immer wieder saniert und so die Voraussetzung für zeitgemäßes genüssliches Klettern geschaffen. Selbst ein Klettersteig mit 300 Meter Stahlkabel wurde installiert – eine im Schwarzwald einmalige Attraktion. Auch einen kleinen Spezialkletterführer für ihr Gebiet haben die „Kletterfreunde Todtnau" herausgegeben.

Derzeit nur eingeschränkt zu beklettern ist der Traditionsfels des Gebiets, der Klingelefels. Die plattigen Genussrouten im mittleren Teil des Massivs sind eigentlich richtig klasse, allerdings ist der Fels wegen brütender Vögel von Anfang Januar bis Ende Juli gesperrt. Ein Topo wird in der zweiten Auflage dieses Führers zu finden sein.

Freunde des Boulderns werden ebenfalls im Gebiet fündig: Treffpunkt ist am programmatisch getauften „Black Wood Boulder".

 Luftig geht es in *Simplicissmus-direkt* (6) zu.

Anfahrt	Von Freiburg nach Kirchzarten (B31). Dort auf die Landesstraße L126 in Richtung Todtnau abbiegen. In Todtnau links (B317), nach ca. einem Kilometer auf dem Parkplatz des Freibads links der Straße parken.
ÖPNV	Von Freiburg/Hbf. in circa 1,5 Std. mit der Buslinie 7215 nach Todtnau. Von Basel mit dem Bus 7300 Richtung Titisee bis zu der Haltestelle Todtnau/Poche.
Zustieg	Vom Parkplatz auf Weg in Richtung Schwimmbad und an diesem vorbei. In der Nähe des Hotels Waldeck (Schranke) führt ein Weg in Serpentinen zu den Felsen der zentralen Gruppe (5 bis 10 Min.). Zum Black Wood Boulder siehe Seite 167. Zustieg Klingelefels siehe Seite 168.
Abstieg	Die meisten Routen besitzen Umlenkhaken. In einzelnen Fällen wird über Trittspuren abgestiegen.
Gestein/Felsstruktur	Gneiswände mit Rissen und kleinen Dächern durchsetzt. Steile Wände mit Leisten in allen Größen.

Schwierigkeit	Viele Routen im Anfänger- und mittleren Schwierigkeitsbereich sowie einzelne schwere Routen.
Absicherung	Gut gesichert mit Bohrhaken und Umlenkringen. Die Einstiege sind markiert (Nummer in eckiger Klammer).
Kletterregelung	Magnesiaverbot. Der Klingelefels ist wegen Vogelbrut vom 1.1. bis 31.7. gesperrt.

Gruppen ab 5 Personen müssen sich bei den Kletterfreunden Todtnau anmelden. Gewerbliche Nutzer zahlen 5 Euro pro Person. Infos und Anmeldung: Tel. 07674-1234 bzw. 1634, Mobil 0151-21246048, Email info@kletterfreunde-todtnau.de

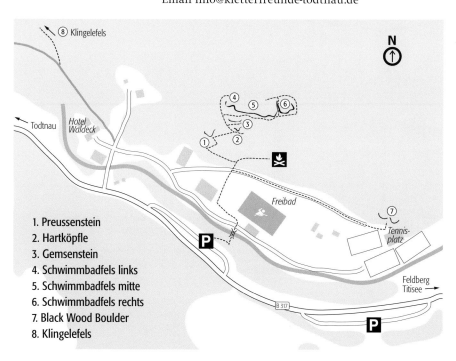

1. Preussenstein
2. Hartköpfle
3. Gemsenstein
4. Schwimmbadfels links
5. Schwimmbadfels mitte
6. Schwimmbadfels rechts
7. Black Wood Boulder
8. Klingelefels

Todtnauer Klettergarten
Preussenstein & Hartköpfle

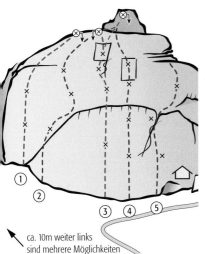

ca. 10m weiter links
sind mehrere Möglichkeiten
zum Clean Climbing.

Preussenstein

1 **Raubstein** [A5]   4+/5-   H. Steiger ,87
Große Griffe und eine steile Stelle zeichnen diesen Weg aus.

2 **Kriminaltango** [A3]   7-   M. Trefzer, Wimbauer `88
An der heiklen Stelle im letzten Drittel sind Balance und Ausdauer gefragt.

3 **Grimselerinnerungen** [A1]   5   M. Trefzer `86
Anstrengender Auftakt, nach dem Band noch eine kurze schwere Passage.

4 **Aspirin** [A4]   7+   M. Trefzer `88
Hohe Anforderung an das Balancegefühl und für die Finger etwas schmerzhaft.

5 **Crack-a-go-go** [A2]   7   Ch. Fibich, S. Molinari, U. Gutmann `86
Technisch anspruchsvoller Start, ab der Mitte dann steil mit großen Griffen.

Hartköpfle

1 **Griffli** [B1]   3   M. Trefzer `86
Nette kurze Kletterei mit einem etwas unübersichtlichen Einstieg.

2 **Brotkant'n** [B2]   5   M. Trefzer `86
Abdrängende Passage knapp links der Kante. Toprope.

3 **Knochenhärter** [B3]   7   M. Trefzer `86
An tollen Auflegern entlang der kontinuierlich überhängenden Kante. Toprope.

4 **Krise des Optimismus** [B7]   8-
Überhängend, richtig schwer und oben raus auch noch unübersichtlich.

5 **G'nußbolzen** [B4]   5   M. Trefzer `86
Kurze und sehr schöne Kletterei entlang der plattigen Rampe.

6 **Hängerlich** [B5]   4   M. Trefzer `86
Leicht abdrängende Passage im oberen Bereich.

7 **Kindertour** [B6]   3   M. Trefzer `86
Der Name sagt es schon: nette Route für die Kleinen.

Gemsenstein

1 **Jugendtour** [C4]   3-   H. Steiger, M. Trefzer '85
Kurze Leistenkletterei für die ersten Schritte am Fels.

2 **Gemsentreff** [C1]   3   H. Steiger, M. Trefzer '85
Erst plattige Passage, danach dem Riss folgen.

3 **Flugtour** [C3]   5+   H. Steiger, M. Trefzer '85
In Wandmitte netter Balanceakt an feinem Riss.

4 **Lass hänge, Joe** [C2]   5-   H. Steiger, M. Trefzer '85
In der Mitte netter Untergriff, aufrichten und genussreich zum Ausstieg.

5 **Unsinn des Lebens** [C5]   6-   P. König '91
Nette Varianten an Untergriffen (definiert mit dem schrägen Riss: 6+/7-).

6 **Touch and go** [C6]   5+   P. König '91
Links der Haken über kurze steile Kante, ohne Benutzung der rechten Wand
oder deutlich leichter rechts durch die Verschneidung.

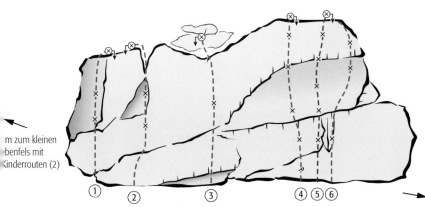

...m zum kleinen
...benfels mit
...inderrouten (2)

①   ②   ③   ④ ⑤ ⑥

50 m nach rechts und 5m absteigen
zu *Fingerschmalz* (7-), von
M.Alznauer und J.Wechlin '99
Direttissima mit Einstieg vom
Sandboden (2 BH + Umlenker)

◪ Zu Beginn noch steil, erst weiter oben werden *Grimselerinnerungen* (5) wahr.

1 **Seckelweg** [D1] 2 H. Steiger, M. Trefzer '86
Der Klettersteig quert den gesamten Fels im Bereich der Ausstiege.

2 **Eimol isch keimol** [D2] 3 H. Steiger, M. Trefzer '86
Breiter Riss, nur der Einstieg ist schwerer als der benachbarte *Seckelweg*.

3 - 4-
Noch etwas schwierigerer Start ins geneigte Terrain.

4 - 4-
Der direkte Einstieg ist ungesichert. Man kann auch von links her einqueren.

5 **Ex Wackelstein** [D3] 5 M. Trefzer '85
Einstieg von rechts auf die Platte piazen, schöne Route.

6 **Runout** [D22] 7+ P. Klingele, B. Fricker '90
Elegante Kletterei an erstaunlich griffiger, überhängender Kante.
  a **Kantenrunout** 8 C. Frick '97
    Definierte Route: wie *Runout*, allerdings sind sämtliche Griffe an der Kante tabu!

7 **Mir könne au andersch** 8+ B. Wiese '97
Einstieg unter der Henkelschuppe. Heftige Einzelstelle vor dem 2. BH.
  a **Transaktionsanalyse** 8/8+ B. Wiese '97
    Vom Einstieg nach links zum 2. BH von *Kantenrunout ...*, weiter zum 3. BH, dann
    nach rechts mit Kreuzzug zurück in *Mir könne ...* und diese aussteigen.
  b **En passant** 9- B. Wiese '97
    Wie *Transaktions...*, über *Kantenrunout* zum Umlenker (als Zwischensicherung
    einhängen), Rechtsquerung bis fast zum *Fetten Riss*, leichter werdend aussteigen.

8 **Fetter Riss** [D4] 6 M. Trefzer '85
Wenn man an den rechten Kanten der Verschneidung klettert, elegante Route.

9 **Dynamo** [D23] 6+ M. Trefzer '87
Kleine, aber trotzdem richtig gute Griffe. Mal rechts, dann links piazen.

10 **Kakadu oder wie geht's?** [D24] 8+
Reichlich pfiffiger Einstieg, den man erst mal enträtseln muss. Oben einfacher.

11 **Toter Hund** [D5] 4 M. Trefzer '86
Aus dem Winkel folgt man einer markanten Rissrippe mit großen Griffen.

12 **Simplicissimus** [D6] 5- M. Trefzer '86
Nicht vom steilen Start abschrecken lassen. Schöne Kante hoch zur Kette.
  a **Simplicissimus-direkt** 6
    Netter, gut abgesicherter Boulder als Direkteinstieg.

13 **Rumpelstilzchen** [D25] 6 P. König '91
Feine Leistenkletterei in prima Gneis. Links der Kante bleiben.

Gemsenstein

3 Routen (2-3)

Der Einstieg ist zwar das Schwerste, aber auch danach muss sich Carl Basler im
Knollenbock (7+) noch richtig festhalten.

Todtnauer Klettergarten
Schwimmbadfels, mitte

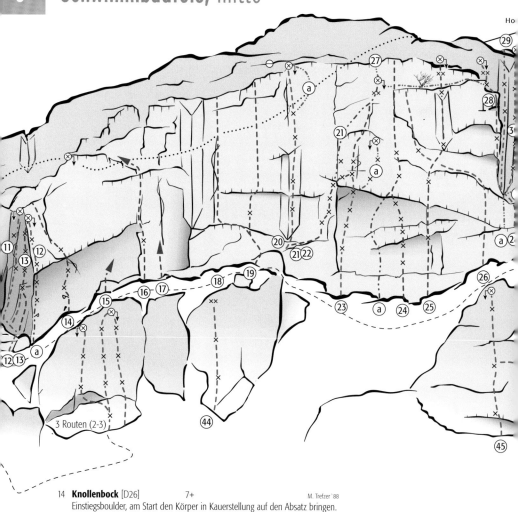

14 **Knollenbock** [D26]   7+   M. Trefzer `88
   Einstiegsboulder, am Start den Körper in Kauerstellung auf den Absatz bringen.

15 **Tannenzäpfle** [D26a]   7-   M. Steiger
   Keine Haken, nur Toprope.

16 **Einsamer Riss** [D7]   6   M. Trefzer `85
Auf der rechten Seite des Risses beginnen, oberhalb des 1. Hakens direkt auf
der Kante weiter. Klemmkeile zur weiteren Absicherung.

17 **Unfertiges Spiel**   6
Cleaner Fingerriss. Einen Satz kleiner Keile zur Absicherung.

18 **Todtnauer Tango**   6-
Schöne Risskletterei entlang der Kante. Nicht eingerichtet.

19 **Kleines Dachl** [D8]   6+   M. Trefzer `89
Anstrengende Kletterei über abschüssiges, plattiges Gelände. Tipp: viel
Reibungsfläche hält viel.

20 **Glaubsches net** [D9]   4+   M. Trefzer, K. Parthey `86
Klassische Verschneidungskletterei mit Crux im unteren Teil.
    a   **Ausbücher** [D29]   4   P. Klingele, B. Fricker `90
      Recht alpine, aber gut abgesicherte Variante.

21 **Friends** [D33]   6+   M. Trefzer
Platte, Riss, Verschneidung und Kante, alles dabei – Cams nicht notwendig.

22 **Jungferndach** [D10]   7+   M. Trefzer, S. Molinari `86
Ausladende Kletterpartie mit Aussicht auf Todtnau (sehr anstrengend).

23 **Sex, Eiweiß, Training** [D11a]   9-   C. Fibich `89
Harte Züge im Überhang an kleinen Griffen. Die Wege zur erfolgreichen
Rotpunktbegehung kann man dem Routennamen entnehmen.
    a   **Direktvariante**   9/9+   C. Fibich `96
      Nicht unbedingt direkter, aber definitiv schwerer. Griffe streichholzgroß und kleiner.

24 **Saubär** [D11]   7   M. Trefzer, S. Molinari `86
Tolle lange Route mit einem Dach gleich nach dem Einstieg und auch danach
bleibt`s immer richtig steil und überhängend.
    a   **Seitlicher Einstieg** [D30]   6
      Unlohnende Variante.

25 **Alpini** [D12]   6+   M. Trefzer `87
Einstieg von unten eher 7-. Wird meist über Rampe von rechts angegangen.

26 **Hinterstoisser** [D13]   5   M. Trefzer `84
Muss man überwiegend selber absichern.

27 **Nasenquergang** [D19]   4   M. Trefzer `85
Nette Kletterei mit prächtiger Aussicht ins Tal.

▣ Birte Schwarzbauer kurz vor dem Ende von *Glaubsches net* (4+).

Ziegen werden im Schwarzwald wie auch z.B. auf der Schwäbischen Alb gerne in der Landschaftspflege eingesetzt. Die Mischfresser sind wie keine andere Tierart geeignet, auf Flächen zu weiden, die zur Verbuschung neigen. Die Ziege ist zwar keine Gämse aber ein guter Kletterer, so dass man sie auch in felsigem Terrain antreffen kann. Bevorzugt auf der höchsten Spitze.

28 **Um's Eckli und nauf**   3   H. Steiger, M. Trefzer `84
Einfach so machen, wie`s der Name sagt. Großgriffiger Kletterspaß.
    a   **So geht's wohl**   5+   M. Trefzer `86
       Direkteinstieg über die Platte. Toprope.

29 **Große Verschneidung** [D14]   4+
Klassiker, der bis in die 70er Jahre technisch geklettert wurde.

30 **Direkte** [D14a]   8-   C. Fibich `88
Schwierige Kletterei in senkrechtem Fels mit feinen Leisten. Leckerbissen.

31 **Piaz, wenn'd mogsch** [D15]   7+   M. Trefzer, S. Molinari `84
… oder mach`s mit Gleichgewicht. So oder so interessante Kante.
    a   **Tour unbekannt**   8-   A. Leonhard `86
       Variante von marginaler Bedeutung.

32 **Klemme isch in** [D16]   4   M. Trefzer, S. Molinari `84
Selten begangene und dementsprechend etwas verwachsene
Rissverschneidung. Keile zwingend.

33 **Rosaroter Panther** [D17]   6-   S. Schultzke `84
Nach dem schwierigen Auftakt (BH) etwas nach links in die Verschneidung.
Keine Plaisir-Absicherung!

34 **Speed Way** [D18]   7-   M. Trefzer `84
Lohnender Klassiker in senkrechter Wand mit kleinen, teils abschüssigen
Leisten.

35 **Eulenspiegel** [E6]   6   M. Trefzer, S. Molinari `86
Kurze Route ganz links oben am rechten Fels mit abdrängem Wulst.

36 **Til** [E5]   6+   M. Trefzer, S. Molinari `86
Verspielte Route über schön gestuften Fels.

37 **Eleusiusweg** [E4]   3+   M. Trefzer `86
Logische Linie über die Rampen.
    a   **Hatschipuh** [E7]   5-   M. Trefzer `86
       Rechte Variante, kurz aber schön.

38 **Black Jack** [E3]   6   M. Trefzer `86
Absoluter Klassiker aus den 80er Jahren.

39 **Balerina** [E1]   7   M. Trefzer `88
Lohnende filigrane Wandkletterei an Leisten.
    a   **Schwarze Wand**   6+
       Kleingriffiger Balanceakt, Längenzug zum senkrechten Schlitz.

Schwimmbadfels rechts

Schwimmbadfels mitte

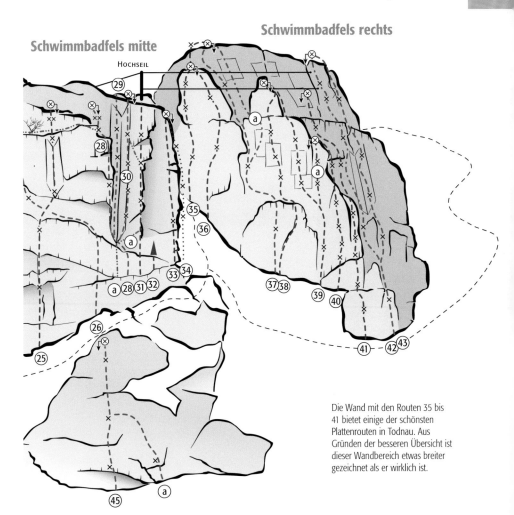

HOCHSEIL

Die Wand mit den Routen 35 bis 41 bietet einige der schönsten Plattenrouten in Todnau. Aus Gründen der besseren Übersicht ist dieser Wandbereich etwas breiter gezeichnet als er wirklich ist.

40 **Genius** [E8]   7   M. Trefzer ´89
Der Schlüssel ist die leicht überhängende, kleingriffige Einstiegspassage.

41 **Kantenschuss**   6+   M. Trefzer ´86
Nach der Crux an der abdrängenden Kante Plattengenuss zum Umlenker.

42 **Ausreisserle** [E9]   4   Kletterfreunde Todtnau ´97
Eine schöne abwechslungsreiche Kletterei über gestufte Felsrücken.

43 **Reisserle** [E10]   4+   Kletterfreunde Todtnau ´97
Markante Verschneidung mit einer Fülle von Griffen.

44 **Diretissima**   4+

45 **Laß di ap**   4   D. Alznauer
Kleines Dach. An Umlenker Abseilen.

     a   **Variante**   3+
        Einfachere Variante

Über knapp 100 Meter stürzen die Wasser des Stübenbachs den **Todtnauer Wasserfall** herunter. Damit rangiert er in Deutschland auf Platz eins in der Höhenrangliste. Die Wege um den Wasserfall sind landschaftlich sehr reizvoll. Wenn man sowieso in der Nähe ist, sollte man sich dieses Naturschauspiel nicht entgehen lassen!

Zustieg: Vom Schwimmbad aus in Richtung Tennis-
platz laufen. Auf Höhe des Tennisplatzes führt ein
kleiner Trampelpfad links in den Wald direkt zu den
Blöcken.

Linker Fels

6	1	Freeclimber Dächle
5	2	Piaz
5	3	Schöner Riss
7	4	Problem
4+	5	Gaudi Tour
5-	6	Denkste
-	7	-
-	8	-
-	9	-

Rechter Fels

5	1	Outsider
6	2	Speedy Gonzales
8-	3	Via Gabi
6	4	Jesus Christus Tour
7	5	Leck mi fett
6-	6	Scheisserle Riss

Todtnauer Klettergarten
Klingelefels

Zustieg	Über die Steinbrücke auf der Zufahrtsstraße der Siedlung. Links haltend an einem kleinen Brunnen vorbei und später auf einem geschotterten Waldweg Richtung Kriegerdenkmal. Auf Höhe des Kriegerdenkmals geht ein kleiner Pfad an einer Steinmauer rechts, parallel zum Hang, ab. Diesem folgen, bis nach ca. 500 m der Fels rechts im Wald erkennbar ist.
Abstieg	Umlenken
Charakter	Übungsfels mit leichten bis mittelschweren Routen. Der Gesamtcharakter ist allerdings etwas alpiner als am Schwimmbadfels.
Kletterregelung	Sperrung wegen Vogelbrut von Anfang Januar bis Ende Juli. Bitte entsprechende Beschilderung am Zustiegsweg beachten.

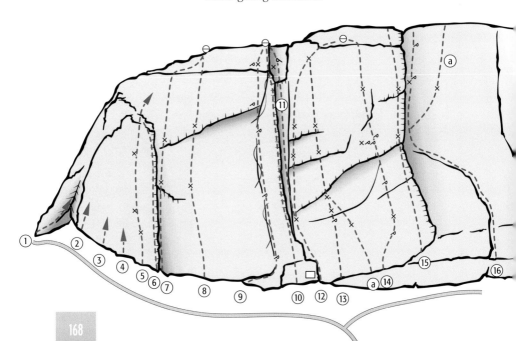

1	**Lauf Weg** (K15)	–	
2	**Toprope** (K16)	–	
3	**Toprope** (K17)	–	
4	**Toprope** (K18)	–	
5	**Via Iris** (K19, K1a)	5+	M. Trefzer `83
6	**Tote Rippe** (K1b)	–	M. Steiger & Gef. `93
7	**Khämi** (K1)	4+	Kletterfreunde Todtnau `83
8	**Linker Riss** (K2)	3+	Kletterfreunde Todtnau `83
9	**Rechter Riss** (K3)	3+	Kletterfreunde Todtnau `83
10	**Linke Kante** (K4)	4+	Kletterfreunde Todtnau `83
11	**Wurzeltour** (K5)	4	M. Trefzer `83
12	**Platte** (K6)	5-	M. Trefzer `83
13	**Orpheus** (K7a)	7	M. Trefzer `85

Bis zum Überhang schwer, oben dann leicht.

	a **Steinbruch** (K8)	5-	Kletterfreunde Todtnau `83
14	**Habichtnase** (K9)	4+	Kletterfreunde Todtnau `83
15	**Falkentour** (K10)	4	Kletterfreunde Todtnau `83
16	**Hintere Verschneidung** (K12)	3+	Kletterfreunde Todtnau `83
	a **Zaunkönig**	7	M. Steiger, J. Wechlin `97

Windbergfels (St. Blasien)
Übersicht

Koordinaten	47°45′37″N
	08°08′21″E
Ausgangspunkt	Sankt Blasien
Ausrichtung	S, SW
Sonne	ab Vormittag
Wandhöhe	4 - 25 m
Wandfuß	eben
Routenanzahl	95
Niveau	

1-5	36
6-7	35
8-11	24

Geklettert wird am oberhalb von St. Blasien liegenden Windbergfels seit den frühen 1950er Jahren, was einige zum Teil noch in der Wand steckende uralte, rostige Haken belegen. Anfang der 90er Jahre wurde das Massiv dann im Auftrag des ansässigen Skiclubs in großem Stil eingerichtet. Die bis zu knapp 30 Meter langen, überwiegend leichten Touren am Oberen Fels verlaufen meist über gestuften Fels, was eine gewisse Aufmerksamkeit verlangt. Stürzen sollte man wegen der vielen Absätze dort tunlichst nicht. Die Richtung Süden ausgerichtete Hauptwand trocknet nach Regen sehr schnell wieder ab und kann auch nach einem sommerlichen Regenschauer bald wieder beklettert werden. Trotz der Südexposition ist im Winter aufgrund der Höhenlage und der schattenwerfenden Tannen kaum an Klettern zu denken.

Eine große ebene Fläche vor dem linken Bereich der Wand, ein Picknickplatz unter Schatten spendenden Bäumen und ein Brunnen, aus dem leckeres Wasser fließt, machen dieses Gebiet für Familien mit Kindern sehr beliebt. Zumal im rechten Teil der Wand auch kurze, sogenannte Kinderrouten eingerichtet wurden. Allerdings sollte man gerade hier sehr sorgsam sein: Die direkt an der Wand verlaufende Forststraße wird auch gerne von Bikern befahren, die in einem Affenzahn vorbei geschossen kommen. Zudem besteht hier, durch die unterhalb der Straße liegenden Sektoren Mephisto, Solaris und Schöne neue Welt, für kleinere Kinder Absturzgefahr!

■ Thomas Schwinlin spielt im ersten Akt von *Nabucco* (7) ganz souverän die erste Geige.

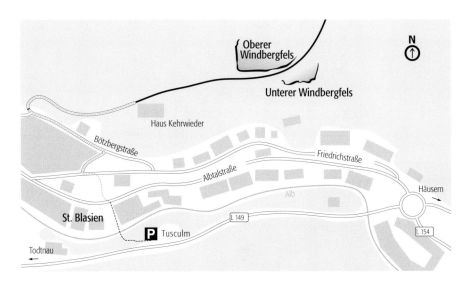

Anfahrt	Von Häusern kommend, auf der Umgehungsstraße in Richtung Todtnau. Nach dem Kreisverkehr (300 Meter) den offiziellen Parkplatz „Tusculm" nutzen. Nicht im Umfeld der Felsen parken.
ÖPNV	a) von Norden: Ab Freiburg mit der Dreiseenbahn nach Seebrugg und weiter mit dem Bus nach St. Blasien. b) von Süden: Ab Waldshut mit dem Bus nach St. Blasien.
Zustieg	Der Beschilderung über die Alb (Fußgängersteg) folgen. Die Albtalstraße überqueren und auf Fußweg in nördlicher Richtung durch eine Grünanlage hinauf zur Bötzbergstraße. Dieser weiter bergauf folgen, am Haus Kehrwieder vorbei zum Fels (10 Min.).

■ Blick von der Straße zum Oberen und Unteren Windbergfels.

Abstieg	Umlenken oder in südöstlicher Richtung über einen Pfad absteigen.
Gestein/Felsstruktur	Grauer Granit, der in roten Granitporphyr übergeht. Gestufter Fels mit wenigen längeren steilen Wandpassagen. Zum Teil Steinbruchcharakter.
Schwierigkeit	Viele Touren im Bereich von 4 bis 6.
Absicherung	Sehr gut mit Bohrhaken, meist in engem Abstand. Trotzdem wegen des gestuften Gesteins aufpassen.
Kletterregelung	Abfall wieder mitnehmen und kein Feuer machen.
Kontakt	Kletterkurse/Veranstaltungen: Joachim Bockstaller; j.bockstaller@freenet.de; 07672 / 922027
Infos	www.skiclub-stblasien.de

Oberer Fels, rechts

Unterer Fels

Oberer Fels, links

Oberer Fels, mitte

Windbergfels
Unterer Fels

Die unteren Sektoren wurden wegen des sich immer wieder ausbreitenden Moosbelags bisher selten bis gar nicht beklettert. Daher erfolgt hier nur eine Routenauflistung ohne Topo.

Sektor Mephisto

1	**Der Außenseiter**	7+
2	**Die schwarze Spinne**	9-
3	**Nachtflug**	9-
4	**Mephisto**	10-
5	**Macbeth**	9
6	**Der Fall**	10
	a **Rechter Einstieg**	9+
7	**Faust**	9-
8	**Die verkauften Hände**	8-
9	**Wie es ist**	7-

10	**Lenz**	5-
11	**Brot und Spiele**	7
12	**Stein und Flöte**	6+
13	**Le Rouge et le Noir**	7-

Sektor Solaris

14	**Mondscheinknecht**	6
15	**Heumond**	6-
16	**Mondnacht**	4
	a **Heumond**	6-
17	**Atem der Sonne**	5+
	a **Solaris**	8-
18	**Kein schöner Land**	8

Sektor Schöne neue Welt

19	**Schöne neue Welt**	7-
20	**Die unerträgliche Leichtigkeit des Seins**	6
25	**Die legende vom Glück ohne Ende**	7
26	**Hundert Jahre Einsamkeit**	5-
27	**Aus dem leben eines Taugenichts**	5
28	**Zauberberg**	4+
29	**Schachnovelle**	9-
30	**Warten auf Godot**	6+
31	**Ansichten eines Clowns**	7-
32	**Homo Faber**	8+
33	**Glasperlenspiel**	6+
34	**Siddharta**	5-
35	**Ohne Eifer, ohne Zorn**	5+
36	**Endspiel**	5-

Zu den Routen 1 bis 18 kann über die Rampe zugestiegen werden.

1 **Rosenkavalier** 5-
Zum Teil kleingriffige Platte.

2 **Macht des Schicksals** 8-
Boulderstelle

3 **Ein Maskenball** 2+
Leichte Kletterei über eine Rampe.
   a **Cosi fan tutte** 6
      Vom dritten Haken links über kleines Dach zu *Macht d. Schicksals*.
   b **Amalia geht zum Ball** 6-
      Ausstiegsvariante

4 **Der falsche Harlekin** 5

5 **Die Entführung aus dem Serail** 6+

6 **Der Liebestrank** 5+

7 **Die Gezeichneten** 7-
Kleingriffige Verschneidung.

8 **Bajazzo** 6-
Kurz nach dem Stand wird's steil und schwieriger Aufrichter.

9 **Rigoletto** 5+
Schöne lange Tour.

10 **Tristan** 3+
Leichte Anfängerstufe mit super abgesicherter Einstiegsplatte.
   a **Original Tristan** 2+
      Vermoost
   b **Original Isolde** 3-
      Vermoost
   c **Isolde** 3
      Nach der Platte das steile Stück links umgehend.

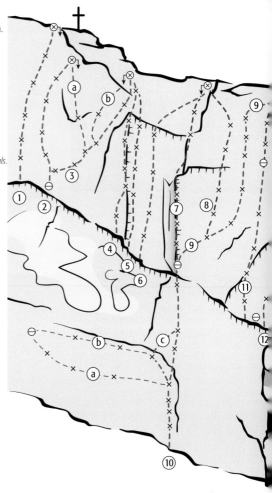

Moose gibt es schon erheblich länger als Menschen. Schon vor 400 bis 450 Millionen Jahren haben sie sich aus Grünalgen der Gezeitenzone entwickelt. Es gibt rund 16.000 verschiedene Arten, die in einer eigenen Wissenschaft, der Bryologie, erforscht werden. Am Urgestein des Südschwarzwalds, und dort besonders an schattigen Bereichen (z.B. Unterer Windbergfels), holen sich Moose unregelmäßig bekletterte Felszonen schnell zurück.

11 **Hermann-Leber-Pfeiler**   5-, 7-
Kurz vorm Zwischenstand für kleine Leute eine schwere Reibungsplatte.

12 **Tosca**   4+
Längste Route (ca. 27m) am Fels mit der Schlüsselstelle zum Umlenker hin.

13 **Bolero**   5-
Stumpfe Kante auf den Fingerhut.
   a **Linker Ausstieg**   6-
     Noch kürzere Ausstiegsvariante.

14 **Der fliegende Holländer**   4
Kurzer Riss und links auf den Fingerhut.

15 **Die schöne Helena**   4
Gut stehen und im Mittelteil eigentlich gar nicht so leicht.
   a **Carmen**   6-
     Kniffelige Platte mit Untergriff am Anfang und dann kleinen Leisten.

16 **Elektra**   6-
Rechts ansteigend zur Abschlussverschneidung mit dem hartem Finish.

17 **Lulu**   6+
Zwischen erstem und zweitem Haken Grounder möglich. Zum Schluss senkrecht und kleingriffig.

18 **Salome**   5+
Gestufter Fels auf Absatz. Gerade zum Umlenker rechts der Pfeilerkante. Vorsicht, links ist eine loose Schuppe!

19 **Feuervogel**   8+/9-   R. Jasper '95
Über 20 einsteigen, beim 2. Haken nach links, über Überhängle und Platte.
   a **Direktvariante**   9-
     Naja, ob die paar direkten Meter die Tour jetzt schwerer machen?

20 **Zauberflöte** [26]   7+
Sehr schöne Ausdauerkletterei mit vielen Seitgriffen.

21 **Bärenhäuter** [25]   9   R. Jasper '95
Sauschwer an kleinsten Leisten.

22 **Böff's Dream** [24]   9-   R. Jasper '95
Ausdauerkletterei an kleinen Griffen und mit schlechter Reibung.

23 **La Traviata**   9-
Dynamischer Längenzug an die linke Plattenbegrenzungskante.

24 **Rheingold** [23]　　　　　8-
Super Piazkletterei, Ausstieg über 25.

　a **Direktvariante**　　　　8+
　Nach der Piazschuppe direkt und kleingriffig.

25 **Götterdämmerung** [22]　　7+
Sehr schöne Kletterei mit spannendem Finish. Grounder möglich!

26 **Nabucco** [21]　　　　　7
Vom 1. BH leicht rechtshaltend – Gewicht verlagern. Grounder möglich!

27 **Troubadour**　　　　　5+
Aufpassen beim Sichern um den 2. Haken, Grounder möglich!

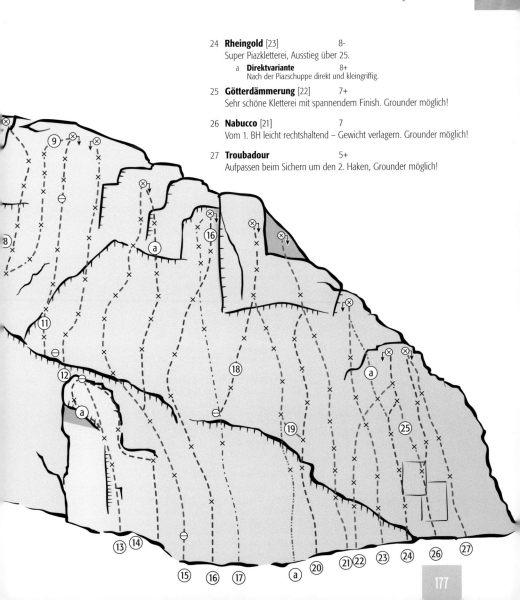

28 **Eisschlauch** [19]　　　　6+
Feine Verschneidung, bei der ein gutes Einsetzen der Beine gefordert wird.
Crux am zweiten Bolt.

29 **Bügeleisen** [18]　　　　7-
Schöne Wandkletterei. Vom 3. Haken rechts zur *Weißen Spinne*. Pendelsturz
möglich. Unbedingt dritten Haken clippen.
　a　**Bügeleisenplatte**　　9-/9　　　　　　M. Hoffmann
　　Ein hoher „Affenfaktor" ist Grundvoraussetzung.
　b　**Variante**　　　　6
　　Nach links zu dem Stand von 27.

30 **Weiße Spinne** [17]　　　　8-
Dynamisch weiter Zug von einer kleinen Seitleiste an ein Querband. Lustig,
aber meist feucht.

31 **Schwieriger Riss** [16]　　　5-
Schwer und gern nass vom Boden weg.

32 **Schwalbennest** [15]　　　6-
Unten etwas wackelig, oben an schönen Leisten.
　a　**Plattenvariante**　　　6+/7　　　　　M. Schäfer
　　Direkt über die Platte, dann links halten und die Wand hoch.

33 **Rote Wand** [14]　　　5
Schlüsselstelle aus der kurzen Verschneidung raus.
　a　**Stollenloch**　　　6-
　　Linke Einstiegsvariante über die steile Platte (1 Haken).
　b　**Brüchiger Riss**　　　6
　　Linksansteigender Routenverlauf.

34 **Zerschrundener Pfeiler** [13]　5
Oben linksansteigend an der Überhangkante entlang zum Umlenker.

35 **Sterntaler**　　　　7+/8-
Bleibt man rechts, dann 7+/8-, nimmt man links noch die Griffe dazu, dann 7-.

36 **Rumpelstilzchen**　　　6
Markante Verschneidung.

37 **Die Prinzessin auf der Erbse**　8-
Da hat es eigentlich nur die rechte Begrenzungskante zum Greifen.
　a　**–**　　　　　?

◼ An die Felsen, fertig, los! Jubeltrubel und Hochbetrieb beim Kinderkletterkurs
im Bereich „Eigerwand".

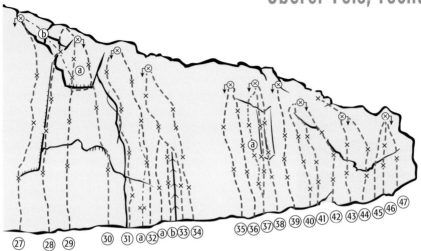

38 Rotkäppchen [10]   5+
Die Verschneidung kann man auch im oberen Teil rechts umgehen.

39 Rapunzel   6-
Nette Kletterei an etwas abdrängender, stumpfer Kante.

40 Aschenputtel   4+
Die Schlüsselstelle wartet am letzten Haken.

41 Schneewittchen   4+

42 Dornröschen   4

43 Rosenrot   3+

44 Schneeweißchen   3

45 Gretel   2+
Oft nass und demzufolge auch grün.

46 Hänsel   2
Nur nach längeren Trockenperioden einigermaßen lohnend, kurze Spielerei.

47 Kleiner Däumling   2-
Hier gilt ebenfalls das bei *Hänsel* und *Gretel* gesagte ...

Das Plaisirgebiet des Südschwarzwalds besteht aus drei Felsen: dem Erikafels und seinem unmittelbaren Nachbarn, der Wasserschlossfluh, sowie dem ca. 11 km entfernten Brückenfels. Erste Routen wurden in den 1980er Jahren von Lorenz Berreth und Joachim Blatter eingerichtet, aber bis die großen Touren an der Wasserschlossfluh rotpunkt geklettert wurden, sollten noch gut 20 Jahre vergehen. 1988 konnte Robert Jasper den „Grenzgänger" erstbegehen – mit glatt 9 bis heute die schwierigste Route im Gebiet. Anfang der 90er war es dann Peter König, der vor allem am Erikafels die Bohrmaschine ansetzte um zu sanieren, aber auch um neue Touren einzurichten. 2005 startete schließlich die große Sanierungs- und Neutourenwelle an der Wasserschlossfluh. Eingeleitet wieder durch Peter König und Wolfram Liebich. Nach und nach kamen mehr Helfer und Einrichter dazu: Michael Rudzki und Peter Diesner machten aus dem linken neuen Teil der Wasserschlossfluh ein Schmuckstück, das vor allem viele gemäßigte Routen zwischen dem 4. und 6. Grad bietet.

Der kurze Zustieg, die moderaten Schwierigkeiten, die für Schwarzwaldverhältnisse außergewöhnlich hohe Hakendichte, die Bademöglichkeit und der Grillplatz unterhalb der Felsen machen das Gebiet sehr beliebt und ziehen bei schönem Wetter viele – machmal fast schon zu viele – Kletterbegeisterte an. Erikafels und Wasserschlossfluh liegen auf dem Privatgrund der Papierfabrik Albbruck und werden mittlerweile von der DAV-Sektion Hochrhein betreut.

☐ Grillstelle und Badetümpel sorgen am Fuße der Wasserschlossfluh für Gemütlichkeit.

■ Achim Pasold genießt den super Fels am Erikafels.

Albtal
Übersicht

Anfahrt	Die Alb fließt bei Albbruck in den Rhein. Hierher gelangt man über die B34.
ÖPNV	Mit dem Regionalexpress bis Albbruck. Von hier in nördl. Richtung etwa 100 m bis zum EDEKA-Markt.
Karte	LVA Baden-Württemberg - Waldshut 1:50 000
Übernachtung	In der Umgebung gibt es zahlreiche Gasthöfe und Pensionen. Besonders zu empfehlen ist der „Brunnmatthof" in Unteralpfen.
Gastrotip	„Bierbörse" oberhalb vom Edeka-Markt in Albbruck.

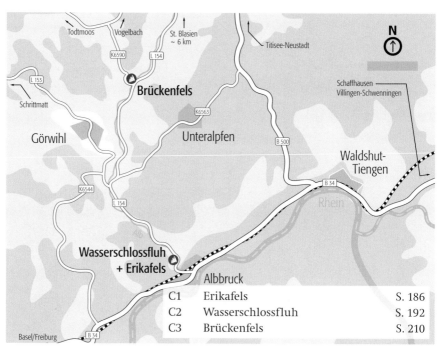

Albbruck (Erikafels & Wasserschlossfluh)
Übersicht

Anfahrt	Auf der B34 nach Albbruck in die Ortsmitte. Auf der Hauptstraße bis zum Edeka-Markt. Hier parken.
Zustieg	Zu Fuß in nördliche Richtung entlang der Straße ins Albtal. Ca. 200 m nach dem Ortsausgang, bei einem markanten Fels auf der linken Straßenseite, führt ein Pfad in wenigen Schritten zum Erikafels unterhalb der Straße. Zur Wasserschloßfluh zweigt etwa 50 m weiter ein Pfad ab. Erikafels und Wasserschlossfluh sind durch einen Pfad verbunden.
Abstieg	Umlenken
Gestein/Felsstruktur	Gneis mit zum Teil rötlicher Färbung. An manchen Stellen ist der Fels extrem glatt poliert. Ansonsten ist er stark strukturiert, sehr viele Kanten, Seitgriffe und Risse.
Schwierigkeit	Komplette Palette zwischen 4- und 9.
Absicherung	Perfekt mit Bohr- oder Klebehaken.
Kletterregelung	Keine Einschränkungen.
Gastrotip	„Bierbörse" oberhalb vom Edeka-Markt in Albbruck.

 Panorama der Wasserschlossfluh von der gegenüberliegenden Talseite.

Albbruck (Erikafels & Wasserschlossfluh)
Übersicht

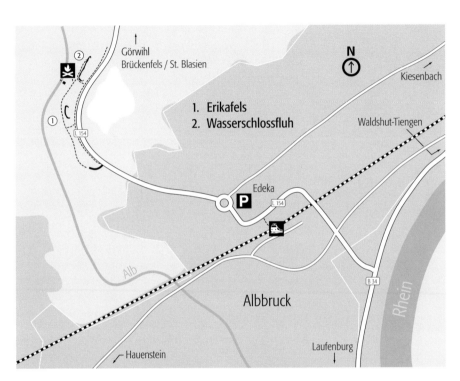

Görwihl
Brückenfels / St. Blasien

Kiesenbach

N

Waldshut-Tiengen

1. Erikafels
2. Wasserschlossfluh

L 154

Edeka

P   L 154

Alb

B 34

Rhein

Albbruck

Hauenstein

Laufenburg

C1 Ü

Albbruck
Erikafels, Übersicht

Koordinaten	47°35'40"N
	08°07'30"E
Ausrichtung	S, W, N
Wandhöhe	10 - 25 m
Routenanzahl	36

Niveau		
1-5		5
6-7		20
8-11		11

Wenn es an der Wasserschlossfluh zu eng wird, findet man am Erikafels meist immer noch eine freie Linie. Die umstehenden Bäume spenden im Sommer Schatten, locken aber auch gern hungrige Moskitos an.

Vor allem den rechten Teil des Felsens überzieht ein extrem enges Routenraster. In der einen oder anderen Route können durchaus Orientierungsprobleme auftreten. Nichtsdestotrotz gibt es hier sehr schöne Touren im mittleren Schwierigkeitsgrad und auch harte Routen wie die Toptour „Grenzgänger". In diesem Bereich der Wand gibt es seit Neuestem ein offenes Mega-Boulder-Problem, bei dem der Ottonormalverbraucher mit herunter geklapptem Unterkiefer nur staunend dasteht und weiter träumt.

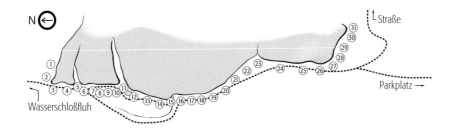

MAGIC MOUNT

IHR SPEZIALIST
FÜR TREKKING-
BERGSPORT
UND KLETTER-
AUSRÜSTUNG

Konstanz

Untere Laube 16
78462 Konstanz

Tel. +49 7531 24060
Fax +49 7531 24061

Onlineshop

magic-mount.com

Albbruck
Erikafels, links

1 **Schüürebürzler** 5-   P. Diesner `09
Schön an stumpfer Kante.

2 **Dumm g'loffe** 6+   P. Diesner `09
Am 3. Haken ist es kurz schwer.

3 **David gegen Goliath** ?
Für alle offener Hammerboulder über den Schiffsbug.

4 **Der kleine Prinz** 9-   W. Liebich `96 (eg. M. Rudzki)
Schlüsselstelle am 2. Haken. Achtung Bodensturzgefahr!

5 **Kamin** 4+
Klettert seit Jahren kein Mensch mehr.

6 **Cerberus** 8+   M. Rudzki `08
Komische Kletterei in einer kleinen Verschneidung und aus dieser raus.

7 **Grenzgänger** 9   Blatter, Berreth, 1. RP R. Jasper `88
Masterlinie im Gebiet. Schwer nach dem 2. Haken, harte Züge an kleinen
Leisten in der Schlusswand.

8 **Delta Limes** 9-   W. Liebich `02 (eg. P. König)
Vom 1. Haken von 9 links über überhängende Wand zum 6. Haken vom
Grenzgänger.
   a **Notausgang** 8+/9-   W. Liebich `02
   Leichterer Ausstieg, vor allem, wenn oben die Sonne in die Wand brennt.

9 **Je länger, je lieber** 8-/8   J. Blatter
Ausdauertour, am 6. und 7. Haken kleine Leisten halten.

10 **Nonplusultra** 8+   M. Billich (eg. W. Liebich)
Vom 2. leicht linksausholend zum 3. Haken. Der Rest ist Ausdauer.

11 **Brechstangenkamin** 5   J. Blatter, L. Berreth
Oft nass und dazu stecken noch die Uralthaken.

12 **Fegefeuer** 7   M. Rudzki
Erst über den Überhang und dann nochmal kurz schwer in dem abdrängenden Wändchen darüber.

13 **Schwefelverschneidung** 7-   D. Dühmke `96
Schwieriger Einstiegsüberhang, dann klassisch der logischen Linie folgend.

14 **Schwefelkante** 7-   J. Blatter
Rechts von *Schwefelverschneidung* zum 4. Haken von *Chaiberiss*, diese bis 6.
Haken bei Block. Linkshaltend durch steile Wand.

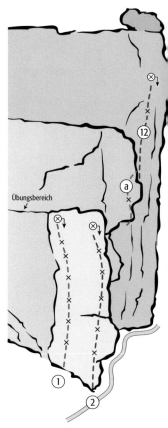

Links oberhalb von
Route 1 gibt es
mehrere kurze, für
Kurse geeignete
Übungsrouten.

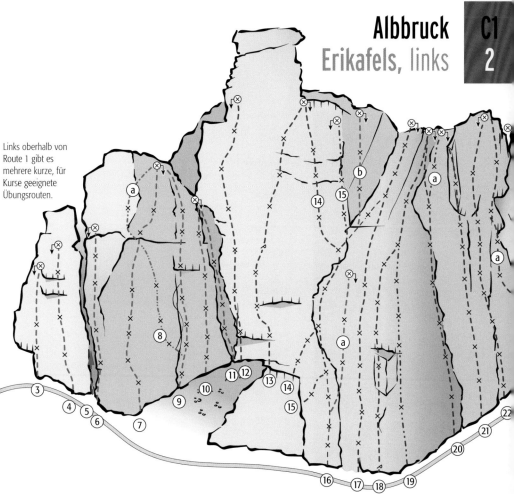

15 **On the edge** 7+ P. König `97
Rechts von *Schwefelkante* zum 3. Haken von *Chaiberiss*, diese bis 6. Haken
bei Block. Direkt über kleingriffige Kante.

16 **Chaiberiss** 6- J. Blatter, L. Berreth
Kniffliger Einstieg, der in den letzten 15 Jahren um 1 Meter nach unten gewan-
dert ist.

   a **Qi Gong** 8- C. Maulbetsch `96 (eg. P. König)
     Weiter Zug zum 4. Haken.

   b **Arie's kleine Welt** 8 W. Liebich `02 (eg. M. Rudzki)
     Expo. um den letzten Haken, Grounder möglich!

17 Narrenspiel 6+ P. König ´95
Auch hier wandert der Einstieg nach unten. Unten trickreich, kleingriffig geht's weiter.

18 Dürligieger 6 J. Blatter, L. Berreth
Feingriffiger Einstieg über stumpfe Kante und links an Wulst vorbei zur Platte.

19 Sapperlot 7+ P. König
Größenabhängige Stelle beim 2. Haken über den Überhang entlang der Kante.

20 Hassliweg 6 J. Blatter, L. Berreth
Schöne Route, vom 6. Haken links auf kleinen Absatz und über flache Verschneidung aussteigen.
    a **Hassliweg direkt** 7- G. Trefzer ´96
       Vom 6. Haken über die abdrängende, rechtsgeneigte Kante.

21 Lineatus 6 J. Blatter, L. Berreth
Schwierigkeit in der Verschneidung im oberen Wandteil.

22 Intervall 7- P. König
Easy Einstieg, schwierig wird's dann oben über mehrere kleine Überhänge.

23 Kamin 5+ J. Blatter, L. Berreth
Klassische Linie. Wer es noch nie gemacht hat: Hier kann Kaminklettern geübt werden.
    a **Just for fun** 7 P. König ´96
       An feinen Leisten durch die überhängende Wand links vom Kamin.

24 Buchdrucker 6+ J. Blatter, L. Berreth
Die Griffe im Überhang sind groß, aber anstrengend ist`s trotzdem.

25 Flirtin' with desaster 7+ P. König, J. Chmel ´95
Auch hier anstrengend, aber an kleineren Griffen über den Überhang.

26 Haselmüsli 7- J. Blatter
Schwierigkeiten zum Ende in der Verschneidung hin.

27 Unfug 7- P. König ´96
Tricky am 1. Haken auf den Absatz, danach athletische Kletterei links der Kante.

28 Schachmatt 8- R. Jasper ´88
Am 1. Haken kleine Leisten, Körperspannung halten.

29 Utopie 7 J. Chmel ´87
Technische Bewegungsabfolgen mit feingriffigem Einstieg.

◼ Gemütlich geht`s zum Umlenker des *Schüürebürzler* (5-).

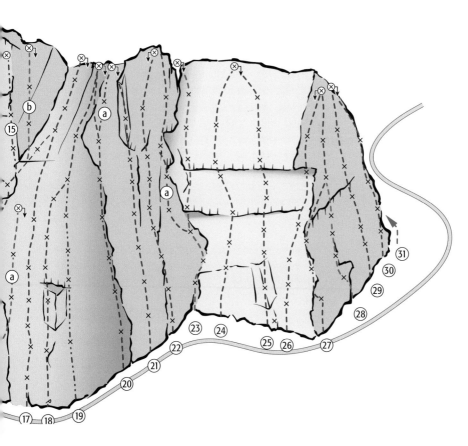

30 **Mythos** 6   M. Rudzki
Auch hier ist der Einstieg die Crux.

31 **We can do it** 4+   M. Rudzki
Gestufter Fels.

Albbruck
Wasserschlossfluh, Übersicht

Koordinaten	47°35'44"N
	08°07'31"E
Ausgangspunkt	Albbruck
Ausrichtung	S, W, N
Sonne	ab Nachmittag
Wandhöhe	10 - 30 m
Wandfuß	eben/steiler Hang ...
Routenanzahl	106
Niveau	

1-5	25
6-7	61
8-11	20

Jahrelang fristete die Wasserschlossfluh einen Dornröschenschlaf und erwachte erst 2005 zu neuem Leben. Anfangs waren es nur zwei Leute, die sich mit Bürste und Bohrmaschine mühten, doch bald halfen weitere fleißige Hände. Es wurde geputzt, saniert und in kurzer Zeit entstanden unglaublich viele neue Klettereien. Die Routenanzahl verdreifachte sich im Laufe von zwei Jahren auf inzwischen um die 100!

Neben vielen sehr schönen leichten Routen findet man am Hauptsektor auch wunderbare lange Routen im 8. Schwierigkeitsgrad. Die vielleicht schönste Route im Gebiet ist „Garten Eden", eine senkrechte kompakte Platte, in der man beim Klettern ins Schwärmen gerät.

An der sonnigen Südwand kann man auch im Winter, vorausgesetzt es hat keinen Nebel, prima klettern. Im schattigen Nordwandsektor ist es an heißen Sommertagen immer noch erträglich kühl. Dieser Bereich wird auch gern als Kühlschrank bezeichnet.

■ Wolfram Liebich und *Die Haxen des Sachsen* (8/8+).

192

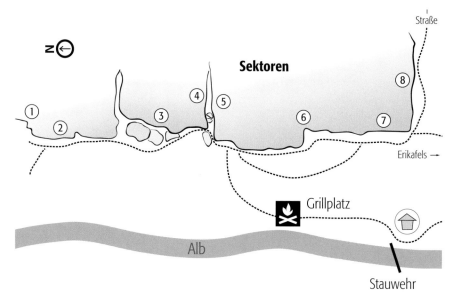

1   **Sixty-four**   5+   P. Diesner `14
Linksschwenk nach dem 3. Haken. Direkt entsprechend schwerer.

2   **Pille-Palle**   4   P. Diesner `14
Gut griffige Verschneidung.

3   **Rentnerriss**   5   P. Diesner `14
Eher eine kleine Verschneidung.

4   **Eiertanz**   6   P. Diesner `14
Kniffelig über den Wulst beim 3. Haken.

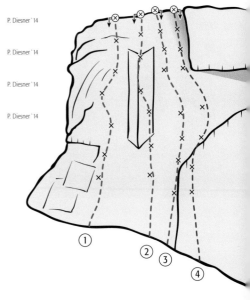

Albbruck
Wasserschlossfluh, Sektor 2

5 **Flower Power** 5+ M. Rudzki `07
Anhaltende und homogene Kletterei an der Kante.

6 **Mutti´s Liebling** 6+ M. Rudzki `12
Crux zwischen 2. und 3. Haken.

7 **Klopfgeister** 7- M. Rudzki `07
An der Kante einer Miniverschneidung ist Technik gefragt. Direkt über die
Haken schwieriger.

8 **Willenlos** 8- M. Rudzki `07
Boulderartig. An der Schlüsselstelle das linke Bein weit hochstellen.

9 **Killing me softly** 8-/8 M. Rudzki `07
Schlüsselstelle vom 2. zum 4. Haken, danach noch ein weiter Blockierer.

10 **Old boy** 6 P. Diesner `10
Die längste Tour in diesem Sektor.

11 **Via Dorothea** 5+/6- P. Diesner `10
Vom 5. zum 6. Haken im Rechtsbogen klettern, direkt etwas schwerer.

12 **Herzklopfen** 6 M. Rudzki `07
Ansprechende Verschneidung mit albtaluntypischen, recht weiten Hakenabständen.
  a **Ausstiegsvariante** 6 P. Diesner `10

13 **Magic Mushrooms** 7- M. Rudzki
Kleingriffig und mit Anforderungen an die Technik.

14 **Rückenwind** 6+ M. Rudzki `07
Sehr schön. Einstieg schwer und dann nochmal um den 5. Haken.

15 **Alprausch** 5+ M. Rudzki `07
Technisch anspruchsvolle Verschneidungskletterei bis auf den Absatz. Links bei
feinem Riss auf den nächsten Absatz.

16 **Goldfinger** 5 M. Rudzki `07
Schlüsselstelle am 5. Haken, kann rechts umgangen werden.

17 **O sole mio** 5 M. Rudzki `07
Beim 1. Haken liegen die Schwierigkeiten, der Rest ist schon fast Gehgelände.
  a **Variante** 5+ M. Rudzki `07
  Vom 6. Haken links steiler, plattiger Ausstieg.

▪ Robert (Fase) Casali auf dem direkten Weg in den *Garten Eden* (8/8+).

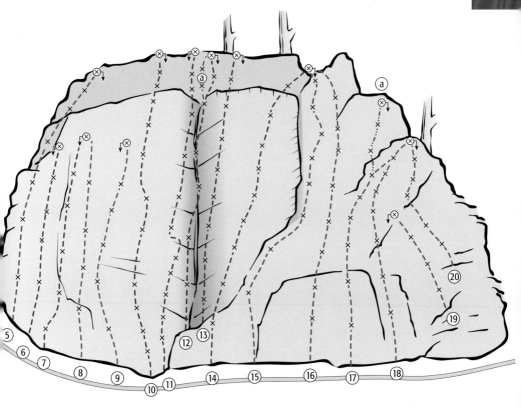

18 **Kims kleine Welt** 4+ M. Rudzki '07
Hauptschwierigkeit ist hier fast das Anklettern des 1. Hakens.

19 **Findet Nemo** 3- M. Rudzki '07
Kurze Anfängerplatte.

20 **Tabaluga** 3+ M. Rudzki '07
Längere Anfängerplatte.

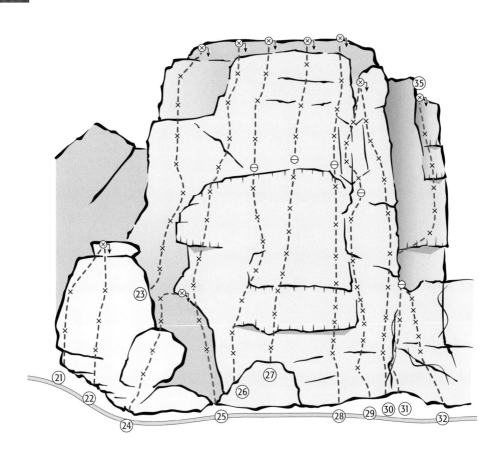

21 **Wissen ist Macht**   6+   M. Rudzki ´07
Kurze Kante an Seitgriffen.

22 **No risk no fun**   7+   M. Rudzki ´07
Fußtechnisch anspruchsvoll, kleine Leisten halten.

23 **Wadenzwicker**   6-   P. Diesner ´07
Einstieg hinter dem Turm. Schwierigkeit gleich am Anfang über den kleinen
Überhang.

24 **Max und Moritz**   4-   P. Diesner ´07
Auf den Füßen stehen ist hier angesagt.

25 **Steinbeißer**   5+   P. Diesner ´07
Sehr schöne lange Wandkletterei.

26 **Hammerhart**   6, 7   P. Diesner ´07
Hammerhart und nur ein 6er? Die 2. SL ist dann schon schwerer.

27 **Flick-flack**   6, 7-   P. Diesner ´07
Die Wand wird nach oben immer steiler. Schwer um den 5. Haken und in der
2. Seillänge.

28 **Ratz-Fatz**   6+, 7-   P. Diesner ´07
1. SL mit drei Schlüsselstellen. 2. SL wie die beiden nebendran wieder pumpig.

29 **Muskelriss**   6+   P. Diesner ´07
Lange klassische Verschneidungslinie, kann ohne den Zwischenstand durch-
klettert werden.

30 **Biberrampe**   6-   P. Diesner ´07
Schöne Route, vom 5. zum 6. Haken rechts der Kante klettern. Direkt viel
schwerer.

31 **Drum rum**   4+
Einfache Zustiegsroute zu den oberen Touren.

32 **Zustieg direkt**   7-   M. Rudzki ´08
Schwieriger Zustieg an kleinen Leisten.

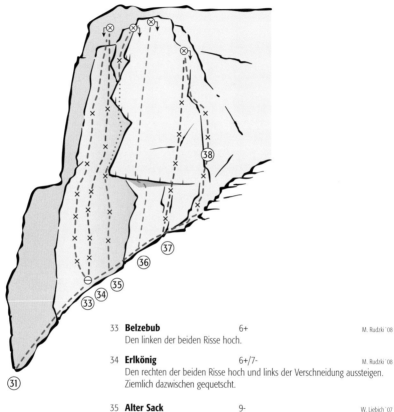

33 **Belzebub** 6+ M. Rudzki '08
Den linken der beiden Risse hoch.

34 **Erlkönig** 6+/7- M. Rudzki '08
Den rechten der beiden Risse hoch und links der Verschneidung aussteigen.
Ziemlich dazwischen gequetscht.

35 **Alter Sack** 9- W. Liebich '07
Das Dach direkt zu klettern ist eine Frage der Reichweite und Körperspannung.
Rechts zählt nicht!

36 Projekt ?

37 **Mr. Hyde** 7+ W. Liebich '07
Steile Wandkletterei an kleinen Leisten.

38 **Dr. Jekyll** 5+ W. Liebich '07
Klassisch an einer kurzen Schuppe und einer Rissfolge empor.

Historisch sind inzwischen die winterlichen Wasserfallklettereien in Albbruck.
Die für die Eisbildung verantwortliche
alte Wasserleitung aus dem vorigen
Jahrhundert wurde 2005/06 abgebaut.

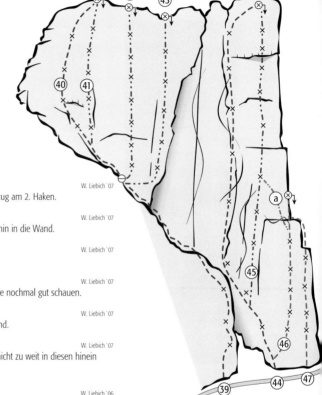

39 Rampe   6   W. Liebich `07
Zustiegsroute für die oberen Routen, Längenzug am 2. Haken.

40 Wasserfallkamin   6-   W. Liebich `07
Hauptschwierigkeit ist der Übergang vom Kamin in die Wand.

41 Brüchiger Riss   6+   W. Liebich `07
Kleingriffig und steil.

42 Spinne   7-/7   W. Liebich `07
Übertritt und gerade über die Haken, am Ende nochmal gut schauen.

43 Bügeleisen   7   W. Liebich `07
Überfall und direkt durch die kleingriffige Wand.

44 Schwieriger Riss   7   W. Liebich `07
Schöne ausgesetzte Risskletterei, wenn man nicht zu weit in diesen hinein
kriecht.

45 Lecco mio   7+/8-   W. Liebich `06
Geniale Ausdauerroute, bei der es noch einen guten Endspurt verlangt.

46 The monkey in the corner 8-   W. Liebich `05
Fußtechnisch am 1. Haken, am 5. Haken kann es ganz schön an die Substanz
gehen.

    a **Kombination**   8-/8   W. Liebich `06
        Noch mehr Ausdauer, vom 5. BH weit linksansteigend zum 5. BH von *Lecco mio*.

47 Brachialis   8/8+   W. Liebich `05
Schwierig einzuhängender 2. BH und schwer daran vorbei. Direkt an der Kante
bleiben.

    a **Schnappsi**   8+   M. Rudzki `13
        Harte Boulderstelle vom 2. zum 3. Haken

48 Finger-Killer   8-   W. Liebich `05
Polierter Fels und dann noch eine schmerzhafte Leiste mit rechts halten.

49 Näbe de Riss   6   W. Liebich `05
Mit Technik lässt sich der schwierige Einstieg gut meistern. Immer schön links
neben dem Riss.

50 Luftikus   6   W. Liebich `05
Vom 4. Haken links an Ringhaken vorbei und über ausgesetzte luftige Kante
aussteigen.

51 It so schwer   7+/8-   W. Liebich `05
Gleicher Einstieg wie *Garten Eden*, dann immer rechts vom Riss und oben
direkt an der Kante klettern.

52 Garten Eden   8/8+   W. Liebich `05 (eg. Blatter, Berreth)
Eine der, wenn nicht die schönste Route im Gebiet. Technisch und kleingriffig.

53 D'Roßmilchgücke   8-   W. Liebich `05 (eg. Blatter, Berreth)
Glatte Verschneidung, kurzer Riss, dann kleingriffig, letztes Drittel ist dagegen
Entspannung pur.

54 Salpeterhans   8   W. Liebich `05 (eg. Blatter, Berreth)
Feingriffig und abdrängend am 5. Haken. Harte Stelle beim letzten Haken,
direkt an der Kante zum Top.
    a Haberpflumkante   9-   W. Liebich `05 (eg. Blatter, Berreth)
    Bis auf den 1. Absatz heißt es: Arschglatten Fels pressen, pressen ... atmen nicht
    vergessen!
    b Salpetervariante   8   M. Rudzki 05 (eg. Blatter, Berreth)
    Ausstiegsvariante mit Konditionsanspruch.

55 Hurähärt   9-/9   W. Liebich `05
Beim 5. Haken direkt klettern und ebenso beim 10. Haken. Links ausweichen
ist definitiv leichter.

56 Nachtschwärmer   7+/8-   Blatter, Berreth (1. RP M. Rudzki)
Technisch schwierig im Riss beim 4./5. Haken.

57 Josef-Tröndlin-Weg   8-/8   W. Liebich `05 (eg. Blatter, Berreth)
Kompliziert in die Verschneidung und dann kleine Leisten in dieser. Schwer
am 5. Haken über den Wulst.

▣ Markus Ruhnau plant schon mal den nächsten Zug in *D'Roßmilchgücke* (8-).

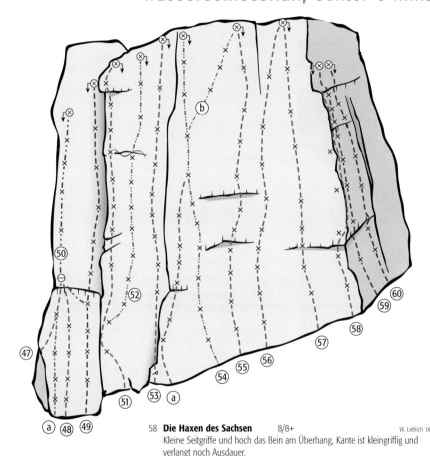

58 **Die Haxen des Sachsen**   8/8+   W. Liebich `06
Kleine Seitgriffe und hoch das Bein am Überhang, Kante ist kleingriffig und
verlangt noch Ausdauer.

59 **Grausihans**   7+   Z. Heitzmann `88
Direkt über die Haken klettern. Vom Absatz weg ist auch nicht ohne.

60 **Gaudihans**   6-   J. Blatter, L. Berreth
Sehr schöner Piaz-Riss-Klassiker. Vom Absatz weg hilft rechts Ausspreizen sehr.

61 Viel Glück 6+ J. Chmel `89
Leicht überhängende Ausdauertour an großen Griffen.

62 Felsneurose 8 M. Rudzki (eg. P. König)
Technisch schwierige Stelle um den 4. Haken, danach noch ein komplizierter Aufrichter.

63 Preuss 6 J. Blatter, L. Berreth
Eigenartige Kletterei in dem Kamin im mittleren Teil.

64 Ägidlerweg 7-/7 J. Blatter, L. Berreth
Interessante dynamische Züge über den Wulst an einen schlecht sichtbaren Griff.

65 Heidetritt 6- J. Blatter, L. Berreth
Klassische Linienführung. Rechts ausholen am 2. Haken macht's einfacher.

66 Du bisch dra 7- J. Blatter, L. Berreth
Direkt über die Haken auf den Absatz. Etwas Dynamik in der Bewegungsabfolge ist von Vorteil.

67 Drückeberger 6- J. Blatter, L. Berreth
Erst auf den Absatz und dann Verschneidungskletterei.
    a **Ab durch die Mitte** 6 P. König `12

68 Brunnschächltpfeiler 6 J. Blatter, L. Berreth
In kurzer Verschneidung links des Pfeilers über diesen drüber.
    a **Underbergpfeiler** 7 J. Blatter, L. Berreth
    Direkt über den Pfeiler, ab dem 5. Haken gemeinsam.

69 Peterchens Mondfahrt 5 P. Diesner
Auf Absatz und die die linke Verschneidungswand hoch.

70 Chrampfer 6+ P. König `05
Plattenkletterei an zum Teil kleinen Griffen.

71 Murkser 6+ W. Liebich `05 (eg. P. König)
Direkt über die Haken klettern, auch eine Frage der Fußtechnik.

▪ Die teilweise ausgeprägte Gliederung sorgt für jede Menge logischer Kletterwege entlang von Verschneidungen oder griffigen Rissen – Plaisirabsicherung inklusive!

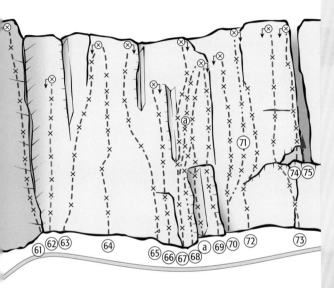

Gästehaus
Brunnmatthof
Übernachtung / Frühstück
in familiärer Atmosphäre

www.brunnmatthof.de

72 **Das große Quiz**   6+   M. Rudzki '05 (eg. P. König)
Um den 4. Haken Griffabfolge schwer zu erkennen.

73 **Nimmerland**   5+   M. Rudzki '05 (eg. P. König)
Erst auf Pfeiler, dann ein beherzter Übertritt.

74 **Peter Pan**   7-   P. König '05
Direkt links der linken Kante vom *Gollum*-Kamin.

75 **Reich der Schatten**   6-   P. König '05
Direkt rechts der linken Kante vom *Gollum*-Kamin.

76 **Gollum**   4-
Tief im Inneren des Berges.

Ausritte
Bogenschießen
Lamawanderungen
Lagerfeuerabende

Gästehaus Brunnmatthof
Waldshuter Gass 9
79774 Albbruck-Unteralpfen

Fon +49 (0) 7755 / 919731
mail info@brunnmatthof.de

77 Holzöpfel 6+ J. Blatter, L. Berreth
Direkt rechts der rechten Kante vom *Gollum*-Kamin.

78 0815 7 J. Blatter, L. Berreth
Fußtechnisch steile und glatte Platte mit schwerer Anfangssequenz.

79 Wasserfloh 6- J. Blatter, L. Berreth
Anstrengende Kletterei unmittelbar links der Kante.

80 Pfaffenhut 5+ P. Diesner '05
Verschneidung, oben links aussteigen.
   a **Dieser Weg** 6- P. Diesner '05
      Nach der Verschneidung rechts auf Absatz und weiter über die kleine Wand zu
      Umlenker.

81 Asterix 6+ P. Diesner '05
Links der Kante über kleinen Überhang.

82 Obelix 6 P. Diesner '05
Rechts der Kante an kleinen Griffen.

83 Lucky Luke 5- P. Diesner '05
Einfache Verschneidung, schwirig wird's oben raus.

84 Struwwelpeter 5 P. Diesner '05
Zwischen zwei Rissen auf Absatz und links an Haken vorbei.

85 Dschungelbuch 5+ P. Diesner '05
Homogen.

86 Kleiner Hobbit 4 P. Diesner '05
Leicht und sehr gut gesichert.

87 Efeukante 4+ J. Blatter, L. Berreth
Unmittelbar links der Begrenzungskante.

■ Von der Sonne verwöhnte Seilschaft im Sektor 7.

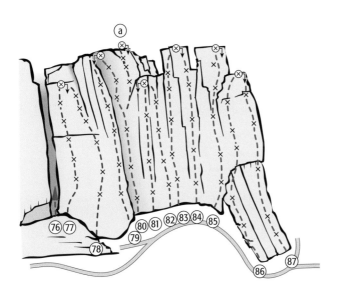

88 Kantenschleicher   6   P. Diesner '06
Unmittelbar rechts der Begrenzungskante.

89 Schleicher   7+   J. Blatter, L. Berreth
Uralttour mit einer krassen Schleicherpassage am 1. Haken.

90 Little Buddha   6   M. Rudzki '06
Sehr schöne Plattenkletterei.

91 Pumukel   5+   M. Rudzki '06
Wenn man nicht außen herumgehen will, um sich ein Toprope einzuhängen, dann über diese Route.
    a **Meister Eder**   7-   M. Rudzki '07
    Kleingriffig, schwieriger Aufrichter auf das schmale Querband.

92 Traumfänger   6+   M. Rudzki '06
Schwierigkeiten auf der Platte im unteren Teil.

93 Kein Land in Sicht   7+   M. Rudzki '06
Schwieriger Einstieg, der durch Spreizen nach rechts einfacher wird.
Kleingriffig.

94 Silbermond   6+/7-   J. Blatter, L. Berreth
Klassiker aus den frühen 1980er Jahren, inzwischen dem Albtalsicherheitsstandard angepasst.

95 Inferno   7   M. Rudzki '06
Hier liegen die Schwierigkeiten eher im kleingriffigen oberen Teil der Route.

96 Catwalk   7   P. König '07
Zum Schluss wirds schwer.

97 Kurz und Furz   7-   R. Mutter '12

◼ Dieter Baum am schwierigen Aufrichter im *Traumfänger* (6+).

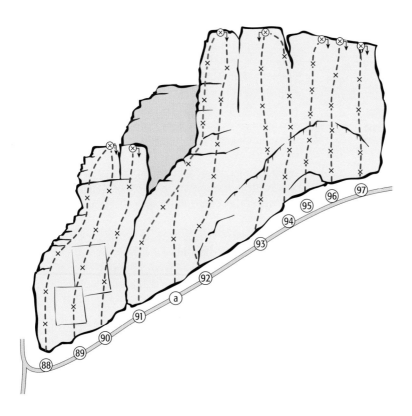

Brückenfels (Rappenfels)
Übersicht

Koordinaten	47°39'31"N
	08°06'06"E
Ausgangspunkt	Albtalstraße
Ausrichtung	SSW
Sonne	über Mittag
Wandhöhe	8 -12 m
Wandfuß	ebener Straßenrand
Routenanzahl	9
Niveau	1-5
	6-7 5
	8-11 4

Der „Untere Rappenfels" – eher bekannt als „Brückenfels" – liegt südexponiert im tief eingeschnittenen Albtal. Der kleine unscheinbare Fels direkt neben der Straße macht fehlende Höhe durch Steilheit wieder wett. Wer sich an der ca. 15 Grad überhängenden Wand versucht, wird dies bald an den anschwellenden Unterarmen zu spüren bekommen.

Da die vorbeiführende Straße Teil der beliebten Motorradstrecke durchs Albtal ist, kann es an schönen Wochenenden unangenehm laut sein.

Anfahrt	a) Von Süden: Von Albbruck auf der L154 ca. 11 km Richtung St. Blasien. Beim Abzweig „Dachsberg 10 km" nach links über die Brücke. Parken direkt nach der Brücke.
	b) Von Norden: Von St. Blasien ca. 13 km Richtung Albbruck und rechts über die Brücke.
ÖPNV	Keine öffentliche Verkehrsanbindung.
Zustieg	Der erste Haken kann vom Schiebedach aus eingehängt werden.
Abstieg	Umlenken
Gestein/Felsstruktur	Gneis mit kleinen Leisten und feinen Rissen.
Schwierigkeit	Schwierigkeiten zwischen 6 und 8.
Absicherung	Gut mit Bohrhaken.
Kletterregelung	Keine Beschränkungen.

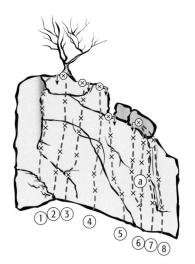

1 **Maniac**   7+/8-   P. König `88
   Schlüsselstelle kurz vor dem Umlenker.

2 **Engpass**   7   P. König `96
   Schöne und zudem eine der längsten Routen am Fels.

3 **Schock der Moderne**   7+   P. König `88
   Zwei kniffelige Stellen in der Mitte der Tour.

4 **Lucky Looser**   8   W. Liebich `95 (eg. P. König)
   Schwierig am Beginn, dann ausdauernd.

5 **Phantom of the opera**   8   W Liebich `95 (eg. P König)
   Erst den linksansteigenden Riss an Loch vorbei hoch zum letzten Haken und
   dann kommt das große Erwachen.

6 **Auf die Dauer hilft nur Power**   7   P. König `88
   Wenn man weiß, wie es geht ... dann geht's.
   a **Quicky**   8+   W. Liebich `96
      Boulderpassage um den zweiten Haken.

7 **Rock Rendezvous**   6   P. König `88
   Links der Kante bleiben.

8 **A Serious Affair**   6+   P. König `88
   In oder rechts der kleinen Verschneidung.

Wer nicht nur die sportliche Herausforderung beim Klettern sucht, sondern auch die Natur genießen will, wird hier im Schlüchttal seine Freude haben. Die meisten Felsen, ebenso auch viele Routen, haben einen alpinen Charakter. Man findet nicht nur kurze Routen, sondern auch Routen mit bis zu drei Seillängen.

Die Anfänge des Kletterns im Tal reichen bis in die späten 1940er Jahre zurück. Sachsen sollen hier ihr „Unwesen" getrieben haben (... was ja heute wieder so ist). Mitte der 70er bis Anfang der 80er waren es dann vor allem Joachim Blatter und Lorenz Berreth, die jede Menge Erstbegehungen einheimsten. Robert Jasper und Harald Schwab erschlossen danach bis in die 90er Jahre hinein sehr viele Touren im 8. und 9. Schwierigkeitsgrad, die heute immer noch sehr beliebt sind. 1992 war es dann auch Robert, der das Testpiece „Hopp oder Flop" am Schwedenfels erstbeging. Ebenfalls in den 90ern war es Dietrich Dühmke zu verdanken, dass viele Touren an der Tannholzwand saniert wurden und etliche neu dazu gekommen sind. Die spätere Resterschließung ging dann von Wolfram Liebich aus. Heute zählt das Schlüchttal zu den größten Klettergebieten im Südschwarzwald mit den meisten Touren, verteilt auf neun zum Klettern frei gegebene Felsen.

Sehr sorgsam sollte man mit der Tier- und Pflanzenwelt im Tal umgehen. Vor allem sollten die Geröllhalden – z.B. am Schwedenfels – nicht betreten werden. Hier findet man noch die selten anzutreffende Aspisviper.

▣ Blick ins Schlüchttal mit der impossanten Tannholzwand.

■ Ganz offensichtlich der richtige Ort, um sich für die ganz großen Ziele fit zu machen. Robert Jasper in *Direkter Schrei* (8) am Schwedenfels.

Schlüchttal
Übersicht

Anfahrt	a) Von Süden: Ca. 5 km östlich von Waldshut-Tiengen auf der L161 bis Gurtweil. Hier abzweigen ins Schlüchttal. Weiter auf der L157 Richtung Ühlingen-Birkendorf ins Schlüchttal.
	b) Von Norden: Beim Schluchsee kurz nach dem Abzweig „Seebrugg" die B500 links Richtung Schönenbach verlassen. Weiter über Staufen, Brenden und schließlich an Berau vorbei nach Witznau im Tal.
ÖPNV	Von Süden: Vom Bahnhof in Waldshut mit dem Bus Nr. 7341 oder 7342 über Gurtweil nach Berau. Infos unter www.wtv-online.de.
	Von Norden: Von Freiburg mit der Bahn bis Seebrugg und von hier weiter mit dem Bus Nr. 7342.
Karte	LVA Baden-Württemberg 1:50.000 Landkreis Waldshut
Übernachtung	Camping Schlüchttal in Gurtweil (www.schluechttal-camping.de) oder Campingplatz Ühlingen (www.campingplatz-ühlingen.de).
	Gästezimmer gibt es im Gasthaus Witznau mitten im Schlüchttal oder im Gasthaus Posthorn in Ühlingen.
Gastrotipp	Leckeren Salat und Wild aus eigener Jagd im Gasthaus Witznau (Szenetreff).

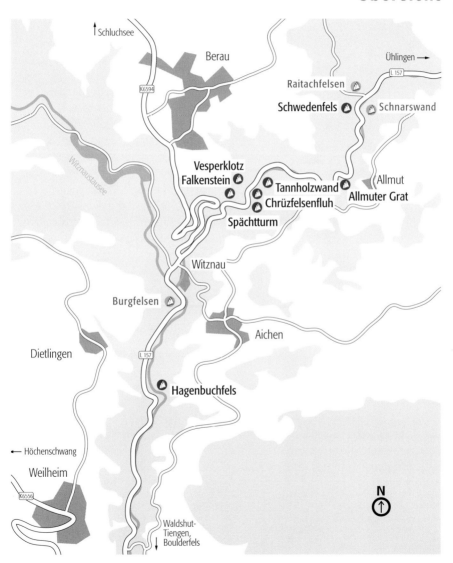

Schluchsee

Berau

Ühlingen →

L 157

Raitachfelsen

Schwedenfels

Schnarswand

K6594

Witznaustausee

Vesperklotz
Falkenstein

Tannholzwand

Allmut

Chrüzfelsenfluh

Allmuter Grat

Spächtturm

Witznau

Burgfelsen

Aichen

Dietlingen

L 157

Hagenbuchfels

← Höchenschwang

Weilheim

K6556

Waldshut-
Tiengen,
↓ Boulderfels

N
↑

Hagenbuchfels
Übersicht

Koordinaten	47°40′13″N
	08°15′12″E
Ausgangspunkt	Gurtweil
Ausrichtung	S, W, N
Sonne	ab Vormittag
Wandhöhe	10 - 20 m
Wandfuß	lichter Wald
Routenanzahl	20

Niveau

1-5	10
6-7	10
8-11	

Idyllisch gelegener Fels am Abschluss eines Riffes inmitten eines lichten Eichenwäldchens. Wegen seiner Form wird der Hagenbuchfels auch Stuhlfels genannt. Das Massiv teilt sich in drei Teile auf: den oberen Teil = Lehne, den mittleren Teil = Stuhl und den vorgelagerten unteren Teil = Schemel.
Es gibt hier viele leichte Touren, die aber zum Teil etwas spärlich abgesichert sind. Drei Haken auf 20 Meter sind heute eben nicht mehr Standard. Aber keine Angst: Fast alle Touren lassen sich noch sehr gut zusätzlich, mit mobilen Sicherungs-mitteln absichern. Eigentlich ist dieser Fels genau dafür ein ideales Übungsgelände. Wem dies aber immer noch zu span-nend ist, der kann sich fast überall, von den zu Fuß erreich-baren Felsköpfen aus, ein Toprope einhängen.

■ Lukas Klaas steigt auf einen Stuhl – hoffentlich beginnt er nicht damit rumzuschaukeln! Die Route? *Stuhlwand* (4).

Hagenbuchfels
Übersicht

Anfahrt	a) Zum unteren Zustieg: Gurtweil > 3,1 km Richtung Ühlingen > links (Mauer mit Eisentür) und rechts der Straße in kleinen Parkbuchten parken. b) Zum oberen Zustieg: Gurtweil > Gutenburg > ca. 3,1 km Richtung Aichen > vor der markanten Rechtskurve kurz vor Aichen scharf links auf einen asphaltierten Feldweg abbiegen. Da direkt links oder 20 m weiter rechts neben dem Weg am Wiesenrand parken. Bitte die Autos aber so abstellen, dass der Bauer mit seinem Traktor immer noch gut vorbei kommt!
Zustieg	a) Hier muss die „Schlücht" überquert werden (trockenen Fußes nur bei Niedrigwasser). Nun 50 m in das kleine Tälchen, direkt rechts neben dem „Guggenlochbach". Der Weg biegt nach rechts (SO-Richtung) ab, und man folgt diesem weitere 40 m. Links steil den Hang hinauf zum Fels. b) In westliche Richtung am Gemüsefeld vorbei, über die Wiese und in südwestliche Richtung über einen markanten Rücken (den „Mittelweg" kreuzend, rot-weiße Raute) absteigend zum Fels.
Abstieg	In SO-Richtung ist von den oberen Felsen ein Abstieg möglich. Gute Abseilstelle vom mittleren Felsen aus. Ansonsten sind Umlenkhaken vorhanden.
Gestein/Felsstruktur	Zum Teil rötlicher Granitporphyr (Namensgeber für „Roter Dieter"). Im weniger steilen Gelände zum Teil sehr blockig, viele Querrisse und Bänder.

Hagenbuchfels
Übersicht

Schwierigkeit	Hauptschwierigkeiten sind im Bereich von 4 bis 6.
Absicherung	Gut mit Bohrhaken, in den „leichten“ Routen kann hier und da ein Camalot noch hilfreich sein.
Kletterregelung	Keine Einschränkungen.

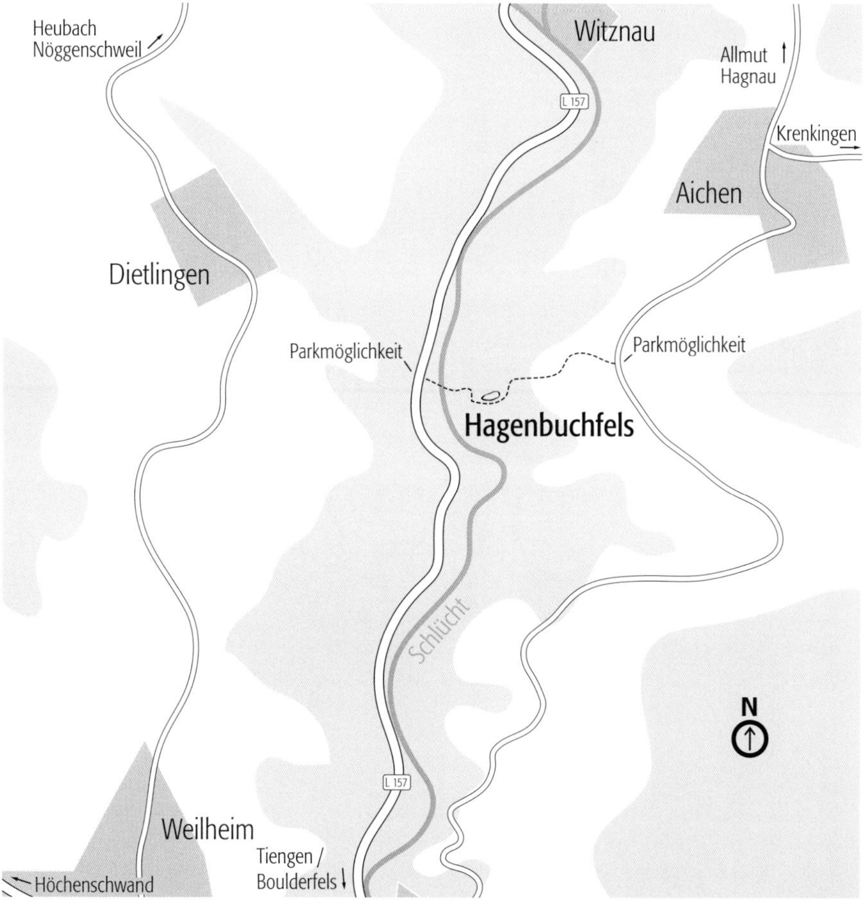

Heubach
Nöggenschweil
Witznau
Allmut
Hagnau
L 157
Krenkingen
Aichen
Dietlingen
Parkmöglichkeit
Parkmöglichkeit
Hagenbuchfels
Schlücht
N
L 157
Weilheim
Tiengen /
Boulderfels
Höchenschwand

Boulderfels

*Zwischen Gurtweil und Gutenburg liegt der ehe-
malige Hauskletterfels der Gebrüder Jasper,
ein ca. 6 Meter hohes, 60 Grad überhängendes
Porphyrwändchen. Es gibt zwei eingebohrte
Touren („Schwerkraft" 8-/8, „Aquarell" 9-) und
einen definierten Boulderquergang („Biotop" 10-,
Definition: Einstieg bei „Schwerkraft", dann knapp
über dem Boden nach rechts zu „Aquarell",
aber ohne die rechte Kante zu benutzen.).
Von Tiengen aus kommend, in Gurtweil beim
Gasthaus „Bad Bruckhaus" parken und auf
dem Wanderweg oberhalb des Campingplatzes
in Richtung Gutenburg zum Fels (ca. 400 m).
Von Witznau kommend an der Brücke in
Gutenburg (Abzweigung Richtung Aichen, bei
der Umspannstation) parken und unterhalb der
Burgruine an der Schlücht entlang zum Fels.*

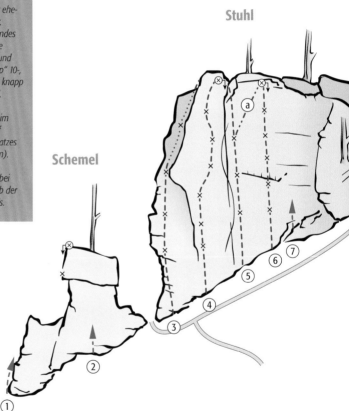

Stuhl

Schemel

Lehne

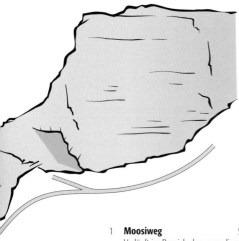

1 **Moosiweg** 5- J. Nabitz ´00
Verläuft im Bereich des vormaligen *Andreasgrats*, der Name ist Programm.

2 **Chinderschuel Grätli** 3+ L. Berreth, J. Blatter
Nicht geputzt, unlohnend, zugewachsen ...

3 **Dicke Berta** 6 W. Liebich ´00
Schlüsselstelle um den zweiten Haken. Davor Stelle für kleineren Keil.

4 **Roter Dieter** 7 L. Berreth, J. Blatter
Harte und größenabhängige Stelle am zweiten Haken, danach Ausdauer.

5 **Elbachriss** 6- L. Berreth, J. Blatter
Die Tour lässt sich auch komplett clean klettern.
 a **Variante** 6- W. Liebich ´00
  Vom dritten Haken weg rechts ansteigend zum Stand von *Heidi*.

6 **Heidi** 6- H. Huber-Nabitz ´00
Sehr schön und perfekt abgesichert.

7 **Forleverschneidung** 2 L. Berreth, J. Blatter
Unlohnende, ungeputzte Tour mit Maulwurfcharakter.

8 **Speedy Gonzalez**   7   W. Liebich `00
Vom 1. BH von *Oldie's Dream* links ansteigender ultrakurzer Reibungsboulder.

9 **Oldie's Dream**   4+   J. Nabitz `00
Längste Route am Fels.

10 **Nüssliverschneidung**   4+   L. Berreth, J. Blatter
Schöne Verschneidung im ewigen Schatten.

11 **Nix für Warmduscher**   6+   W. Liebich `00
Schwierige, links der Kante zu kletternde Stelle am letzten Haken.

12 **Linke Kante**   5   L. Berreth, J. Blatter
Schöne Kantenkletterei mit abschließendem Plattenausstieg.

13 **Stuhlwand**   4   L. Berreth, J. Blatter
Nur drei Haken – Übungsgelände zum Legen von mobilen Sicherungsgeräten.

14 **Rechte Kante**   4+   L. Berreth, J. Blatter
Auch hier sollte zusätzlich abgesichert werden.

🞂 Blick auf die *Rechte Kante* (4+) des Stuhls.

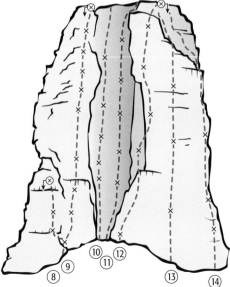

15 **Zurück ins Leben**   7-/7   W. Liebich '00
Schlüsselstelle in Wandmitte. Zum Einstieg in NO-Richtung absteigen.

16 **Chinatown**   6   W. Liebich '00
Ebenfalls zum Einstieg etwas absteigen. Nicht abschrecken lassen, im
Überhang hat es große Griffe.

17 **Green Monster**   6   W. Liebich '00
Die rechte Verschneidungsseite ist zwar steiler, hier geht's aber besser rauf.

18 **Die Lehne**   3
Rechts ausholend zum Stand.
    a   **Linke Variante**   4
       Vom ersten Haken in Linksschleife zum dritten Haken.

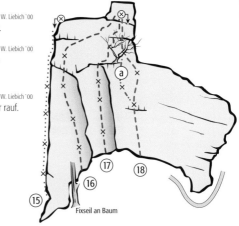

Fixseil an Baum

Falkenstein
Übersicht

Koordinaten	47°41'12"N
	08°15'49"E
Ausgangspunkt	Witznau
Ausrichtung	S
Sonne	ab Vormittag
Wandhöhe	8 - 37 m
Wandfuß	lichter Wald
Routenanzahl	50

Niveau		
1-5		22
6-7		20
8-11		8

Der Falkenstein wäre ein perfektes ganzjähriges Kletterziel, besonders lohnend im Frühjahr, wenn die Sonne in die Wand scheint. Leider ist er aber ausgerechnet da, von 01.02. bis zum 31.07., aus Vogelschutzgründen gesperrt. Diese Sperrung bitte unbedingt beachten!

Landschaftlich liegt der Falkenstein besonders schön auf einem Felsriff. Man hat eine wunderbare Aussicht, bei klarem Wetter sogar bis zu den Alpen. Es gibt ein paar schöne Genusstouren und reichlich Stoff für die härtere Gangart.

Anfahrt	a) Zum unteren Zustieg: Gurtweil > Witznau > ca. 1,2 km nach Witznau (talaufwärts) direkt nach einer scharfen Linkskurve links parken. b) Zum oberen Zustieg: Witznau > ca. 2,2 km Richtung Berau rechts auf großen Parkplatz.
Zustieg	a) Ca. 200 m talabwärts und nach rechts auf steilem Pfad zu den unteren Einstiegen. b) Dem „Mittelweg bzw. Klosterweg" ca. 400 m bis zur Aussichtskanzel (Bank, Schild „Falkenstein") folgen. Von hier rechts in südliche Richtung zum Gipfel des Falkensteins absteigen. Abseilmöglichkeiten oder durch den „Abstiegskamin" zum Oberen Band. Übersichtsfoto der Sektoren auf Seite 232.
Abstieg	Umlenken
Gestein/Felsstruktur	Porphyr, vorwiegend Plattenkletterei, Verschneidungen und vereinzelt Risse.
Schwierigkeit	4 bis 9+
Absicherung	Meistens gut mit Bohrhaken. In manchen Routen ist aber auch Eigeninitiative gefragt.
Kletterregelung	Kletterverbot 01.02. bis 31.07. Am Ostgipfel ganzjährig!

■ Was jetzt? Mit dem *Kleinen Riss* (6-) gut sein lassen oder vielleicht doch noch den *Köpfleausstieg* (6) dranhängen?

1 **Kante** 4 J. Jasper, R. Jasper
Nur ein alter geschlagener Haken vorhanden, zusätzlich geht nichts zum Absichern!

2 **Bäumleverschneidung** 5- L. Berreth, K. Huber `74
Am Ende der markanten Verschneidung rechtshaltend über die Platte.
  a **Turmausstieg** 5 A. Hirzle, K. Huber `76
  Vom Ende der Verschneidung nach links und durch die Wand zum höchsten Punkt.

3 **Trüüscheli** 6+ J. Blatter, J. Romacker `82
Um den 2. Haken kleine Leisten, schwer zu Stehen. Das „einfältige Mädchen" war früher 6-!

4 **Risiko** 8- R. Jasper
Noch kleinere Leisten. Die erste Route im Grad 8- des Tals.

5 **Kleiner Riss** 6-
Markanter Riss zum Abseilhaken am Ende der Platte.
  a **Köpfleausstieg** 6
  Vom Ende des Risses rechts über die Kante (gute Stelle für einen Cam) auf den Felskopf.

6 **Plättle** 4
Auf die Platte, erst rechts über deren Kante, dann wieder links über eine Verschneidung zum Gipfel.
  a **Plättle direkt** 5
  Direkt zur Verschneidung hoch.

7 **Gang jetzt, i ha Durscht!** 5+
Kurz nach dem 1. Haken vom *Plättle* links, Wand und rechts abschließenden Handriss aufs Köpfle.

8 **Tischlampe** 6+ M. Billich `13
Links vom *Falkenpfeiler* zum Ausstiegsriss von diesem.

9 **Falkenpfeiler** 7+ R. Jasper
Schwierig ist's in der abdrängenden Verschneidung, zum Schluss gibt es noch einen Handriss.

10 **Wir werden was wir sind** 8- W. Liebich `04
Vom 1. Haken direkt an kleinen Leisten über die senkrechte Platte.

11 **Normalweg** (4. SL) 3
Vierte und letzte Seillänge der Uralt-Tour.

12 **Ostkante** 7- D. Dühmke
Vom tiefsten Punkt aus starten. Schwere Stelle in der Mitte der breiten Kante.

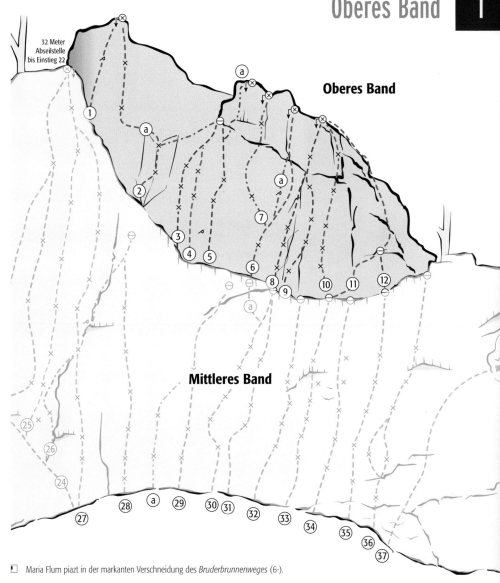

32 Meter
Abseilstelle
bis Einstieg 22

Oberes Band

Mittleres Band

Maria Flum piazt in der markanten Verschneidung des *Bruderbrunnenweges* (6-).

13 Vergessener Weg   3
Dreckig und seit Jahrzehnten nicht mehr geklettert.

14 Eidechsenweg   3+   L. Berreth, T. Grohmann '74
Sehr alpin, Klemmgeräte und eine Bürste müssen an den Gurt.

15 Papa Boa   6-   M. Maier '12
Stand muss selber gebastelt werden.

16 Senkfuß   4+   J. Blatter '80
Hier gilt Gleiches wie beim *Eidechsenweg*.

17 Nervenriss   8-   R. Jasper
Knackig am 1. Haken. Oben raus kann ein 1er Cam helfen.

18 Sinn des Lebens   9+   R. Jasper
Mega kurz und gleich zu Beginn bretthart.

19 Schmetterling   8-/8   R. Jasper
Boulderstelle ebenfalls am 1. Haken, danach kurzer Rechts-Links-Schwenker.

20 Tanz der Frösche   9-   H. Jasper
Lustiger und trickreicher Einstieg. Schlüsselstelle ist diesmal am 2. Haken.

21 Das Problem   8+/9-   R. Jasper
Schon das Einhängen des 2. Hakens ist nicht einfach. Danach kaum leichter.

22 Oben Ohne   7+   R. Jasper
Bouldereinstieg. Oben cleaner Riss, perfekt zum selber Absichern.

23 Keilriss   5+   M. Maier
Zum Einstieg über *Eidechsenweg* auf Pfeiler (Stand selber basteln). Riss komplett clean.

    a   **Trulla**   7+   W. Liebich '03
      Einstieg über *Direkte Nonnenrutsche*, über kleinen Überhang direkt zum Riss. Oder über *Nonnenrutsche* (2. H) nach links 6-.

24 Nonnenrutsche   6   L. Blatter, J. Berreth, Romacker '82
Lange, klassische Linie. In der Mitte kann zusätzlich noch was gelegt werden.

    a   **Direkte Nonnenrutsche**   7-   R. Jasper
      Direkteinstieg bis unter kleines Dach, dann nach rechts zur Originalroute.

25 Solarium   6-   D. Dühmke
Einstieg besser über *Benediktusverschneidung*, denn der Originaleinstieg hat nichts mit 6- zu tun.

    ▣   Tobias Lochbühler (†) schaut in *Rudi Grifflos* (7) ganz genau hin.

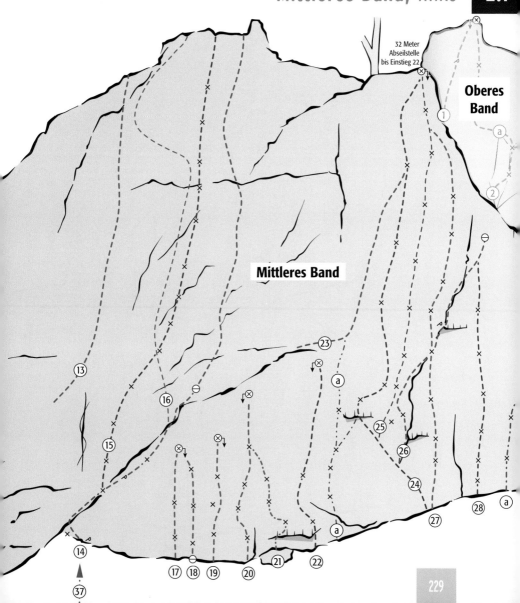

32 Meter
Abseilstelle
bis Einstieg 22

**Oberes
Band**

Mittleres Band

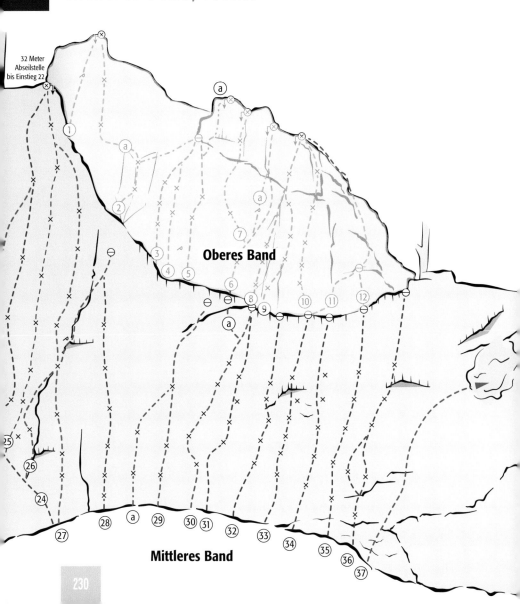

32 Meter
Abseilstelle
bis Einstieg 22

Oberes Band

Mittleres Band

26 **Benediktusverschneidung**   5+   L. Berreth ´82
Schwierig am 1. Haken über das kleine Dach. Keile für die Verschneidung.

27 **Keine Chance für dicke Ärsche**   7+/8-   W. Liebich ´03
Die schwere Stelle am Einstieg lässt sich links umgehen (7-).

28 **Spezial**   7-   J. Blatter ´82
Bis nach dem 2. Haken schwierig, danach schöne Plattenkletterei. Einstieg nach Griffausbruch deutlich schwerer. Hieß früher *Corvus Albus* (lat. weißer Rabe).

29 **Buch**   5+
Zweiter Haken sitzt etwas zu hoch, sonst aber eine schöne Route.
    a **Buch links**   5+
       Splittriger Fels und fast immer feucht, lohnt nicht.

30 **Klosterstiege**   4+   L. Berreth ´82
Mittlerweile gut abgesichert über gestuften Fels.
    a **Linker Ausstieg**   4+
       Etwas ausgesetzter, aber dafür schöner als das Original.

31 **Bruderbrunnenweg**   6-
Entweder von links oder direkt (schwerer) in die markante Verschneidung.

32 **Einbahnstraße**   6   J. Blatter, J. Romacker ´81
In kleiner Verschneidung zu Überhang (Schlüsselstelle) und über diesen.

33 **Hungertuch**   7-   J. Blatter, J. Romacker ´82
Bei dem keinen Überhang kurz leicht rechts haltend.

34 **Rudi Grifflos**   7   J. Blatter, L. Berreth 80
Sehr schöne Route mit einer schwierigen Risspassage.

35 **Joe Cool**   7+   J. Blatter, J. Romacker ´82
Wird heute in direkter Linie geklettert. Kleine Leisten sind zu halten.

36 **Vakuum**   7   J. Blatter ´80
Schwierige Plattenkletterei an kleinen Griffen und Tritten.
    a **Linksvariante**   7-
       Ist etwas leichter.

37 **Normalweg** (2. SL)   3
Total dreckig und zugewachsen.

Der *Schmetterling* (8-/8) im schönsten Abendlicht.

Unteres Band

38 **Eidechsenweg Integral**   5   M. Maier
Ewig lange alpine clean-climbing Tour.

39 **Kleine Schuppe**   5
Sehr schöne Plattentour. Müsste mal wieder geputzt werden.

40 **Normalweg** (1. SL)   3
Üblicher Zustieg von unten mit etwas betagtem Material. Heikel bei
Feuchtigkeit.
     a   **Normalwegvariante**   4+
        Selten begangen, gut zum selber Absichern.

41 **Direkte Kanzelwand**   5+, A1   A. Hirzle, K. Huber
Klettert kein Mensch mehr und man sollte es auch nicht tun. Steiles
Bruchhaufengelände!

Vesperklotz
Übersicht

Koordinaten	47°41'14"N
	08°15'50"E
Ausgangspunkt	Witznau
Ausrichtung	O, S
Sonne	vormittags
Wandhöhe	bis 40 m
Wandfuß	abschüssiger Hang
Routenanzahl	12
Niveau	1-5
	6-7 ▇ 7
	8-11 ▇ 5

Der Vesperklotz ist ein zu Unrecht wenig besuchter Fels mit einer imposanten nach Osten ausgerichteten Talwand. Auf dem Gipfelkopf befindet sich eine fast ebene Plattform, von der man einen phantastischen Blick auf „Spächtturm" und „Tannholzwand" hat. In den langen Touren ist Technik und Ausdauerkraft gefragt, dagegen benötigt man in den kürzeren Touren der Südwand mehr Maximalpower.
In der langen Ostwand ist ein 70-Meter-Seil von Vorteil. Mit einem kürzeren Seil muss zweimal abgeseilt werden.

Anfahrt	a) Zum unteren Zustieg: von Gurtweil nach Witznau. Ca. 1,2 km nach Witznau (talaufwärts) direkt nach einer scharfen Linkskurve linkerhand parken. b) Zum oberen Zustieg: von Witznau ca. 2,2 km Richtung Berau bis zu großem Parkplatz rechterhand.
Zustieg	a) Auf steilem Pfad talaufwärts direkt hinter dem Parkplatz hinauf zum Fels. Achtung! Bitte keine Steine auf die Straße werfen! b) Den „Witzeichenweg" ca. 400 m bis zur Aussichtskanzel (Bank und Hinweisschild „Falkenstein") folgen. Von hier rechts in südliche Richtung in den Sattel vor dem Falkenstein absteigen. Links den steilen Hang hinunter zu den Einstiegen in der Südwand.
Abstieg	Umlenkhaken und abseilen.
Gestein/Felsstruktur	Granitporphyr mit vielen Kanten, Leisten und zum Teil auch schönen Rissen.
Schwierigkeit	6- bis 8, Hauptschwierigkeiten zwischen 7- und 7+.
Absicherung	Meist sehr gut mit Bohrhaken. Für die Klassiker evtl. zusätzlich Klemmkeile und Cams.
Kletterregelung	Kletterverbot vom 01.02. bis 31.07.

▇ Ausgevespert – weiter gehts! Seilschaft in der zweiten Seillänge der *Träumerei* (6-).

1   **Flotter Otto**   6-   W. Liebich '01
Kurze Miniverschneidung, rechtshaltend zur nächsten Miniverschneidung.

2   **BSE**   8   W. Liebich '01
Genial, aber ganz schön kräftig. Leicht überhängende Risskletterei.

3   **MKS**   8-   W. Liebich '01
Weiter Zug am zweiten Haken.

4   **Schweinebacke**   7+   W. Liebich '01
Im mittleren Bereich unverhofft anstrengend und die Unterarme aufpumpend.

5   **Träumerei**   6-   D. Dühmke
Schöne 2 SL-Route. Zur Sicherheit noch ein paar Keile an den Gurt hängen, da zum Teil noch geschlagene Normalhaken stecken.
     a   **Brunch**   7-   W. Liebich '01
         Schlüsselstelle vom Band weg.

6   **Bauernfrühstück**   7-
Super lange Kantenkletterei, bei der ein paar Klemmgeräte am Gurt nicht schaden können, vor allem im Ausstiegsbereich.

7   **Leckerbissen**   8-/8   W. Liebich '01
Der gleiche Einstieg wie *Bauernfrühstück*, dann immer unmittelbar rechts der linken Talkante zum Ausstieg von *Landjäger*.

8   **Digitalisriss**   7-   L. u. J. Berreth, J. Romacker '82
In zwei SL durch die gut 40 Meter hohe Talwand. Mittlere Cams für den Riss in der zweiten SL (nur 2 BH auf 20 Meter)! Einstieg evtl. über *Bauernfrühstück*.
     a   **Digitalriss direkt**   7-
         Direkteinstieg.
     b   **Landjäger**   8   R. Jasper
         Vom Zwischenstand nach links und durch technisch schwierige Wand zum Gipfel.

9   **Liebe geht durch den Magen** 8-   W. Liebich '01
Lange Route ohne Zwischenstand mit Technikanspruch. Die Tour ist eigentlich eine Einstiegsvariante zur Ausstiegsvariante *Landjäger*.

10   **Speckbrettle**   7+   D. Haberstock (eg. D. Dühmke)
Eine etwas modellierte Schlüsselstelle auf der Platte der 1. SL. No Sika, no way!

⊡   Der berüchtigt weite Zug in *MKS* (8-).

Südseite

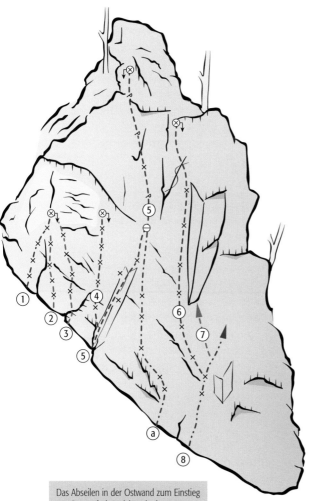

Ostseite

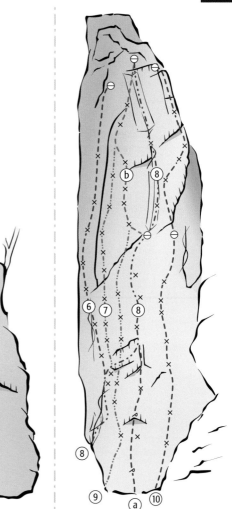

Das Abseilen in der Ostwand zum Einstieg von *Bauernfrühstück* ist mit einem 70-Meter-Seil gerade noch möglich, besser jedoch in zwei Etappen.

Spächtturm
Übersicht

Koordinaten	47°41'12"N
	08°15'57"E
Ausgangspunkt	Gurtweil
Ausrichtung	S, W
Sonne	ab Vormittag
Wandhöhe	10 - 15 m
Wandfuß	Podest
Routenanzahl	13
Niveau	1-5 3
	6-7 7
	8-11 3

Netter kleiner Fels in einer exponierten und vor Wind geschützten Lage auf einem Unterbau, gegenüber von Falkenstein und Vesperklotz. Diese Lage macht den Spächtturm (alemannisch: Specht) im Winter, wenn der Falkenstein gesperrt ist, zum Klettern sehr interessant. Die Kletterei ist meist von technischer Natur, kann aber auch sehr kräftig sein. Schon wegen des Zustiegs und des Ambientes hat dieser Sektor einen alpinen Charakter und ist für kleinere Kinder (Absturzgefahr!) nicht geeignet. Vom Gipfel aus besteht eine spannende Möglichkeit, um zur Hinteren Tannholzwand zu queren.

Anfahrt

a) Zum unteren Zustieg: Gurtweil > Witznau > ca. 1,2 km nach Witznau (talaufwärts) direkt nach einer scharfen Linkskurve links parken.
b) Zum oberen Zustieg: Gurtweil > Gutenburg > Aichen > nach der Kirche in Aichen links Richtung Allmut > nach ca. 1,4 km, wo die Straße wieder aus dem Wald führt, rechts am Waldrand parken.

Zustieg

a) Vom Parkplatz über die Schlücht, den Unterbau des Spächtturmes rechts umgehend den Hang aufsteigen und links über ein Felsband zu den Einstiegen. Im Winter kann hier der Übergang über die Schlücht sehr heikel sein!
b) In westliche Richtung auf dem Waldweg bis ca. 30 m nach einer scharfen Linkskurve (rechts der Abzweig zur Tannholzwand). Nach rechts, in westliche Richtung, in den Wald und über ein Riff den Pfad zum Vorgipfel des Spächtturmes absteigen. An Fixseilen teilweise steil zu den Einstiegen hinunter! Bester Winterzustieg.

■ Wolfram Liebich steigt auf den Spuren von Neil Armstrong *Bis zum Mond ...* (8). Wenn er sich da mal nicht zu viel vorgenommen hat!

Abstieg	Umlenkhaken mit Karabinern vorhanden. Ansonsten in östliche Richtung über den Gratrücken und den „oberen Zustieg" absteigen.
Gestein/Felsstruktur	Granit, Westwand mit rauer Struktur. Südwand eher blockig, der Fels kann hier in manchen Bereichen etwas brüchig sein!
Schwierigkeit	Hauptschwierigkeiten liegen bei 6- und 7+. Die Lage des Felsen kann sich im Zustieg für Birkenstock tragende Hallenkletterer mit blauer IKEA-Tasche als Hauptschwierigkeit entpuppen!
Absicherung	Sehr gut mit Bohrhaken.
Kletterregelung	Keine Einschränkungen.

1 **S-Revers**   4+   L. Berreth, J. Blatter `77
Weg des geringsten Widerstands. Routenverlauf wie ein spiegelverkehrtes S.

2 **Hypochonder**   7   W. Liebich `01
„Gewusst wie" und Entschlossenheit sind die Medizin.

3 **Aderlass**   7+   W. Liebich `00
Kräftige Stelle am 2. Haken.

4 **Gicht ist kein Gold**   9-   R. Jasper
Boulderstelle vom 1. Haken weg. Wurde früher mit nur einem Haken und Keil geklettert.

5 **Arthrose ist kein Silber**   8-   W. Liebich `00
Kräftig und trickreich um den 2. Haken und nochmal zum Umlenker hin.

6 **Alte Spächtkante**   5-   L. Berreth, J. Blatter `77
Sehr schöner Klassiker. Ging früher am heutigen Umlenker vorbei bis zum höchsten Punkt.

7 **El Bromista**   7+   W. Liebich `00
Kräftig am 2. Haken, trickreich am 5. Haken, technisch am letzten Haken aus der Verschneidung raus.

    a **Bis zum Mond ...**   8   W. Liebich `03
    Vom 4. Haken rechts über den überhängenden Pfeiler. Weiter Zug zum 6. Haken, kleingriffig geht's davon weg, was dann die Maximalkraftausdauer fordert.

8 **Direkte Spächtkante** 6+ L. Berreth, J. Blatter `77
Ab der Mitte links von den Haken geklettert schwerer, rechts dagegen leichter.

9 **Neue Spächtkante** 6- L. Berreth, J. Blatter `77
Ersten Haken von 8 mit einhängen, dann über eine nicht vorhandene „Kante"
zu einer Verschneidung.

10 **Geißenpfad** 7- L. Berreth, J. Blatter
Technische Stelle an kleinen Leisten vom 4. zum 5. Haken sowie Stehproblem.

11 **Geißenweg** 6 W. Liebich `01
Stieg früher links über die Rampe aus. Heute direkt an kleinen Leisten über
die Platte.

12 **Geißenplatte** 5+ L. Berreth, J. Blatter `77
Fußtechnische Plattentour, vor allem am letzten Haken.

Südseite

Westseite

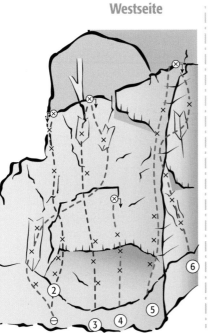

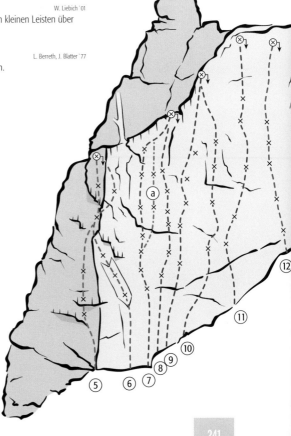

Chrüzfelsenfluh
Übersicht

Koordinaten	47°41'16"N
	08°15'59"E
Ausgangspunkt	Witznau
Ausrichtung	W
Sonne	Nachmittag
Wandhöhe	35 m
Wandfuß	eben am Bach
Routenanzahl	19

Niveau

1-5	1
6-7	9
8-11	9

Ein eisernes Kreuz (Chrüz) auf dem höchsten Punkt des Felsens gab diesem seinen Namen. Da er ganz unten im Tal liegt, bekommt er wenig Sonne ab und ist im Sommer bei großer Hitze um einiges erträglicher als die sich darüber erhebende „Tannholzwand". Dies hat aber leider auch den Nachteil, dass die Wand nach Regen länger zum Trocknen braucht. Es dominieren hier steile Plattentouren, bei denen Technik gefragt ist, mit vereinzelten Dachkletterpassagen. Als Sahnehäubchen hier am Fels seien vor allem die „Dunjazade", der „Mauerläufer" und ganz besonders die „Poseidon" genannt. Aber auch alle anderen Routen (außer dem zugewachsenen „Fliegenden Teppich") sind sehr schön und zu empfehlen. Und wenn man vom Chrüzfels-Gipfel aus an der Tannholzwand noch zwei Seillängen anhängt, kommen auch gut 90 Klettermeter zusammen.

Anfahrt	Von Gurtweil nach Witznau. Ca. 1,2 km hinter Witznau, direkt nach einer scharfen Linkskurve auf der linken Seite parken, oder 600 m weiter auf der rechten Seite.
Zustieg	Jeweils ca. 300 m talauf- bzw. -abwärts gehen und über den Bach zu den Einstiegen.
Abstieg	Umlenken oder absteigen über den Tannholzwand-Zustieg.
Gestein/Felsstruktur	Granit, oft Plattenkletterei an feinen Leisten.
Schwierigkeit	Ab dem 6. Grad fängt es an Spaß zu machen.
Absicherung	Alte Routen wurden saniert und neue eingerichtet. Absicherung sehr gut mit Klebe- und Bohrhaken. Umlenkhaken, z.T. mit Karabiner vorhanden.
Kletterregelung	Keine Einschränkungen.

■ Maria Flum spreizt und klemmt über den Fluten der Schlücht durch die Verschneidung von *Suleika* (6-).

Eisklettern

Ca. 20 Meter rechts von Route 14 bilden sich im Winter in einem kleinen Gully regelmäßig eine kurze Eislinie und ein paar Mixedrouten. Eis gibt es auch auf der anderen Talseite gegenüber dem Hagenbuchfels. Umlenker und Zwischenhaken in den Mixed-Passagen sind gebohrt. Wandhöhe ca. 20 m, Auflistung von links nach rechts:

1 **Ab durchs Gemüse** M2
Zustiegstour um die Toporopes einzuhängen.

2 **Halb & halb** M6
Erst dickes Eis, dann Hooks suchen.

3 **Glasur** M6
Dünne Eisauflage und ein paar Hooks bis in den Torf.

4 **Säule** W14
Unten freistehende Säule (nicht nach rechts ausspreizen!).

5 **Istrümli** W13-
Schöne Verschneidung.

1 **Fliegender Teppich** 5- L. Berreth, J. Blatter
Geputzt, saniert und dann doch wieder zugewachsen. Eigentlich schade!
a **Quergang** 6- M. Maier
Verbindet die zwei linken Standplätze. Rechtsquergang vom linkesten Stand (BH) und über *Scheherazade* aussteigen.

2 **Suleika** 6- W. Liebich `03
Wenn der Ausstieg über *Fliegender Teppich* zu nass ist, dann besser und schöner über *Aladin's Wunderlampe* (6+).

3 **Aladin's Wunderlampe** 7 W. Liebich `03
Hauptschwierigkeit um den dritten Haken. Im Rissdach sind große Griffe.

4 **Dunjazade** 7+/8- R. Jasper (eg. O. Sittka)
Der Plattenklassiker mit einer schwierigen Stelle am vierten Haken.
a **Sindbad** 8- W. Liebich `02
Setzt noch eins drauf. Direkt über die Haken! Auch hier am vierten Haken schwer.

5 **Hydra** 8+/9- W. Liebich `02
33 Meter lange und abwechslungsreiche Route mit technisch schwerer Einzelstelle über das Dach.
a **Poseidon** 8+ W. Liebich `02
Für den, der's drauf hat, ist dies die schönste Route am Fels.

6 **Scheherazade** 6- O. Sittka
Klassische Linienführung, zweiter und dritter Haken zwecks Seilverlauf mit langen Exen verlängern!
a **Direkteinstieg** 6-
b **Mauerläufer** 6 G. Kistler
Den schrägen Riss in der Hälfte verlassen, Schlüsselstelle im kurzen Linksquergang.

7 **Waterworld** 9- W. Liebich `02
War lange Projekt. Zwei schwere Stellen. Vom zweiten Haken weg an kleinen Leisten und über das Dach. Am siebten Haken direkt hoch zum Umlenker. Rechtes umgehen der oberen Schlüsselstelle macht's leichter.

8 **Atlantis** 7+/8- W. Liebich `03
Typische Schlüchttalroute, trickreich und schön.

9 **König Scharirar** 8 W. Liebich `04
Schwierig am großen und kleinen Überhang.

10 **Geist aus der Lampe** 6+ W. Liebich `04
Unten schöne Plattenkletterei, die nach oben immer steiler wird.

11 **Kleiner Muck** 6 W. Liebich `04
Am zweiten Haken eine schwierige Stelle. Insgesamt ist der Riss gut griffig.

12 **Ali Baba und die 40 Räuber** 8-   W. Liebich '04
Superschöne Rissdachkletterei.

13 **Schwuler Eunuch** 8+/9-   W. Liebich '04
Kräftiger um den ersten Haken. Mit Technik lässt sich die geniale
Verschneidung gut klettern.

14 **Harem** 8   W. Liebich '04
Sehr schöne Tour, bei der Technik und Ausdauer gefragt sind. Am letzten
Haken nochmal schwer.

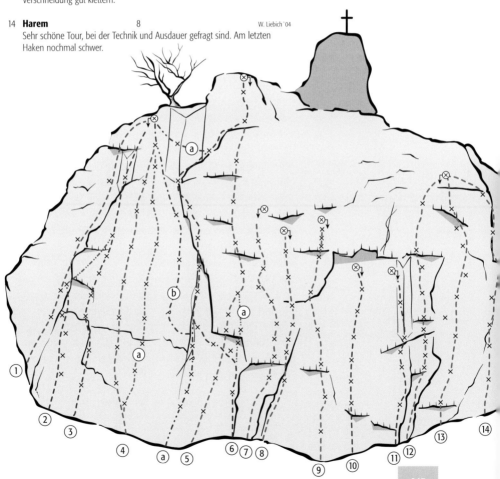

Tannholzwand
Übersicht

Koordinaten	47°41'17"N
	08°16'01"E
Ausgangspunkt	Gurtweil
Ausrichtung	W, S
Sonne	ab Mittag
Wandhöhe	10 - 80 m
Wandfuß	Rampe, Absturzgefahr!
Routenanzahl	84
Niveau	

1-5	21
6-7	45
8-11	18

Über die Tannholzwand könnte man eine Flut von Lobeshymnen singen. Für Schwarzwaldverhältnisse ist diese Wandflucht schon gigantisch. Sitzt man ganz oben auf dem Gipfel, dann fällt die Wand in mehreren Stufen bis zu 120 m tief bis zur Schlücht ab. Genau wie an der Chrüzfelsenfluh, die eigentlich ein Teil der Tannholzwand ist, überwiegt hier steile Plattenkletterei, die einen bei mangelnder Fußtechnik vor ein großes Rätsel stellen kann. Ist aber die besagte Technik vorhanden, dann gibt es hier ein paar traumhafte Kratzertouren zum Klettern. Bedingt durch die Felsstruktur sollten die Touren ab dem 7. Schwierigkeitsgrad direkt über die Haken geklettert werden – ausweichen nach links oder rechts macht die Sache oft leichter, und die Bewertung passt dann nicht mehr. Aber das soll jeder für sich selbst entscheiden.

Der ambitionierte Alpinkletterer wird sich hier sehr wohl fühlen. Bis zu drei Seillängen, mit zum Teil ausgesetzten Zwischenständen, können hier abgespult werden. Der obere Teil der eigentlich eher leichten Tour „Kämmifeger" ist sehr luftig und hat schon so manchen Angsthasen zum Zittern gebracht. Ein idyllischer Lagerplatz befindet sich am oberen Ende der Zustiegsrampe. Dort kann man auf einem „Bänkle" gelassen dem Treiben in der Wand zuschauen und am Abend die jungen Gämsen auf der anderen Talseite beim Spiel beobachten. Die mit Drahtseilen versicherte Zustiegsrampe geht im rechten oberen Teil in einen Klettersteig über, der zum höchsten Punkt der Wand leitet. Dieser Steig ist Marke „Eigenbau" und entspricht keinerlei DIN-Vorschriften. Leider sind dem Klettersteig zwei alte Routen zum Opfer gefallen.

■ Wolfram Liebich in seiner Cleantour *Ich machs ohne* (6).

Tannholzwand
Übersicht

Anfahrt	a) Zum unteren Zustieg: Gurtweil > Witznau > ca. 1,2 km nach Witznau (talaufwärts) direkt nach einer scharfen Linkskurve links, oder 1,8 km rechts parken. b) Zustieg zum Gipfel: Gurtweil > Gutenburg > Aichen > nach der Kirche in Aichen links Richtung Allmut > nach ca. 1,4 km, wo die Straße wieder aus dem Wald führt, rechts am Waldrand parken.
Zustieg	a) Jeweils ca. 300 m auf- bzw. abwärts laufen und über den Bach zu den Einstiegen. b) In westliche Richtung auf den Waldweg bis kurz nach einer starken Linkskurve scharf rechts ein Weg abzweigt. Diesem nur ca. 10 m folgen und links über einen Pfad zum Gipfel der Tannholzwand absteigen. Mehrere Abseilstellen. Wandhöhe bis 80 m. Achtung: Immer eigene Seillänge beachten! Eventuell einen Zwischenstand mehr machen und in zwei bzw. drei Seillängen abseilen.
Abstieg	Umlenken/Abseilen oder über den Klettersteig in südliche Richtung absteigen.
Gestein/Felsstruktur	Granit, schön strukturiert, Risse, Verschneidungen und zum Teil kompakte Wandpassagen mit kleinen Leisten und Quarzadern.
Schwierigkeit	Im 5. bis unteren 9. Grad findet man hier super Routen. Die Routenfindung kann sich in dieser großen Wand manchmal etwas schwieriger gestalten. Aufmerksamkeit beim Abseilen ist gefordert!

Absicherung	Größenteils sehr gut mit Bohr- und Klebehaken. Einige Touren im Bereich 4 bis 7 sind vielleicht etwas komisch eingebohrt. Entweder kann es sein, dass der eine oder andere Haken überklettert werden muss, um ihn einhängen zu können, oder der Haken sitzt neben der Linie. So was passiert halt, wenn man von oben nach unten sanieren will, ohne vorher die Route zu klettern.
Kletterregelung	Keine Einschränkungen.

1. **Außenseiter**   6   D. Dühmke
   Meistens feuchte Alpino-Route.

2. **Schermuus**   4, 4-, 3   Berreth, Blatter, Grohmann ´77
   Sehr schöne Mehrseillängenroute für Anfänger. 3. SL auch direkt aussteigbar.
   - a **Schermuus direkt**   5+   D. Dühmke
     Vermeidet den Quergang. Guter Zustieg zu den anderen Touren im linken Bereich.
   - b **Usseume**   6+   M. Maier
     Sieht mittlerweile wieder etwas grün aus, geht aber immer noch gut zu klettern.

3. **Holloflake**   4, 6+, 6-   M. Maier
   Etwas abseits gelegene Piazschuppe. Klemmkeile!
   - a **Warzenschwein**   6   L. Berreth, J. Blatter
     Klein aber fein.
   - b **Kleine Hangelei**   7-   L. Berreth, J. Blatter
     Ebenfalls kurz, nur ein Tick schwerer.

4. **Wespenkante**   5+
   Nette Tour, größtenteils gut zum selbst Absichern.
   - a **Wespenkante direkt**   6   M. Maier
     Keile nicht vergessen und trotzdem leicht expo.

5. **Affenschaukel**   5, 5   M. Maier (eg. D. Dühmke)
   Im Mittelteil der 1. SL weiter Hakenabstand, am Ende identisch mit *Schermuus*.

6. **Maieriesli**   6   L. Berreth, J. u. K. Blatter
   Vom Stand rechts des Kamins Wand und links am Überhang vorbei.

7. **Himmelbett**   8/8+   W. Liebich ´02
   Schwer am ersten Überhang, am 2. gewusst wie. Früherer A1-Einstieg von
   Maieriesli.

8. **Romacker-Ged.-Weg**   5+, 5+   L. Berreth ´81
   Schlüsselstelle beim Verschneidungsüberhang in der 1. SL. Sehr schöne Route.

9. **Faustkampf**   6, 6+/7-, 5   L. Berreth, J.Blatter ´82
   Erste Seillänge genussreich, zweite Seillänge Kampf im Riss.

10. **Mein lieber Schwan**   8+/9-   W. Liebich ´03
    Gleich zu Beginn hart. Am 9. Haken gilt´s dann.

▣ Martin Billich in der *Duschlampe* (7-).

11 **Silberblattverschneidung**   6, 6-, 5   L. Berreth, J. Romacker '82
Hauptschwierigkeit liegt gleich am Anfang der 1. SL. Keile für die 2. SL!

    a **Rechter Einstieg**   7-   L. Berreth, J. Romacker '82
    Schwieriger Aufrichter, der ganz schön an der Kraft saugt.

    b **Silberfisch**   6-   M. Maier
    Schöne Variante, wenn man in der Oberen Wand weiter klettern will.

12 **Dusch Lampe**   7-   M. Billich '13
Schwierige Stelle am 2. Haken. Für den oberen Teil noch Cam 1 und 2
mitnehmen!

13 **Ahornweg**   6-   D. Dühmke
Im unteren Bereich gern mal feucht.

14 **Bänkleeinstieg**   5+   M. Maier
Nicht mit 5+ Vorstellungen rangehen. Nur wenige und
dazu auch noch schlechte Keilstellen!

15 **Diplomatenweg**   4+, 3+   Berreth, Blatter, Grohmann '82
Über das Seilgeländer zusteigen. Keile!

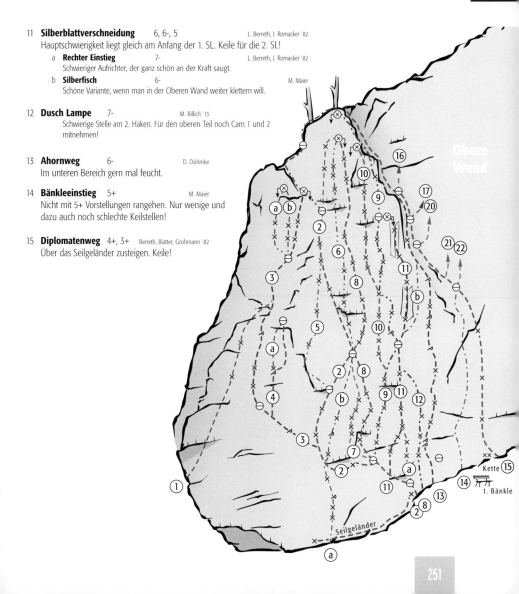

☐ Moritz Wälde kurz vorm Ausstieg der schönen *Discovery* (7).

16 Zahnwurzwändli   5+   L. Berreth, J. Romacker´82
Am zweiten Haken ist es für einen 5er irgendwie ganz schön kompliziert.

17 Dornröschen   6+   L. Berreth, J. Blatter
Evtl. ersten Haken vorhängen. Vom 2. zum 3. Haken nochmal schwierig.

18 Klein aber fein   8   W. Liebich ´02
Vom Stand von *Dornröschen* gerade hoch, ohne nach links hinten auszuspreizen.

19 Beat-Berreth-Ged.-Weg   7+/8-   L. Berreth, 1.RP R. Jasper
Früher in 2 SL geklettert. Schüsselstellen nach 1. und 7. Haken. Super Klassiker.
   a   **Andacht**   8-   W. Liebich ´02
     Sehr schöner Direktausstieg mit der Schwierigkeit ganz am Ende.

20 Martins Idee   8-/8   W. Liebich ´02
Kombination vom 2. Haken von 19 diagonal durch die Obere Wand bis zu 24.

21 Phönix   8+   W. Liebich ´00
Knallharte Stelle am letzten Haken. Schöner über *Autobahn* (8-/8) aussteigen.
   a   **Pegasus**   9-/9   W. Liebich ´02
     Direkt über die Haken und links von Haken 8 und 9 nicht im Riss. Piranha-Griffe.

22 Autobahn   8+   H. Schwab
Traum-Linie! Die 3 Schlüsselstellen lassen sich meist rechts umgehen (8-/8).

23 Discovery   7   W. Liebich ´00 (eg. D. Dühmke)
Früher mal 8-, war da ein Mauerspecht am Werk? Trotzdem gute Sache.

24 Super Direkte   8-   W. Liebich ´02
Lange Leistentour. Oben besser Stand machen und nachsichern.

25 Mittlere Direkte   8-, 5   Berreth, Blatter´76, 1.RP R. Jasper
Selten begangen. In der 2. SL mehrere Varianten möglich.
   a   **Linker Ausstieg**   6-   M. Maier
     So schön luftig.
   b   **Mittlerer Ausstieg**   6   M. Maier
     Kräftig, kurz nach dem Haken links um die Kante.

26 Gelbe Kante   6+   D. Dühmke
Über die schwach ausgeprägte Kante zum *Big-Yellow-Ring*.
   a   **Spaceman**   9-   A. Walz
     Herrliche Microleistenroute, vom 5. Haken zum Riss von *Mittlere Direkte*.

27 Kämmifäger   5, 5+   L. Berreth, J. Blatter
1. SL ist manchmal feucht und Haken schlecht zu klinken. 2. SL ausgesetzt.

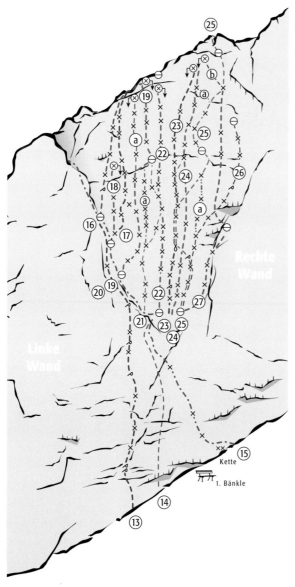

Die Touren in der Oberen Wand erreicht man am besten über die Linien *Ahornweg* (6-) und *Diplomatenweg* (4+). Der Zustieg über die *Bänkleeinstieg* (5+) ist anspruchsvoll und daher als entspannter Zustieg eher nicht zu empfehlen.

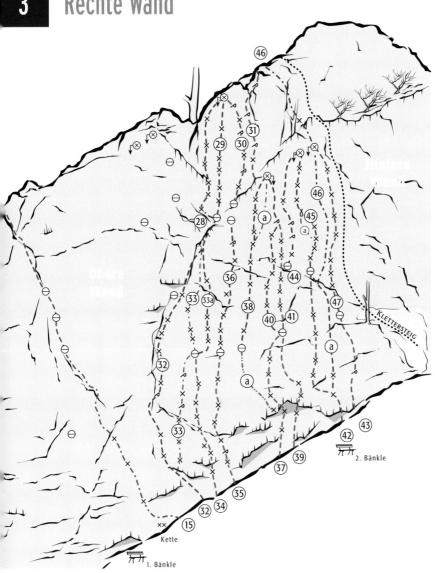

Kette

1. Bänkle

2. Bänkle

KLETTERSTEIG

28 **Güner Riss** 6 D. Dühmke '00
Anfangs gern grün und nass, oben dann rechts der Kante bleiben.

29 **Mehr Licht als Schatten** 6- D. Dühmke '00
Sehr schöne Wand- und Risskletterei. Eigentlich nur Verlängerung von 32.

30 **Drilling** 5+ D. Haberstock '00
Drei kleine Überhänge gilt es zu überwinden.

31 **Verschneidungskopf** 5 D. Dühmke '00
Am Ende der markanten Verschneidung geht's rechts an einem Haken vorbei
zum höchsten Punkt.

32 **Licht und Schatten** 5-, 6 D. Dühmke
1. SL ist auch ein guter Zustieg für 27. Die 2. SL ist vom Stand weg schwer.

33 **Tannhäuser** 6+, 6 D. Haberstock (eg. D. Dühmke)
Tüftelige Stelle am 3. Haken, Cams für die geniale Verschneidung.
   a **Moritz** 7+ C. Boos
      Aufpassen beim Einhängen des 2. Hakens, da Grounder-Gefahr.

34 **Prinz Valium** 8+/9- C. Boos
Dynamische Stelle und schwieriger Aufrichter am 2. Haken, Rest ist Ausdauer.

35 **Fliegender Holländer** 7+/8- W. Liebich '04 (eg. D. Dühmke)
Technisch anspruchsvoll und trickreich.

36 **Anakonda** 6 M. Maier (eg. D. Dühmke)
Geklebter Griff am 1. Haken. Original rechts der letzten 2 Haken, links schöner.

37 **Schwert des Damokles** 8 W. Liebich '03 (eg. M. Maier)
Nach dem 3. Haken zweimal kräftig zupacken, sonst geht's abwärts.
   a **Nuts hats** 8 W. Liebich '09 (eg. M. Maier)
      Technisch schwierig am 4. Haken. Der Rest ist clean-climbing!

38 **Sommerwand** 6+/7- W. Liebich '00 (eg. D. Dühmke)
Langer Abstand zum 2. Haken. Schlüsselstelle am 5. Haken vorbei.
   a **Kneifervariante** 6
      Über die selbst abzusichernde Rissverschneidung rechts vom 5. Haken aussteigen.

39 **Götterdämmerung** 7+/8- D. Haberstock
Schwerer Aufrichter am Dach. Für oben raus noch Klemmmaterial mitnehmen.

40 **Goldenes Eck** 7- W. Liebich '00 (eg. D. Dühmke)
Knackiger rechts ansteigender Riss. Ein versteckter Haken beruhigt die Nerven.

41 **Via Tobi** 8 W. Liebich '14
      Steile Plattenkletterei bei der Gleichgewicht und Fingerkraft gefragt ist.

Gämsen an der Tannholzwand
Die Tiere sind irgendwann im
Schwarzwald ausgesetzt worden
und haben sich wie das indische
Springkraut vermehrt. Unterhalb
des Falkenstein-Ostgipfels hat
eine Gruppe ihre Kinder- und
Schlafstube. Direkt gegenüber vom
Tannholzwand-Bänkle kommen
sie auf die anderen Talseite dann
am Abend über die steilen Felsen
abgestiegen und queren zu ihrem
Ruheplatz. Dieses Szenario ereignet
sich an jedem Abend.

Heidekraut - Auf den aus sauren Granit- und Gneisgesteinen entstandenen trockenen Sandböden der sonnigen Felsköpfe und -bänder breiten sich gerne üppige Bestände des Heidekrauts (Calluna vulgaris) aus. Auf den mageren Böden wachsen die Pflanzen nur sehr langsam. Während der Blütezeit im Spätsommer bis Herbst produzieren die Blüten täglich beachtliche Mengen an Nektar und werden daher gerne als Bienenweide zur Produktion des schmackhaften Heidehonigs genutzt. Die auch als Besenheide bezeichnete Pflanze dient zahlreichen bedrohten Schmetterlingsarten und deren Raupen als wichtige Futterpflanze. Dieser zweite Trivialname deutet auf die Kehrwochentauglichkeit des Gewächses hin.

42 **Ruta 40**   5+   M. Maier
Clean erstbegangen, heute mit 5 Haken aber auch nicht gerade übersichert.
  a **Zubringer**   6   M. Maier (eg. D. Dühmke)
    Boulderstelle am Haken, der Rest ist hakenfrei!

43 **Die oder das Letzte**   5   D. Dühmke
Im unteren Drittel 1 Normalhaken, sonst nix vorhanden.

44 **Holzkeilriss**   6   Berreth, Gantert, Oliveri '76
Am 1. und letzten Haken schwer, oben ist es weit bis zum Stand.

45 **Wand der Abendröte**   6+   D. Haberstock (eg. D. Dühmke)
Der natürlichen Linie folgend, dann aber ein komischer Linksquergang zu einer Drahtschlinge.
  a **Direktvariante**   7-   W. Liebich '00
    Links vom 3. Haken direkt zur Schlinge ist viel schöner.

46 **Best Friend**   7-, 5   W. Liebich '05
Immer leicht links der Kante klettern, dabei Schlingen, Keile und Cams legen nicht vergessen.

47 **Flatterkante**   5+   L. Berreth, J. Romacker '82
Sehr schöne, steile und ausgesetzte Kante.

48 **Blocksturzweg**   4   Berreth, Romacker, Münch '82
Jetzt Klettersteig!

■ Eine kräftige Kombination: Einstieg über *Schwert des Damokles*, Weiterweg über das Dach der *Götterdämmerung* (7+/8-).

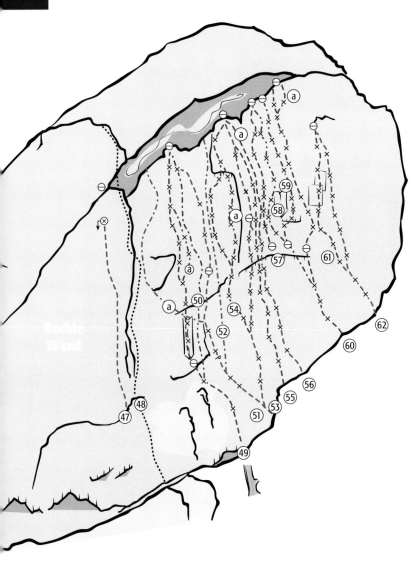

49 Kotzbrocken   6-   M. Maier`12
Schöne gut gesicherte Linie. Nach dem 6. BH geht's nach links um die Kante.
> a **Gent Leman**   7-   W. Liebich`14
> Knackige Einzelstell bei der Fingerkraft und Beweglichkeit von Vorteil ist.

50 Ich machs ohne   6   W. Liebich`13
Hier können nach Herzens Lust Keile und Cams versenkt werden.

51 Venushügel   5+   M. Maier`12
Zwischen den langen Hakenabständen gibt es gute Keilstellen.
> a **Zickzackweg**   4-   L. Berreth, B. Griß`82
> Unlohnend und nicht geputzt!

52 Venusriss   4+   Berreth, Blatter, Romacker`82
Nicht geputzt.

53 Sonnenpfeiler   5+, 5-   L. Berreth, J. Romacker`82
Rechts von 48 über ausgeprägten Pfeiler. Mind. 70-Meter-Seil zum Abseilen!

54 Arogante 5+   6-   W. Liebich`13
Technisch schwierige Stelle in der Verschneidung beim 4. und 5. Haken.
> a **Grillplatte**   7   W. Liebich`13
> Super schöner Plattenschleicher.

55 Hoku   7-   W. Liebich`13
Zwei Schlüsselstellen warten auf ihre Bewerber.

56 Sonderangebot   5   W. Liebich`14
Clean erstbegangen, dann doch eingebohrt.
> a **Ladenhüter**   6-   W. Liebich`14
> Auch hier gibt es wunderbare Risse für Cams und Co.

57 Zwei zum Preis von Drei   7   W. Liebich`14
Knackig geht es los, dann mit Übersicht weiter klettern.

58 David und Daniel   7+   W. Liebich`14
Schmerzhafter Fingerklemmer, danach noch ein paar weite Züge.

59 Sponsoring   7-   W. Liebich`14
Sehr schöne und abwechslungsreiche Route.

60 Beratung ist alles   6+   W. Liebich`14
Wegen dem Seilzug wurde ein Zwischenstand gebohrt. Knapp 42 Meter lang.
> a **Umgehung**   6   W. Liebich`14
> Umgeht die schwere Stelle am letzten Haken.

61 Kunde ist König   7   W. Liebich`14
Klasse Tour. Ausweichen beim letzten Haken nach rechts macht's leichter.

62 Schlussverkauf   5+   W. Liebich`14
Sehr schön, kann auch über die *Umgehung* verlängert werden.

David und Daniel nehmen das
Sonderangebot (5).

Allmuter Grat
Übersicht

Koordinaten	47°41′18″N
	08°16′39″E
Ausgangspunkt	Witznau
Ausrichtung	S, W
Sonne	ab Mittag
Wandhöhe	15 m
Wandfuß	Pampa
Routenanzahl	2
Niveau	1-5
	6-7
	8-11

Wer vor hat, am turmartigen Felsgebilde des Allmuter Grats zu klettern, muss schon einen gewissen Sinn für Humor haben oder einen ausgeprägten Entdeckerdrang. Die „Rote Wand", bei der Bushaltestelle auf der anderen Talseite, welche früher auch beklettert wurde, wäre der eigentliche Grund, um dort anzuhalten. Wenn die Felsen richtig geputzt wären, dann gäbe es bestimmt Möglichkeiten für Neutouren, vor allem in der schattigen Nordseite des Grats. Gegenwärtig ist vom Allmuter Grat aber nur das obere Stück Fels frei von Bewuchs.

Anfahrt	Ca. 2,3 km hinter Witznau in Richtung Ühlingen bei der Bushaltestelle „Allmutsteg" parken, aber den Haltestellenbereich bitte nicht blockieren!
Zustieg	Beim Parkplatz über den Bach direkt zum Einstieg von Route 1 (Wanderwegweiser „Allmut"). Nach ca. 10 m links über einen Felsvorbau (Eisenklammern) auf- und dann wieder absteigen zum eigentlichen Allmuter Grat.
Abstieg	Den Grat weiterverfolgen, bis man rechts wieder zu dem Einstieg absteigen kann.
Gestein	Gneis, im Moment zugewachsen.
Schwierigkeit	4+ bis 6-
Absicherung	Alte Haken aus den 70ern.
Kletterreglung	Keine Einschränkungen.

1 **Brückenweg** 6- G. Kistler
Ist mittlerweile vollständig mit Moos überwuchert. Back to the nature!

2 **Allmuter Grat** 4+ L. Berreth, J. Blatter
Schnellster Zustieg durch den Bach. Einstieg auf der Nordseite, durch bewachsene Wand und rechts durch kurze Verschneidungssysteme in der Südwand auf großen Absatz (diese Stelle kann auch von rechts her umgangen werden). Nun im linken Bereich der Südwand zum Gipfel (mehrere Varianten möglich).

■ Beinahe schüchtern ragt der *Allmuter Grat* (4+) aus dem Blätterdach.

Schwedenfels
Übersicht

Koordinaten	47°41'35"N
	08°16'46"E
Ausgangspunkt	Witznau
Ausrichtung	S
Sonne	bis Nachmittag
Wandhöhe	bis 35 m
Wandfuß	Geröllhalde
Routenanzahl	49

Niveau	
1-5	7
6-7	14
8-11	28

Kurzer Zustieg, verhältnismäßig regensicher und eine Tour neben der anderen – das macht den Schwedenfels zum perfekten Sportklettereldorado für die eher fortgeschrittenen Vertikalisten unter uns. Eine Ansammlung so vieler Touren im oberen Schwierigkeitsbereich sucht im Schwarzwald wohl ihresgleichen. Bis auf zwei Routen wurden hier alle Touren mit Bohr- und Klebehaken saniert. Auch die wohl schwierigste Kletterei im Schwarzwald ist hier zu finden. 1992 eröffnete Robert Jasper die mit 10 bewertete Route „Hopp oder Flop". Dieser knallharte Dachboulder mit einer Einzelstellenbewertung von Fb 7c erhielt bis dato gerade mal eine Handvoll Wiederholungen.

Leider macht sich eine überall anzutreffende Unsitte mittlerweile auch am Schwedenfels schon sehr stark bemerkbar: Das hässliche Zuschmieren und unnötige Markieren der Griffe mit Magnesia. Früher wurde nach jeder Begehung die Route wieder geputzt und so dem nächsten Aspiranten eine saubere Onsight-Begehung ermöglicht. Schade, dass das anscheinend nicht mehr funktioniert. Oder sind die Sportsfreunde womöglich so ausgepowert, dass sie die Zahnbürste nicht mehr halten können?

■ ... und muss man den Felsnamen denn so groß anschreiben?! Martin Billich gegen *Golitah* (9+).

Schwedenfels
Übersicht

Anfahrt	Gurtweil > Witznau > 3,1 km in Richtung Ühlingen. Links, direkt vor dem Schwedenfels parken.
Zustieg	Auf kurzem Pfad in nördliche Richtung zum unübersehbaren Fels.
Abstieg	Zu jeder Route gibt es einen Umlenkhaken, was ein Abseilen bzw. Ablassen mit einem 70-Meter-Seil (für die Routen im oberen Wandbereich) ermöglicht. Vom Gipfel dem Wanderweg in südwestliche Richtung folgen und links den Hang am Fels entlang absteigen.
Gestein/Felsstruktur	Granitporphyr, eher leichter aussehendes steiles Blockgelände, welches sich aber dann doch schnell als kräftiges Kanten- und Auflegergelände entpuppt.
Schwierigkeit	Die meisten Routen liegen im Bereich zwischen 8- und 9-. Im Hochsommer, wenn es heiß ist, fühlt sich der Fels zum Teil schon sehr schmierig an. Vor allem im oberen Teil der Wand ist das Gestein zum Teil auch brüchig. Hier ist für einige Routen ein 70-Meter-Seil Pflicht!
Absicherung	Sehr gut mit Bohr- und Klebehaken.
Kletterregelung	Keine Einschränkungen.

Die **IG** Klettern
Südschwarzwald e.V.

ein Verein von
Kletterern für Kletterer

Die Ziele der **IG** Klettern

- Förderung des Klettersports
- Förderung des umwelt- und naturverträglichen Kletterns
- Interessenvertretung der Kletterer und die Informations-
  verbesserung der Kletterer untereinander
- Zusammenarbeit mit allen anderen Vereinigungen gleicher Zielrichtung
- Wir sorgen für Sicherheit - Instandhaltung und Sanierung der
  Klettergebiete.
- Bau, Pflege und Betreuung des Wegenetz im Bereich der Kletterfelsen -
  eine Voraussetzung für die bestehende Klettererlaubnis.

Werde jetzt
Mitglied!

Info: IG-Klettern Südschwarzwald, Tel. 07684-201499

www.igklettern-suedschwarzwald.de

Schwedenfels
Obere Südwand

Neben der bekannteren Kreuzotter (Vipera berus) ist die **Aspisviper** (Vipera aspis) die zweite deutsche Giftschlangenart. Als Kletterer kann man der tagaktiven Schlange durchaus auf ihren Beutezügen begegnen. Als Verstecke dienen dichte Gebüsche und Höhlen jeglicher Art, zum Beispiel in Blockhalden. Ihre Verbreitung bei uns ist auf den Südschwarzwald begrenzt. Dass diese seltene Art auf der Roten Liste steht, versteht sich von selbst. (Foto © PeeF/pixelio.de)

1   **Graf Dracula**   7   W. Liebich ´10
Schlüsselstelle kurz vor dem Ende der steilen Passage.

2   **Fledermausweg**   6+   G. Kistler
Dieser Klassiker wird in Kombination mit der 2. SL von *Einsiedlerweg* perfekt.

3   **Inkarnation**   8   W. Liebich ´01
Schöne Platte bis zum Überhang, danach geht's ans Eingemachte.

4   **Einsiedlerweg**   6-
Imposante 2-SL-Route, die auch in einem Zug durchstiegen werden kann.

5   **Ausflug ins Nirwana**   8+/9-   W. Liebich ´01
33 Meter lange Route mit Wow-Effekt im oberen Teil. Routenname mit doppelter Bedeutung.

6   **Thor's Hammer**   8+   W. Liebich ´02
Optisch fatzenglatt geht's entlang kleiner Leisten zum Umlenker in 35 m Höhe. Im mittleren Bereich werden zwei Haken vom *Roten Milan* mitbenutzt.

7   **Roter Milan**   6/6+   R. Jasper
Beliebte Tour mit luftiger zweiter SL. Abseilen mit 70-Meter-Seil oder auf 2x.
   a   **Rechter Einstieg**   7-   R. Jasper
      Bruchhaufen! Lieber Finger davon auslassen!
   b   **Milan Direkt**   7-   M. Maier
      Sehr alpine Route.
   c   **Martha Quergang**   5+   M. Maier
      Nach den ersten drei Schlaghaken von *Milan Direkt* sehr ausgesetzt nach rechts zum Zwischenstand von *La Paz* queren (2 BH).
   d   **Martha Maxi**   5+   M. Maier ´13
      Verlängerung

8   **Axelle**   8/8+   H. Schwab (eg. M. Maier)
Technisch anspruchsvoll mit knackigem Finish.

9   **La Paz**   6+   M. Maier
Eindrucksvolle 2-SL-Route. Fels ist nicht ganz solide! 36 Meter frei hängend abseilen, mit kurzem Seil muss der Zwischenstand angependelt werden!
   a   **Chupa la chapa**   8-   W. Liebich ´96 (eg. M. Maier)
      Dynamischer Zug nach links in den Ausstiegsriss.

10   **Quatropunktus**   4+   L. Berreth, J. Blatter
Die zweite SL sollte wegen Steinschlaggefahr nicht mehr geklettert werden!
   a   **Quake fresset Schnake**   5+, 5-   M. Maier ´13
      Vom 1. Stand von *Quatropunktus* leicht rechtsansteigend zu Zwischenstand. Ab dort wirds leichter.

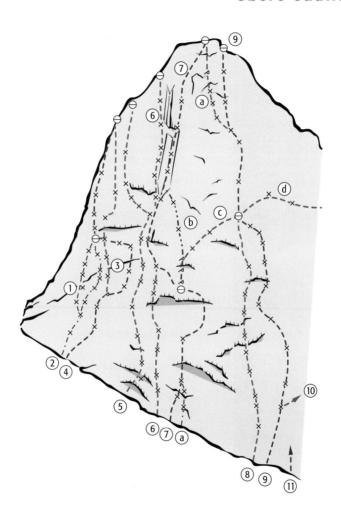

11 **Drachenrücken**   6   W. Liebich '01 (eg. D. Dühmke)
Schwerer Einstieg, danach logische Linie bis zum Ringhaken im Überhang.
- a **Über den Drachenrücken**   7+/8-   W. Liebich '07
  Coole Stelle über den Überhang, bei der etwas Spannweite von Vorteil ist.

12 **Drachentöter**   8-   W. Liebich '07
Kräftig nach dem zweiten Haken, nach dem Überhang schwieriger Aufrichter.

13 **Hintere Direkte**   7-   A. Hirzle, K. Huber '76
Nach 34 Jahren saniert und wieder kletterbar gemacht.
- a **Direkt von hinten**   7   W. Liebich '10
  Überraschend steile Direktvariante.

14 **Krambambuli**   8   T. Meusburger
Knackiger Aufrichter beim ersten Überhang, der zweite ist aber auch nicht ohne.
- a **Khalahari**   8+/9-   T. Meusburger
  „Gewusst wie", dann gar nicht so wild. Den Aufrichter vom ersten Überhang hat
  man aber auch hier.

15 **Happy Frog**   7   W. Liebich '07
Schöne Tour mit einer schweren Stelle am letzten Haken. Für Sicherheits-
bewusste wurde der Schlaghaken unter dem letzten Bohrhaken zur
Nervenberuhigung belassen.
- a **Flying Frog**   9+   R. Jasper '09 (eg. W. Liebich)
  Direkt: Dynamisch oder mit entsprechender Spannweite. Etwas rechts: Sloper halten und die Tür nicht aufgeben lassen! Dann vielleicht noch einen Tick härter.

16 **Minimum mit Gummi drum**   9/9+   H. Schwab
Extrem harte Einzelstelle am letzten Überhang.

17 **Maximum im Bruch herum**   8-   W. Liebich '07
Hart am zweiten Haken. Nicht so schlimm, wie es der Name vermuten lässt.

18 **King Level**   7+/8-   T. Feser
Abwechslungsreiche Route. Technik im ersten und Kraft im zweiten Überhang.

19 **Tanz auf den Buchstaben**   9-   R. Jasper
Boulderartiger Einstieg, steile Plattenpassage und abschließende Dachkletterei.
- a Projekt   2008
  Anfang der 90er schon versucht und wieder verworfen. Jetzt doch eingebohrt.
- b **Schattenspiele**   9-   H. Schwab
  Schulterlastiger Zug zum heikel und schwer einzuhängenden dritten Haken.

20 **Die Schrift**   8-/8   R. Jasper (eg. L. Berreth)
1. SL: Über Überhang zu abdrängender Verschneidung und über schöne Wand
zum Stand. 2. SL: Alte Haken und brüchig – nur was für Abenteurer (6+)!

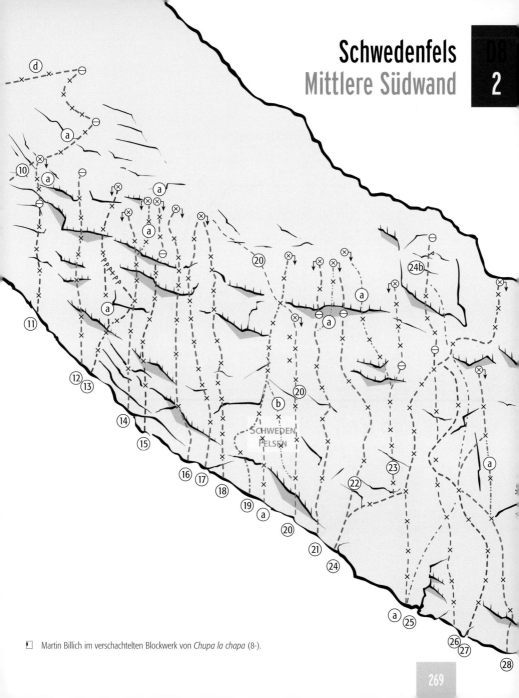

Martin Billich im verschachtelten Blockwerk von *Chupa la chapa* (8-).

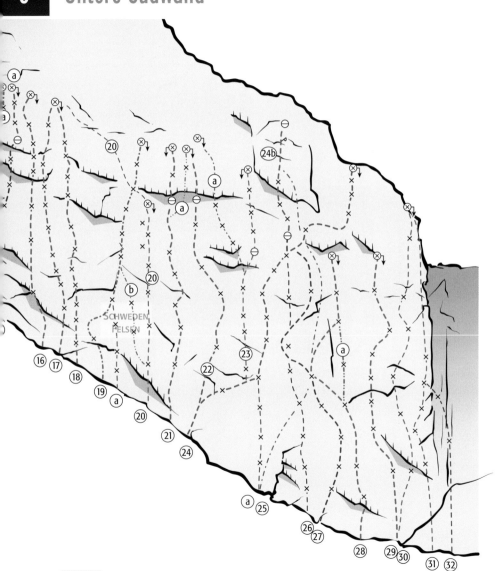

SCHWEDEN
FELSEN

21 **Goliath**   9+   H. Schwab
Der Klassiker hat nach der letzten Sanierung bis zum Dach (8/8+) doppelt so viele Haken bekommen! Die Tour ist, genau wie *Tanz auf den Buchstaben*, erst auf der Platte zu Ende und nicht an der Dachkante.

    a   **Hopp oder Flop**   10   R. Jasper '92
       Schwarzwälder Megahammer, Sloper pressen und im Dach gut verspannen.

22 **Andromeda**   8+   H. Schwab
Bis zum Dach sportliche 7- (Umlenker). Darüber brachiale Einzelstelle.

23 **Via Classica**   9   R. Jasper (eg. M. Maier)
Kräftige Kletterei im oberen Teil. Bis zum Ringhaken ist es moderat 4+.

    a   **Einstürzende Neubauten**   8   W. Liebich '03
       Am Dach ist, bis zum nächsten Haken, Überwindung angesagt. „Trau dich!"

24 **Sachsenweg**   4+, 5-
Leichteste und mittlerweile perfekt abgesicherte Route am Schwedenfels über zwei SL. Den Sachsen gewidmet, die nach dem II. Weltkrieg hier kletterten.

    a   **Sachsenweg direkt**   5+
       Ganz schön steil für'n 5er.

    b   **Traumtänzer**   9-   H. Schwab
       Deftiger Leistenboulder. Echt cool, die Route.

25 **T.-Schöller-Ged.-Weg**   5+, A1
Was für Techno-Freaks. Oberer Teil wäre als Ausstiegsvariante zum *Sachsenweg* noch interessant.

26 **Alter Schwede**   7+   M. Billich (eg. P. König)
Schwere Boulderstelle am zweiten Haken.

27 **Ursus horribilis**   7-   R. Jasper
Aufpassen bis zum zweiten Haken! Schwieriger Aufrichter auf den kleinen Absatz in der Mitte der Route.

28 **Schrei nach Stein**   8-   W. Liebich '94 (eg. M. Maier)
Am ersten Haken muss kräftig zugepackt werden. Nach dem dritten Haken geht's nach links zum vierten und dann wieder nach rechts zum 5. Haken. Ab da ist Ausdauer gefragt.

    a   **Direkter Schrei**   8   W. Liebich '01
       Beliebte Direktvariante, bei der es gilt, eine Minileiste zu halten.

29 **Naiaberau**   8   R. Jasper
Mit Technik kann man im oberen schwierigen Teil fehlende Kraft ausgleichen. Tolle Tour!

Der Name des **Roten Fingerhuts** (Digitalis purpurea) leitet sich von den fingerförmigen rosa Blüten ab. Wuchsorte sind Lichtungen und Wegränder mit humosen, sauren Böden, wie sie sich aus Graniten und Gneisen entwickeln. Die Blütenstände sind zum Licht hin ausgerichtet und werden bevorzugt von Hummeln aufgesucht. Kriechen diese in die Blüte zu den Nektardepots, nehmen sie mit ihren Rückenhaaren die Pollen auf bzw. geben bei Berührung der Narbe Pollen von anderen Pflanzen ab. Alle Pflanzenteile sind hochgiftig. In der Medizin finden die Wirkstoffe breite Anwendung.

30 **Eiszeit**   8-   R. Jasper
Lang, ausgesetzt und luftig, anspruchsvolle Supertour!

31 **Mondscheinkante**   8+/9-   R. Jasper (eg. Berreth, Blatter '79)
Exponierte Kantenkletterei, kräftig bis zum Absatz, oben dann in die Trickkiste greifen.

     a   **Mondfinsternis**   9-/9   R. Jasper
       Vom 3. Haken geht's nach rechts durch die steile, Ausdauerkraft fordernde Platte.

32 **Schwedenverschneidung**   6+   A. Hirzle, K. Huber '77
Für diesen Schwierigkeitsgrad doch recht anspruchsvoll.

Grande Traverse   8+/9-   M. Maier 97, 1. RP R. Jasper, W. Liebich 00
Für die Begehung dieser genialen 6-SL-Kombination ist eine Seilschaft etwa drei Stunden unterwegs!

   1. SL   *Mondscheinkante* (8+/9-), alternativ *Eiszeit* (8-) einsteigen und vom 1. Band nach links weiter über *Naiaberau* zum Stand.
   2. SL   Linksquergang zum Stand vom *Sachsenweg* (6).
   3. SL   Linksquergang zum Stand von *Die Schrift* (8-).
   4. SL   Zweite SL von *Die Schrift* zum Stand von *Quadropunktus* (6+).
   5. SL   Leicht absteigen zum Stand von *Roter Milan* (6) oder aufsteigen zu *La Paz* (6+).
   6. SL   Ausstieg über *Roter Milan* (6/6+) oder *La Paz* (6/6+ od. 6).

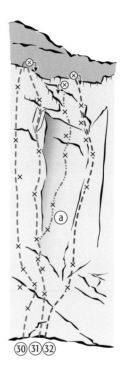

■ Super ausgesetzte Kletterei in der *Eiszeit* (8-).

Triberger Gebiete
Übersicht

Wenn am Straßenrand überdimensionale Bollenhüte stehen und der Welt größte Kuckucksuhr angepriesen wird, seid ihr angekommen: Viel mehr Schwarzwald geht nicht mehr. Geografisch liegen die Teilgebiete E und und F zwischen den Regionen, die man üblicherweise als Nord- und Südschwarzwald bezeichnet, und dass es in den frühen 1990er Jahren einen eigenen Kletterführer Mittlerer Schwarzwald gab, war sinnvoll. Was von den darin beschriebenen Felsen nach den großen Felssperrungen übriggeblieben ist, rechtfertigt einen eigenen Band mittlerweile aber leider nicht mehr.

Dafür sind die drei verbliebenen Kletterfelsen zwischen Hornberg und Triberg aber auch alle einen Besuch wert, und jeder davon hat seinen ganz eigenen Charakter.

Hoch über dem Gutachtal bietet der Windeckfels perfekt abgesicherte Wandklettereien zwischen leicht geneigt und richtig steil. Wohl wegen des recht langen Zustiegs war das Massiv vorübergehend in Vergessenheit geraten – zu Unrecht.

Schwarzwälder sind gleich maulfaul wie Schwaben: Kurz und knapp „dr Teufel" muss genügen. Zarten Fingern mag das grobe Korn des Granits am Teufelsfels auch tatsächlich höllisch zusetzen. Da hilft dann nur: besser stehen. Und besser lernen als am Teufelsfels kann man das nirgendwo.

Ähnlich weit weg von Trubel und Verkehrslärm versteckt sich der Heidenstein. Das Porphyrgestein ähnelt ein wenig dem am Battert, ist aber deutlich grobkörniger und super griffig.

■ Schwarzwald total: die größte Kuckucksuhr der Welt!
■ D'Schuppe (5+) gehört zu den Pflichtübungen am Teufelsfels.

Anfahrt
Von Westen (A5) als auch von Osten (A81) am besten über die zwischen Villingen-Schwenningen und Offenburg verlaufende Bundesstraße 33. Von Süden her mündet die B500 bei Triberg in die B33.

Karte
Topographische Karte des LVA Baden-Württemberg, Blatt 7715 Hornberg & Blatt 7815 Triberg, 1:25 000

Übernachtung
Infos zur der Region um Triberg findet man unter www.dasferienland.de/gastgebersuche. Für das schmale Portemonnaie und Gruppenausfahrten bieten sich folgende Möglichkeiten an (genauere Infos unter www.dasferienland.de/gruppenunterkünfte): Jugendherberge Triberg, Schwenninger Hütte beim Heidenstein (www.dav-sektion-baar.de), Erwin-Schweizer-Heim (Rensberg), Naturfreundehaus Küferhäusle (Schönwald), Gästehaus Waldblick Viktoria (Schönwald), Jugendgästehaus Don Bosco (Furtwangen), Caritasheim Schlempen (Furtwangen) Freizeitheim Unterm Wald (St. Georgen), Naturfreundehaus Naturkolleg Hirzwald (St. Georgen). Einen Campingplatz findet man in Furtwangen (www.michelhof-schwarzwald.de, Tel. 07723-7420), einen Wohnmobilstellplatz gibt es in Schonach (Parkplatz Obertal, www.schonach.de).

Windeckfelsen
Übersicht

Koordinaten	48°21'32''N
	08°24'38''E
Ausgangspunkt	Hornberg
Ausrichtung	S, W
Sonne	ab Mittag
Wandhöhe	10 - 20 m
Wandfuß	steiler Hang
Routenanzahl	19

Niveau		
1-5		8
6-7		11
8-11		

Wie im gesamten Mittleren Schwarzwald ist auch dieser Fels unter Wanderern bekannter als bei Kletterern. Dies war einst anders, als im Gebiet noch mehr Felsen beklettert wurden, wie z.B. der ebenfalls lohnende Schlossfels. Trotz der erst kürzlich erfolgten Sanierung und Nacherschließung wird man an den Einstiegen aber wohl selten Schlange stehen müssen. Für dünne Klettererwaden liegt der an eine Wanderung grenzende Zustieg wohl an der Schmerzgrenze.

Dafür liegen die plaisirmäßige Absicherung, die moderaten Schwierigkeiten und die Ausrichtung zur Sonne durchaus im Trend. Für Granit untypisch herrscht am Windeckfels nicht Reibungskletterei vor. Kurze steile Aufschwünge erfordern besonders in der Westwand auch Kraft. Leider bröselt der Fels in manchen Passagen, da er erst seit relativ kurzer Zeit nach einem Waldbrand freigestellt, saniert und gründlich nacherschlossen wurde. Einige der tollen neuen Routen von Stefan Wagenhals und Jens Münchberg sind dementsprechend eben noch wenig abgeklettert.

Vom überdachten Pavillon oberhalb des Felses hat man einen schönen Ausblick auf Hornberg mit seiner Burg und der berühmten Freilichtbühne, auf welcher im Sommer die Geschichte vom sprichwörtlichen „Hornberger Schießen" nachgespielt wird (siehe Seite 284).

■ Da oben soll eine *Schatzkiste* (4+) versteckt sein? Kurze Kletterei an der Oberen Südwand, links der Gipfel des Hauptfelsens.

Windeckfelsen
Übersicht

Anfahrt	Vom Hornberger Bahnhof der Franz-Schiele-Straße bergauf folgen bis zum Wanderparkplatz „Gesundbrunnen" (Grillstelle).
ÖPNV	Vom Hauptbahnhof Karlsruhe mit dem Regionalexpress Richtung Bodensee in 1 1/4 Stunden bis zum Bahnhof in Hornberg. Weiter zu Fuß (1,5 Std.) oder besser mit dem Fahrrad.
Zustieg	Vom Ende des Parkplatzes links auf dem breiten Forstweg aufwärts (ca. 1,4 km), bis dieser spitzwinklig auf einen geschotterten Forstweg trifft. Hier rechts, bis nach einer Links-Kurve links oben der Fels zu sehen ist. Ein Wanderweg (gelbe Raute auf weißem Grund) leitet direkt auf den Fels (25 bis 30 Min.). Alternativ vom Parkplatz auf dem Wanderweg (rot-blaue Raute auf gelbem Grund) bis zum geschotterten Forstweg (gute 10 Min. länger).

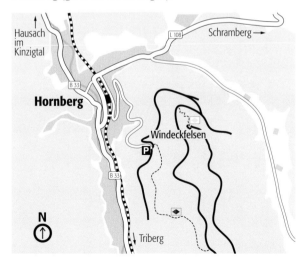

Abstieg	Umlenkhaken
Gestein/Felsstruktur	Fester, ausgewaschener griffiger Granit.
Schwierigkeit	Meist 5. und 6. Grad, in der Westwand auch schwerer.
Absicherung	Plaisirmäßig, Keile können zu Hause bleiben.
Kletterregelung	Magnesiaverbot. Das Betreten von bewachsenen Hangkanten ist verboten.
Gastrotipps Hornberg	Gasthaus Tannhäuser, mit Terrasse (Tel. 07833-316), Felsen Bistro (Tel. 07833-1656), Gasthaus Rößle, OT-Niederwasser, direkt an der B33, für die mit dem großen Hunger (Tel. 07833-392), Gasthaus Krokodil, mit schönem Biergarten (Tel. 07833-960160).

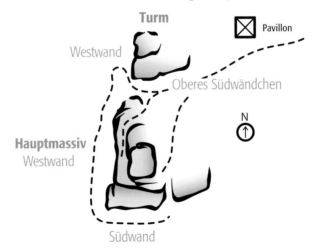

Turm

Pavillon

Westwand

Oberes Südwändchen

N

Hauptmassiv

Westwand

Südwand

1 **Holla die Waldfee** 7 J. Münchberg, S. Wagenhals
Klasse Linie durch die Wand des markanten SW-Turms.

2 Projekt Hornberger Kante ?
Auf jeden Fall: schwer!
  a Projekt ?
    Definitiv: schwerer!

3 **Verschneidung** 5
Wer noch nicht weiß, was „mantlen" bedeutet: Hier kann man es lernen.

4 **Schwarzwälderkirsch** 6- J. Münchberg, S. Wagenhals
Seltsame Kletterei entlang der Risskaminkante (... und auch drin).

5 **Goldbär** 5+ J. Münchberg, S. Wagenhals
Kurz und knackig. Mit Linkskurve zum Umlenker.

6 **Herz aus Stein** 6 J. Münchberg, S. Wagenhals
Steilstufen und Ruhepassagen im Wechsel.

7 **Große Mauer** 6+
Schlüsselstelle gleich nach dem ersten Haken und zum zweiten hin.

8 **Hornberger Bollenhut** 6 J. Münchberg, S. Wagenhals
Kontinuierlich steile Kletterei an guten Griffen, aber trotzdem anstrengend.

9 **Schweinegalopp** 6+ J. Münchberg, S. Wagenhals
Diffiziler als die Nachbarrouten, mit vielen Seitgriffen.

10 **Verschneidung** 5+
Der Klassiker an der Westwand.
  a **Spitzbube** 7 J. Münchberg, S. Wagenhals
    Irgendwie hat die rechte Einstiegsvariante was von Hallenkletterei.

◪ Kaum zu glauben, wie sich ein *Goldbär* (5+) verrenken kann.

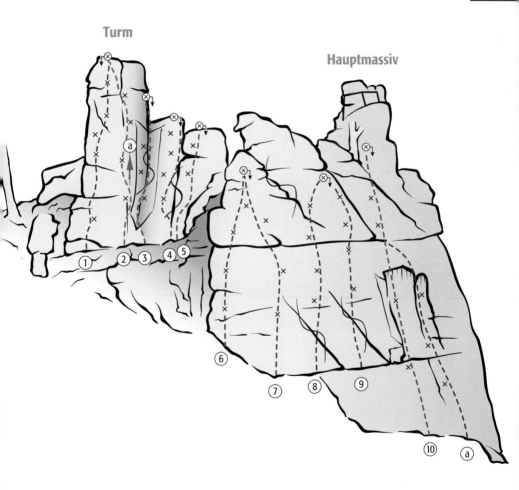

Turm

Hauptmassiv

Südwand des Hauptmassivs

11 **Der VFB und ich**   7/7+   J. Münchberg, S. Wagenhals
Die kompakte senkrechte Schlusswand nach dem ersten Umlenkhaken legt noch einen Scheit auf.

12 **Kristall**   6-   J. Münchberg, S. Wagenhals
Abwechslungsreich, homogen und manchmal muss man erst schauen. Super.

13 **Rock around the clock**   7-   J. Münchberg, S. Wagenhals
An den zwei tüfteligen Reibungsstellen holt man etwas seitlich aus.

14 **Hornberger Pussyclub**   5+   J. Münchberg, S. Wagenhals
Das warm-up in der Wand. Bis zur ersten Umlenkung gemütlicher Genuss.

15 **Waldkindergarten**   3+   J. Münchberg, S. Wagenhals
Gemütliche, perfekt abgesicherte Kinderkletterei rechts der Schrofenrinne.

16 **Kleine Nachtmusik**   3-   J. Münchberg, S. Wagenhals
dito.

Oberes Südwändchen

17 **Riss**   7   J. Münchberg, S. Wagenhals
Unbedingt Keile.

18 **Schatzkiste**   4+   J. Münchberg, S. Wagenhals
Kurze Kletterei an der Nordostseite des Turms. Schöne Piazerei.

19 **A ronds Glump**   5   J. Münchberg, S. Wagenhals
In der Tat ist die Risskante verdammt rund. Der Direkteinstieg *Hosenscheißer* liegt bei 7-.

„Das ging ja mal wieder aus wie das **Hornberger Schießen**" – ein Spruch der Weltberühmtheit erlangt hat. Gemeint sind damit Angelegenheiten, die mit großem Getöse angekündigt werden und ohne Ergebnis verlaufen. Die zugrunde liegende Begebenheit wird alljährlich von Hornberger Laienschauspielern auf der Freilichtbühne nachgespielt. Der Legende nach war im Jahre 1564 der Herzog Christoph von Württemberg zu Besuch angemeldet. Dieser sollte gebührend mit Salutsalven aus den Kanonen empfangen werden. Als das Zeichen vom Wachturm gegeben wird, donnert es aus allen Rohren. Erst später merkte man, dass die Staubwolke am Horizont von einer gewöhnlichen Postkutsche aufgewirbelt wurde. Gleiches passierte dann noch mit einem Krämerkarren und einer Rinderherde, die auf die Stadt zukamen. Beim Eintreffen des Herzogs war dann alles Pulver verschossen. Nur eine von vielen Varianten der Geschichte.

Oberes Südwändchen

Südwand des Hauptmassivs

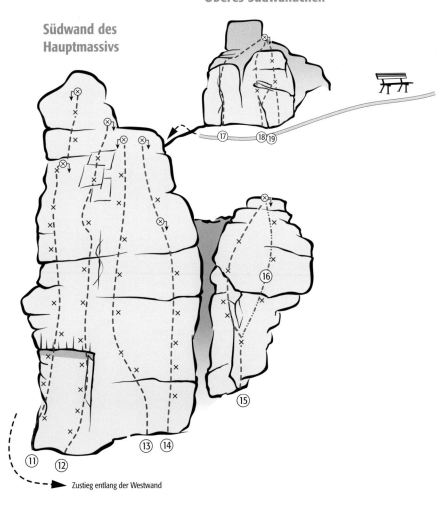

Zustieg entlang der Westwand

Hornberger Platte (Piff-Paff)
Übersicht

Koordinaten	48°11'46"N
	08°13'51"E
Ausgangspunkt	Hornberg
Ausrichtung	SO
Sonne	ab frühen Mittag
Wandhöhe	35 m
Wandfuß	steiler Hang + Terrassen
Routenanzahl	8 (bis jetzt)

Niveau		
1-5		6
6-7		2
8-11		

Was an der Hornberger Platte angesagt ist, steckt schon im Namen: Plattenkletterei, und zwar von der genüsslichen Sorte. Zumindest in der geneigten unteren Hälfte. Darüber steilt sich die Wand dann deutlich auf und schwierigkeitsmäßig müssen sofort ein, zwei Schippen draufgelegt werden.

Die Platte liegt logistisch eigentlich perfekt über dem Hornberger Schwimmbad. Nicht weit entfernt ist auch die Familienbrauerei Ketterer. Dort fließt aus einem Hahn das Mineralwasser „Hornberger Lebensquell", und im Rampenverkauf gibt es das Herzhopfenbier so frisch wie nirgendwo sonst. Was will man mehr? Routen vielleicht, denn zum Zeitpunkt der Drucklegung können wir euch nur ein halbes Dutzend anbieten. Doch das Potential ist vorhanden und die Erschließer eifrig am Werk. Dabei kann der Kletterbetrieb beeinträchtigt werden oder an einzelnen Tagen auch gar nicht möglich sein.

Und wenn auf dem Trail-Gelände des MSC-Hornberg unterhalb der Platte im Frühjahr überregionale Meisterschaften stattfinden (meist am ersten Maiwochenende), kann ebenfalls nicht geklettert werden. Übrigens: Die Fahrrad-Trial-Fahrer waren vor den Kletterern hier – respektiert deren Gelände und benutzt exakt den beschriebenen Zustiegsweg.

■ Martin Kramer auf den letzten Metern der 2. Seillänge von Nr 3 (6-).

Hornberger Platte (Piff-Paff)
Übersicht

Anfahrt	In Hornberg auf der B33 Richtung Triberg. Kurz vor dem Betriebsgelände des Autohaus Aberle rechts einbiegen und gegenüber des Firmengebäudes auf dem Parkplatz - mit Rücksicht auf andere Verkehrsteilnehmer - parken.
ÖPNV	Vom Hauptbahnhof Karlsruhe mit dem Regionalexpress Richtung Bodensee in 1 1/4 Stunden bis zum Bahnhof in Hornberg. Weiter zu Fuß oder besser mit dem Fahrrad Richtung Freibad.
Zustieg	Links neben dem Betriebsgelände des Autohaus Aberle führt ein kleiner Pfad in Richtung Freibad (Schild). Erst geht es über eine kleine Brücke und dann überquert man einen Schotterplatz (links Tennisplatz, recht Fußballplatz). Am Ende des Platzes an der Straße angekommen führt ein Forstweg (meist mit einem Tor versperrt) parallel zur Straße den Hang hinauf. Diesem folgt man bis zum Bauhoflager. Direkt am Anfang des Geländes nach rechts zwischen den Felsen durch zum Einstieg der Wand.
Abstieg	An Umlenkhaken abseilen.
Gestein/Felsstruktur	Fester, plattiger Granit.
Schwierigkeit	Im plattigen unteren Teil leichter, im oberen Teil, wo sich die Wand aufsteilt, schwerer.
Absicherung	Plaisirmäßig, Keile können zu Hause bleiben.
Kletterregelung	Kletterverbot bei MSC-Wettkämpfen. Aushänge beachten.
Gastrotipps Hornberg	Gasthaus Tannhäuser, mit Terrasse (Tel. 07833-316), Felsen Bistro (Tel. 07833-1656), im OT-Niederwasser direkt an der B33 das Gasthaus Rößle (Tel. 07833-392) und für die mit dem großen Hunger das Gasthaus Krokodil mit schönem Biergarten (Tel. 07833-960160).

■ Potenzial ohne Ende, wir sind gespannt.

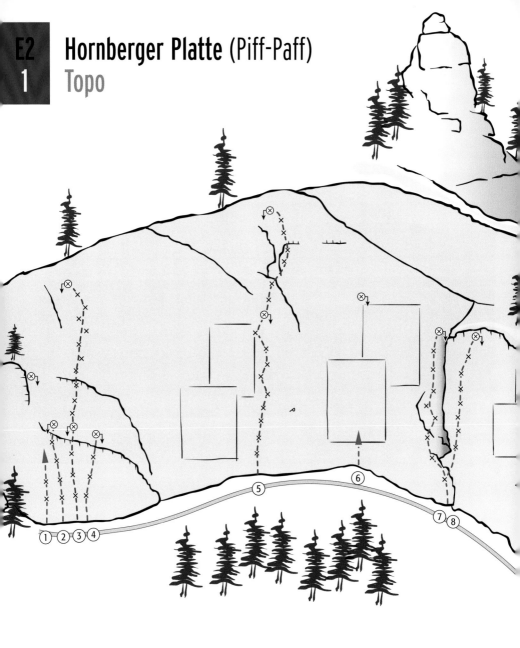

1 **Verschneidung** 5/5+

2 **–** 5/5+
Das Richtige um die Hornberger Platte kennenzulernen.

3 **–** 6-
Interessante Platte mit Leisten.

4 **–** 5/5+
Kurze Kletterei auf das Band.

5 **Hornberger Weg** 6+
1. SL 6-, schwierig gleich zu Beginn, 2. SL 6+ mit überhangartiger Schlüsselstelle kurz vor dem Ende. Mit 70 m-Seil auch im Toprope zu klettern.

6 **Fix und Fertig** 5
Direkter Weg durch die Platten.

7 **Verschneidung** 5-
Teilweise noch erdig mit vielen Variationsmöglichkeiten.

8 **–** 5/5+
Schöne Tour.

Teufelsfelsen
Übersicht

Koordinaten	48°09' 55'' N
	08°15' 12'' E
Ausgangspunkt	Gremmelsbach
Ausrichtung	O, S, W
Sonne	ab Vormittag
Wandhöhe	15 - 30 m
Wandfuß	gestufte Felsabsätze
Routenanzahl	54
Niveau	

1-5	19
6-7	31
8-11	4

Wer hier nicht lernt auf Reibung zu stehen, der lernt es nimmer mehr. Seit den 1940er Jahren schleichen Kletterer über die grobkörnigen Granitplatten des Teufelsfelsen. Erst recht holprig mit ihren klobigen Bergstiefeln, später mit den Slicks zunehmend eleganter. Wer zum ersten Mal hier klettert, sollte nicht gleich am persönlichen Limit einsteigen, sondern sich langsam an den rauhen Granit rantasten.

Mehrere Erschließungs- und Sanierungswellen rollten über das Gebiet und veränderten Art und Weise der Kletterei. Derzeit zeigt sich vor allem Martin Kramer für die Betreuung verantwortlich. Ihm sind auch viele neue Haken zur Zwischensicherung und an den Standplätzen zu verdanken sowie Wegebau- und Routenpflegemaßnahmen.

Ein Besuch des überwiegend süd- und südwestseitig exponierten Teufelsfelsen bietet sich vor allem in den Übergangszeiten an. In heißen Sommermonaten sorgt die Wärmespeicherkapazität des Granits eher für unangenehm schwitzige Finger, und die rundlichen, sloprigen Strukturen zu halten wird schwieriger.

In allerjüngster Zeit wurden in den Routen „Spannweite" und „Teufelswampe" geschlagene Griffe entdeckt. Hier hat wohl jemand den Begriff Trainig falsch interpretiert: Mit dem Fäustel auf einen Meisel klopfen mag zwar auch anstrengend sein, ist aber absolut nicht das, was man machen muss, wenn man einer Route (noch) nicht gewachsen ist.

■ Mit Wolfgang Zuckschwerdts *Spannweite* passt 7+. Wer kleiner ist, muss mehr tun.

E3
Ü

Teufelsfelsen
Übersicht

Anfahrt	Von der B33 Hornberg – Triberg nach Osten Richtung Gremmelsbach abzweigen. An der Bushaltestelle Kohlplatz (Glascontainer) scharf links abbiegen in die Leutschenbacherstraße Richtung Oberrötenbach. Der Straße durch den Wald ca. 1,5 km bis zu den ersten Häusern folgen. An einer markanten Verzweigung mit Bushäuschen parken. Wichtig: Gasse für Rettungsfahrzeuge frei halten!
ÖPNV	Vom Bahnhof Triberg ist der Fels nur mühsam mit Bussen zu erreichen. Besser ein Fahrrad mitnehmen.
Zustieg	Zu Fuß der Straße zum Unter-Rötenbachhof folgen und hinter dem Hof auf dem erst an- später absteigenden Forstweg zum Felsen (knappe 10 min.).
Abstieg	Abseilen (Achtung: häufig ordentliche Seilreibung). Standplätze mit 2 Haken und Kette. Das Gipfelkreuz sollte nicht zum Sichern oder Abseilen verwendet werden!
Gestein/Felsstruktur	Sehr rauher, grobkörniger Triberger Hauptgranit mit guter Reibung.

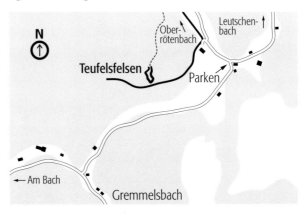

Historisches

Immer wieder zog der Teufelsfels Kletterer in seinen Bann, erlebte einen Boom und geriet dann wieder in Vergessenheit. Die heute klassischen Teufelsfelsen-Touren stammen aus der Nachkriegszeit, aus den Jahren 1949 bis ca. 1955. Diverse Brüder und Vettern aus dem Clan der Bronners, welche sich bereits vor dem Zweiten Weltkrieg an den Felsen um Triberg und Hornberg verewigt hatten, zeichnen dafür verantwortlich.

Zu Beginn der 1960er Jahre übernahm dann Alfons Haas aus Lauterbach den Posten des Hausmeisters. Erste Sanierungen und etliche Neutouren gehen auf sein Konto.

Nach einer langen Zeit geringen Interesses an den Felsen des Mittleren Schwarzwalds übernahmen Wolfgang Zuckschwerdt und Günter Blum aus St. Georgen 1980 den Staffelstab und gaben in fast 10 Jahre lang nicht mehr her. Alte Routen wurden mit Bohrhaken abgesichert, viele neue Wege erstbegangen – im Stil der frühen Freikletterrenaissance mit für heutige Verhältnisse recht wenig fixem Material.

Nach einer erneuten langen Pause, während der auch der Teufelsfels nur wenig besucht wurde, nahm sich Martin Kramer des Massivs an. Seit 2004 hob er den Absicherungsstandard auf ein zeitgemäßes Niveau und hinterließ natürlich auch einige Neutouren und Varianten. Inzwischen teilweise schon zum Plaisirgebiet gewandelt, lohnt sich ein Besuch jetzt auch für furchtsamere Kletterer.

Schwierigkeit	Großes Routenangebot in den mittleren und unteren Graden. Das Testpiece verlangt den unteren 9. Grad.
Absicherung	Teilweise sitzt der erste Haken hoch bzw. zum Umlenker hat man öfter einen runout. Insgesamt sind aber alle Routen gut mit Bohrhaken gesichert. Ein Bündel Klemmkeile zur zusätzlichen Absicherung empfiehlt sich evtl. dennoch. Alte Technorouten wurden so saniert, dass sie immer noch A0 geklettert werden können. Teilweise stecken noch die alten Haken.
Kletterregelung	Der Fels liegt in einem Naturschutzgebiet. Wir bitten um entsprechend sensibles Verhalten. Z.B. sollte man unbedingt nur die augetretenen Pfade benutzen.
Gastrotipps	Landgasthof Berghof, Leutschenbach (Tel. 07722-6873).

1 **Rampe**   5+   W. Zuckschwerdt
Vor dem ersten Haken kann ein Stopper gelegt werden.

2 **Bollenweg**   7
Wer sucht, der findet auch den guten, aber leider häufig feuchten Griff.

3 **Flashdance** (Vallasterpfeiler)   7-
Super Route, wenn man nur nicht im leichten Ausstieg die Nerven verliert.

4 **Verschneidung**   6-   Bronner
Früher Klassiker mit zwei Ausstiegsmöglichkeiten – schöner ist die rechte.

5 **Kreuzweg**   7   Rottmaier 1982
Bis auf einen der verschandelnden geschlagenen Griffe schon frei geklettert.

6 **D'Schuppe**   5+
Das Reibungstestpiece: Wer hier locker tänzelt, kann größeres ins Auge fassen.

7 **Schlingenweg**   6+   Haas
Die erste Tour, die frei geklettert wurde, trotz alter Absicherung.
     a **Supertramp**   7- oder verm. 8   W. Zuckschwerdt

8 **Sisyphus**   7+   W. Zuckschwerdt 1984
Die Sportklettertour schlechthin.
     a **Highlander**   8   M. Kramer 2013
        Drei Haken gemeinsam mit Sisyphus.

9 **Wandbuch**   4+   Bronner
Einer der ersten Wege am Fels. Für kleinere Zeitgenossen etwas schwerer.
     a **Direkter Ausstieg**   W. Zuckschwerdt
        Der nachträgliche zweite Haken hilft über das nicht ganz so feste Gestein.
     b **Direktvariante**   7-
        Interessanter Ausstieg. Wer zu klein ist, muss in der Trickkiste nachschauen.

10 **Nebem Wandbuch**   5   Haas
Steile Riss- und Verschneidungskletterei. In Verbindung mit 9b ideal gerade.

11 **Oberer Plattenweg**   4   Bronner
Die Einsteigerroute im Sektor. Für den Namen wenig Plattenkletterei.
     a **Altherrenweg**   6+   M. Kramer 2010
        Verbindet den *Oberen Plattenweg* mit *Nebem Wandbuch*, noch besser mit ...
     b **Im Westen nichts Neues**   7+   M. Kramer 2010
        Eigentlich eine Ausstiegsvariante zu *Nebem Wandbuch*. Nach hinten ausspreizen
        machts leichter (6+).

■ Die bizarr eingebackene Trittleiste kurz vor dem Ausstieg in den Wald.

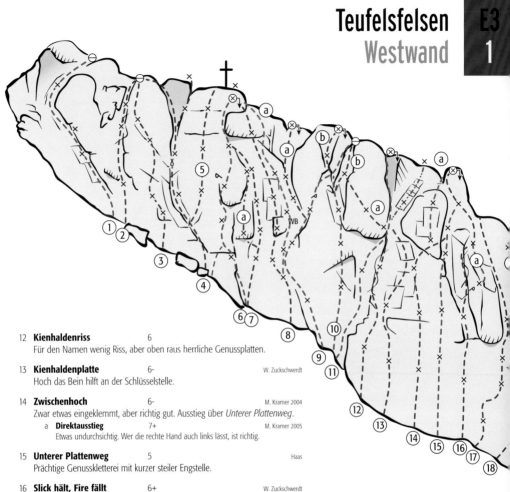

12 **Kienhaldenriss**   6
Für den Namen wenig Riss, aber oben raus herrliche Genussplatten.

13 **Kienhaldenplatte**   6-   W. Zuckschwerdt
Hoch das Bein hilft an der Schlüsselstelle.

14 **Zwischenhoch**   6-   M. Kramer 2004
Zwar etwas eingeklemmt, aber richtig gut. Ausstieg über *Unterer Plattenweg*.
  a **Direktausstieg**   7+   M. Kramer 2005
  Etwas undurchsichtig. Wer die rechte Hand auch links lässt, ist richtig.

15 **Unterer Plattenweg**   5   Haas
Prächtige Genusskletterei mit kurzer steiler Engstelle.

16 **Slick hält, Fire fällt**   6+   W. Zuckschwerdt
Klassische Rissverschneidung.
  a **Ausstiegsquerung**   5+   verm. M. Kramer
  Verlässt die Rissverschneidung bei der markanten rechts stehenden Schuppe.

17 **Emanzenweg**   7
Alte Kaminroute, die frei geklettert nicht zu unterschätzen ist.

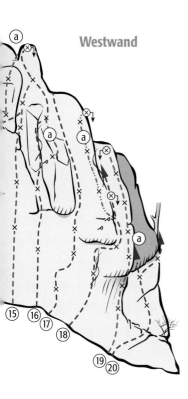

Westwand

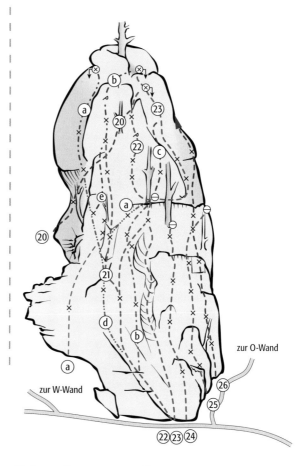

Südwand

zur O-Wand

zur W-Wand

18 **Spannweite**   7+   W. Zuckschwerdt 1984
Der Name ist Programm. Wer nicht genügend hat, kommt erst gar nicht an die
Dachkante, und wem`s reicht, der muss feste die Tür zuhalten.
- a **Direktvariante**   8   W. Zuckschwerdt 1996
Nachträglicher Ausstieg zur *Spannweite*, bietet richtig luftige Reibungskletterei.
- b **Traverse**   A1   Bronner
Aus der alten Techno-Zeit, Originalhaken sind nur noch z.T. vorhanden.

19 **Teufelswampe**   8+   W. Zuckschwerdt 1996
Zur Zeit das Schwerste am Fels. Wer das Gestein nicht gewohnt ist, wird das
Teil vielleicht auch härter empfinden als 8+.

20 **Lauterbacher Weg**   6-   Haas
Klassiker aus alten Zeiten. Einstieg auf der Südseite.
    a   **Lauterbacher Kamin**   7-   Haas
       Heikle Querung in den Kamin.
    b   **Maneater**   6   W. Zuckschwerdt
       Kurze Variante über den plattigen Bauch.

21 **Südwand**   5   R. Rosenfelder, W. Zuckschwerdt 1983
In Verbindung mit 20b ideale Linie. Wird zum Gipfel hin sukzessive schwerer.
    a   **Verbindung**   5   Haas
       Verbindet den *Südwand*-Einstieg homogen mit dem Ausstieg der *Südwestwand*.

22 **Südwestwand**   5+   G. Blum, W. Zuckschwerdt
Die Wand über dem Zwischenstand sieht schwieriger aus, als sie ist.
    a   **Quergefragt**   5+
    b   **... mit 66 Jahren**   5   F. Schreib, M. Dold, M. Kramer 2013
       Haken auch für *Alte Südwand* zu nutzen.
    c   **Variante**   7-   G. Blum, W. Zuckschwerdt
       Leider viel zu kurz. Nette Leistenziecherei.
    d   **Einstieg**   5-
       Zustiegsvariante zu *Lauterbacher Kamin* oder *Gemmelsbacher Kante*.
    e   **Gemmelsbacher Kante**   6   F. Schreib, M. Dold, M. Kramer 2013
       Kante direkt, vorher eher links.

23 **Alte Südwand**   3+   Haas
Mehr oder weniger ungesichert durch die S-förmig geschwungene Aus-
waschung zum Stand. Oben versteckt sich rechts ums Eck ein feiner Piazriss.

24 **Neue Südwand**   4-
Prima gesichert. Die insgesamt einfachste erste Seillänge. Der dritte Bohrhaken
ist etwas versteckt und taucht erst während des Kletterns auf.

25 **Am Achim muss man helfen**   4-
Gut gesichert.

26 **Renaissance**   5 bis 6
Mix aus mehreren alten Routen. Die Schwierigkeit hängt von der Direktheit
der Linie ab.

Steffen Schmid in den ersten Metern
der *Südwestwand* (5+).

27 Sommertraum 7- G. Blum, W. Zuckschwerdt 1983
Leider oft und lange nass.

28 La goht scho 6+ R. Dufner
Der Name wird an der Schlüsselstelle schnell klar.

29 Ostwand 6- Haas
Klassiker mit etwas komplizierter Linie. Aber der Weg des geringsten Widerstands geht eben selten geradeaus hoch.

30 Ostwandschleife 8 W. Zuckschwerdt
Bis zum 3. BH immer schön brav in der Wand bleiben. Erst dann leicht links.

31 Satisfaction 7+ W. Zuckschwerdt 1985
Kurz und knackig, nicht nur Reibung wird verlangt. Aber auch.

32 Oh Ostwand 5+ M. Kramer, B. Rosentreter 2009
Verschneidung spreizen, Platte schleichen, Dächle ziehen – alles drin.

33 7 up 7 (rest 5+) M. Kramer, B. Rosentreter 2009
Prima Plattenkletterei mit inhomogen schwerem Einstiegsboulder.

34 Allerlei Rau 5 (6+, wenn ganz hoch) B. Rosentreter, M. Kramer 2010
Zum zweiten Bolt etwas weit und am letzten Haken kurz auf nichts antreten.

35 Trinity 4 (6, wenn oben rechts)
Leicht in geneigtem Gelände zum Gipfel.

36 Morpheus 4+/5
Gleichgewichts und Reibungsproblem. Vom Band zwei weitere Varianten: direkt 7+, über Aufschwung 6+.
> a **Agent Smith** 6-
> Hier kommt es auf die richtige Gummimischung an.

37 Neo 5+/6-
Auf Reibung in geneigtem Gelände. Kurz vor Schluss am schwersten.

■ Dome Schmid in dem *Ostwand* (6-) Klassiker.

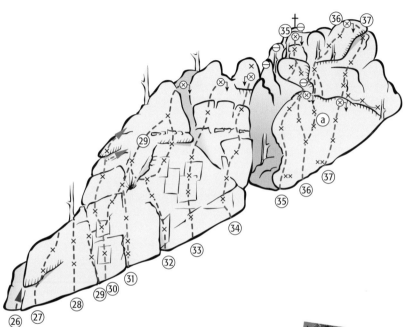

Schwenninger Hütte
Übersicht

Koordinaten	48°06′35″ N
Heidenstein	08°15′39″ E
Koordinaten	48°07′01″ N
Dromedar	08°15′16″ E
Koordinaten	48°06′24″ N
Lägerfelsen	08°15′52″ E
Ausgangspunkt	Triberg-OT Nußbach
Ausrichtung	SW, N
Sonne	kaum
Wandhöhe	10 - 20 m
Wandfuß	Relativ gutmütig
Routenanzahl	36
Niveau	

1-5   23
6-7   13
8-11

Schwarzwaldidylle pur im Hintertal. Drei Felsen verstecken sich um die Schwenninger Hütte, wobei derzeit nur der Heidenstein und das Dromedar zum Klettern zu empfehlen sind. Der Lägerfels ist infrastrukturell in einem eher erbärmlichen Zustand. Das Besondere an den drei Felsen ist das Gestein – wer kann von sich schon behaupten, je an Porphyrtuff aus dem Rotliegenden geklettert zu sein?

Und dass dieses Gestein hervorragend zum Klettern geeignet ist, davon kann man sich am Heidenstein überzeugen. Vor allem im Sommer und Herbst bietet es sich an, diesen schattigen Waldfels aufzusuchen. Trotz der südseitigen Lage ist es hier an heißen Tagen angenehm kühl. Nachteil des dichten Waldbewuchses – der Fels bleibt nach Regen lange Zeit nass! Trotz der Steilheit liegen die meisten Touren in den unteren und mittleren Graden. Die gute Absicherung, die nahe Schwenninger Hütte und seine Familientauglichkeit sind weitere Pluspunkte des Heidensteins. Das leicht zu besteigende Dromedar ist eine nette Alternative für Kletterfamilien, denen etwas Ruhe eine halbe Stunde Zustieg wert ist.

Noch ein Wort zu den Sanierungswellen. Da man am Heidenstein fast überall klettern kann, haben sich die Routenverläufe über die Jahrzehnte häufig geändert. Manche Linien sind in Vergessenheit geraten, andere wurden in ihrem Verlauf und Charakter verändert. Der heutige Status Quo ist der eines Traditionsklettergebiets mit moderner Absicherung.

■ Das Dromedar liegt ganz brav direkt am Weg.

Schwenninger Hütte
Übersicht

Anfahrt	Von Triberg auf der B33 in den Ortsteil Nußbach (Richtung St. Georgen). An der Ampel zur Kirche hinunter und immer weiter auf der Hintertalstraße hinein ins Hintertal. Nach einem kurzen Waldstück erreicht man die Schwenninger Hütte (links der Straße) und parkt rechts auf dem breiten Forstweg.
ÖPNV	Von Bushaltestelle Nußbach „Römischer Kaiser" nur in ca. einstündigem Fußmarsch zu erreichen.
Zustieg	**Heidenstein:** Vom Parkplatz in wenigen Minuten auf Trampelpfad links hinauf zum Wandfuß.
	Dromedar: Auf dem Forstweg weiter (bei Gabelung geradeaus halten und auf nahezu gleicher Höhe bleiben; an einzelnem Schwarzwaldhaus vorbei), bis das Höckertier nach etwa 25 min. überraschend links des Forstwegs auftaucht.
	Lägerfelsen: Hinter der Schwenninger Hütte dem Wanderweg mit Edelweißmarkierung über steile Stufen folgen, bis er spürbar flacher wird weiter bis er wieder steiler ansteigt. Vor der Hangquerung nach links gehen Trittspuren nach rechts auf einen Holzrückeweg. Diesem weiter folgen bis links oben immer mehr Felsen sichtbar werden. Unterhalb des gut sichtbaren Lägerfels führen Trittspuren an den Wandfuss. Von dort kann zum Neujahrswändle gequert werden.
Abstieg	Umlenken bzw. abseilen. Am Heidenstein kann man vom Ausstieg der Routen im ganz linken Bereich über Trittspuren zum Felsfuß absteigen.
Gestein/Felsstruktur	Sehr griffiger verkieselter Porphyrtuff mit sowohl runden Strukturen (verkieselt) als auch kantigen Bruchstrukturen.
Schwierigkeit	Überwiegend 3. bis 5. Grad.

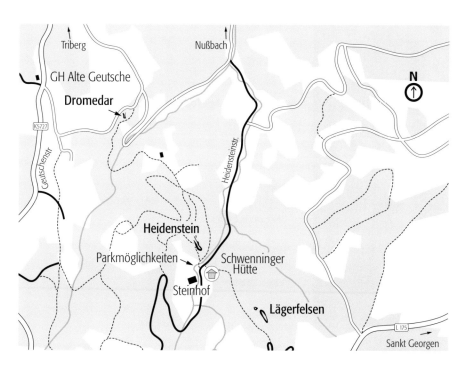

Absicherung	Recht gut mit Bühlern und Bohrhaken. Die BH sitzen leider nicht immer ideal. Abseilen an Umlenkhaken.
Kletterregelung	Keine Besonderheiten.
Gastrotipps	Triberg: Pizzeria Pinocchio (Tel. 07722-4424), im OT-Gremmelsbach Gasthaus Rössle (Tel. 07722-4353), im OT-Nußbach Gasthaus Krone (Tel. 07722-6170). Furtwangen: Gasthaus Bad (Tel. 07723-2992). Schonach: Gasthaus zur Wilhelmshöhe, gut und reichlich zu Essen (Tel. 07722-3293).

1 **Ebner-Weg** 3+
Route im Grenzbereich zwischen Fels und Wald, 4BH.

2 **Kinderweg** 4-
Toll, dass sich die steile Wand so leicht klettern lässt. Crux gleich am 1. BH.

3 **Querung** 4+
Zwar logisch, aber da man immer jemanden stört, eher selten begangen.

4 **Doppelüberhang** 5+ vermutlich aus den 60er-Jahren
Nicht vom ersten Überhang einschüchtern lassen, er bietet große, gute Griffe.

5 **Hängender Riss** 5
Oben raus weiter runout.

6 **Direkte Nase** 5+
An der Nase hält man sich an der rechten Kante, dann passt 5+ tatsächlich.

7 **Überhang mit Platte** 6+ 80er Jahre
An der Schlüsselstelle logischer Linksschlenker.

8 **Jonaskante** 6 M. Kramer, 2004
Rechtshaltend über den Überhang und weiter der Kante entlang.

9 **Schluchtüberhang** 5-
Nur für Große 5-! Kinder erreichen den Griff an der Schlüsselstelle evtl. nicht.

10 **Niklasweg** 5+ M. Kramer, 2004
Erst durch eine Putzaktion wiedergefundener Weg.

11 **Rechte Plattenwand** 4+
In der geneigten oberen Platte lange runouts.

12 **Prinz** 5+ M. Kramer, 2005
Mutet etwas grün an, aber alles was man braucht ist blitzeblank.

13 **Dornröschen** 6- M. Kramer, 2005
Abwechslungsreiche Kletterei. Weite freie Strecke zum Umlenker, evtl. Keile.

14 **Flechtenwand** 6+ vermutlich technisch aus den 60er Jahren, spätestens 1997
Inzwischen besser abgesichert, aber immer noch luftige Tour.

▪ An der *Kante* (6- bis 7) darf sich jeder die Schwierigkeit selber raus suchen.

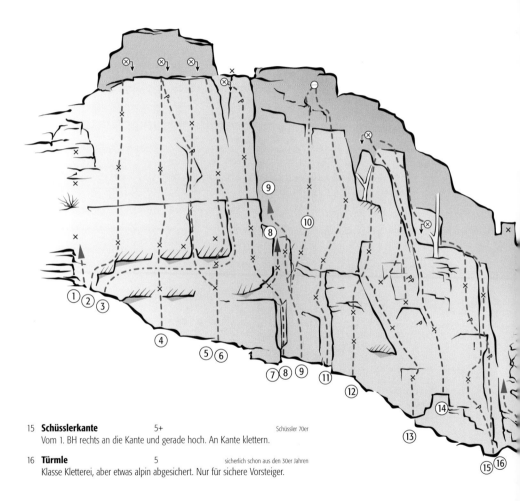

15 **Schüsslerkante**   5+   Schüssler 70er
Vom 1. BH rechts an die Kante und gerade hoch. An Kante klettern.

16 **Türmle**   5   sicherlich schon aus den 30er Jahren
Klasse Kletterei, aber etwas alpin abgesichert. Nur für sichere Vorsteiger.

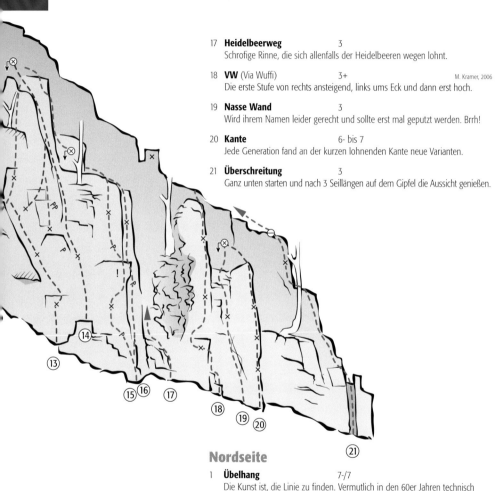

17 Heidelbeerweg   3
Schrofige Rinne, die sich allenfalls der Heidelbeeren wegen lohnt.

18 VW (Via Wuffi)   3+   M. Kramer, 2006
Die erste Stufe von rechts ansteigend, links ums Eck und dann erst hoch.

19 Nasse Wand   3
Wird ihrem Namen leider gerecht und sollte erst mal geputzt werden. Brrh!

20 Kante   6- bis 7
Jede Generation fand an der kurzen lohnenden Kante neue Varianten.

21 Überschreitung   3
Ganz unten starten und nach 3 Seillängen auf dem Gipfel die Aussicht genießen.

Nordseite

1 Übelhang   7-/7
Die Kunst ist, die Linie zu finden. Vermutlich in den 60er Jahren technisch geklettert (A1) und in den 80er/90er Jahren saniert und rotpunkt geklettert.

2 Schwerkraft vs mehr Kraft   7   M. Kramer, 2006
Rechter Ausstieg. 2006 saniert und im Ausstiegsbereich kräftig geputzt.

1 **Alte Route** 5
Recht bemoost und nicht so dolle gesichert.

2 **Südwestwand** 4+
Schöne Wandkletterei auf den Grat.

3 **Tafelweg** 5+
Recht homogene Route, die dann am letzten Haken am schwierigsten ist.

4 **Talkante** 5-
Logische Linie entlang der Talkante, am Ausstieg eher nordseitig halten.

5 **Nordwand** ?
Total vermooste Hakenspielerei.

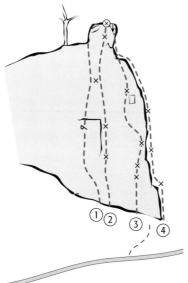

von der Schwenninger Hütte

◼ Schwarzwaldidylle pur im Umland der Schwenninger Hütte.

Lägerfelsen
Neujahrswändle

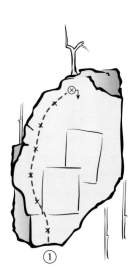

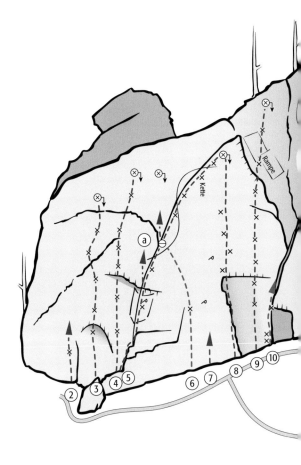

Im Neujahrswändle sind noch weitere Touren geplant. Der Fels gibt es auf jeden Fall her.

1 **Neujahrswändle** 6+
Super Tour.

2 **Affenkotze** ?
Es steckt nur der erste BH mit Projektschlinge, der Rest ist komplett vermoost und verdreckt.

zu Route
14 und 15

3 Projekt   6--
   Relativ sauber.

4 Projekt   6+
   dito

5 **Großer Quergang**   7
   Sehr alte Route, wurde mit BH vor Jahren saniert.
   a **Linker Ausstieg**   6
      Projekt

6 **Direkteinstieg**   5
   Wird vielleicht noch bis zum Umlenker verlängert.

7 **–**   ?
   Alte Route mit altem Material.

8 **–**   7+
   Alte Route mit alten Haken.

9 **Ab Montag gibt es Zucchini**   7-
   Gut kletterbar.

10 **Grüne Verschneidung**   ?
   Es steckt nur der erste BH mit Projektschlinge, der Rest ist komplett vermoost
   und verdreckt.

11 **Ausflug ins Nirwana**   6
   Gut kletterbar.

12 **Ich kann Dich nicht mehr halten Dieter**   6+
   Super gesichert.
   a **Linker Einstieg**   6+

13 **Revolution der Tannenbäume** 3+
   Gut um den Fels kennenzulernen.

14 **A-Hörnchen**   5+
   Relativ sauber

15 **B-Hörnchen**   3+
   Schmutzige Rampe

Weltweit steht der Bollenhut als Symbol für den Schwarzwald. Im nur wenige Kilometer nordwestlich von Schramberg gelegenen Kinzigtal hat er seine Herkunft. So wenig modern, wie dieser eigenartige Kopfschmuck waren bis vor wenigen Jahren auch die Klettergebiete. Doch damit ist jetzt Schluss.

An den steilen Hängen der tief eingeschnittenen Täler finden sich viele kleinere Felsformationen, von denen leider nur wenige zum Klettern frei gegeben sind, und selbst die erlaubten Felsen wurden lange Zeit nur wenig begangen. Vermutlich wegen der Konkurrenz der großen, von Freiburg aus schnell erreichbaren Schwarzwaldgebiete im Westen und dem Topklettergebiet des „Oberen Donautals" im Osten.

Diese geografische Abgeschiedenheit mag ihren Teil zu diesem Umstand beigetragen haben - andererseits aber auch dazu geführt haben, dass man sich in den letzten Jahren die heimischen Felsen dann doch genauer angeschaut hat. Und was dabei herausgekommen ist, kann sich sehen lassen. Die Ruine Falkenstein und der Lauterbacher Kreuzfels kommen inzwischen alles andere als altbacken daher und präsentieren sich als moderne Sportkletterfelsen mit Plaisircharakter, wie man sie in dieser Form und Konsequenz in Baden-Württemberg kaum mehr findet.

Geboten werden abwechslungsreiche Granitkletterein mit allem, was Urgestein zu bieten hat: Risse zum kraftvollen Piazen, Verschneidungen zum eleganten Spreizen und grifflose Platten zum diffizilen Hochschleichen.

◪ Einstiegsmarkierung an der Ruine Falkenstein.

■ Tobias Reinke fährt *Locker vom Hocker* (6) am Mühlefels alles aus, was er hat.

Schramberg
Übersicht

Anfahrt	Von der A 81 in westlicher Richtung über die B462 über Dunningen, Oberreute nach Schramberg. Von der Rheintalautobahn A5 am Besten bei Offenburg durch das Kinzigtal (B33 später B500) nach Schiltach und weiter auf der B 462 nach Süden.
ÖPNV	Vom Bahnhof in Oberndorf am Neckar mit der Buslinie 7477 in ca. 2 Stunden nach Schramberg. Bis auf den Burbachfels sind die Felsen von Schramberg aus gut mit dem Bus zu erreichen. Eine Übersicht über das Busliniennetz in der Region Schramberg erhält man unter www.suedbadenbus.de.
Karte	Topografische Karte des LVA Baden-Württemberg, Blatt 7716 Schramberg & Blatt 7816 St. Georgen, 1:25 000
Übernachtung	Campinplatz Schiltach (Tel. +49 7836 7289 | www.campingplatz-schiltach.de
Gastrotipps	Gasthof Schlossberg in Schramberg (auch Übern.) Burgstüble in Burgruine Hohenschramberg (auch Übernachtungen | www.burgstueble-schramberg.de) Hinterholzstube (www.hinterholzstube.de) Cafe & Bar Majolika (www.cafebarmajolika.de)

Burbachfels

Warum? – keiner weiß es! Der Burbachfels ist zwar gemäß der Allgemeinverfügung des LRA Rottweil von 1994 für das Klettern freigegeben, Begehungsspuren sind aber nicht sichtbar. Das stark gegliederte Massiv mit immerhin bis zu 30 Metern Wandhöhe, weist nur wenige kletterbare Wandbereiche auf. Deswegen wird auf eine genauere Beschreibung verzichtet. Für Unentwegte hier die Koordinaten (48°16`26``N | 08°21`44``E). Eine Zugangsbeschreibung gibt es im dav-felsinfo.de. Einschränkungen: Zeitliche Sperrung wegen Vogelschutz jährlich bis 30.06. Generelles Ausstiegsverbot. Zugang nur über den oberhalb des Felsens verlaufenden Waldweg.

Freudenstadt
Schiltach
Freudenstadt
Wolfach
Burbachfels
Aichhalden
Oberndorf a.N.
Schramberg
Lauterbacher Felsen
Hornberg
Lauterbach
Sulgen
Dunningen
Rottweil
A81
Ruine Falkenstein
Mühlefels
Tennenbronn
Hardt
Villingen-
Schwenningen
St. Georgen

Lauterbacher Felsen
Übersicht

Kreuzfels	48°13'43.0''N
	08°20'52.1''E
Rabenfels	48°13'47.8''N
	08°20'46.7'E
Ausgangspunkt	Lauterbach/Rathaus
Ausrichtung	S, SW
Sonne	Nachmittags
Wandhöhe	15 bis 30 m
Wandfuß	bequeme Bänder
Routenanzahl	35

Niveau		
1-5		11
6-7		16
8-11		8

Im Luftkurort Lauterbach gibt es Schwarzwaldidylle pur: Wandern, Mountainbiken, Klettern - hier ist alles möglich. Auch die Gemeinde hat diese Möglichkeiten erkannt und in den letzten Jahren das Engagement motivierter Kletterer finanziell großzügig unterstützt. Im Zuge einer Felssicherungsmaßnahme wurden unter der Federführung von Stefan Wagenhals die beiden Kreuzfelsen gründlich und zeitgemäß üppig saniert. Und der benachbarte Rabenfels soll demnächst auch noch folgen. Es tut sich also was in Lauterbach. Der Fels ist zwar längst nicht so gut wie an der Ruine Falkenstein, aber der Ausblick toll und die Auswahl an leichten Kletlereien üppig.

Anfahrt	Von Schramberg auf der L108 nach Lauterbach. In Ortsmitte am Rathaus parken oder unterhalb des Friedhofs.
ÖPNV	Von Schramberg mit der Buslinie 7484 oder 7475 nach Lauterbach, Haltestelle „Friedhof".
Zustieg zum Kreuzfels	Vom Rathaus ca. 150 m in Richtung Sulzbach bis rechts ein Wanderweg abzweigt (gelbe Raute auf weissem Grund). Diesem in Serpentinen bergauf bis rechts ein Wegweiser „Bildstöckle" zu den Einstiegen am Großen Kreuzfels leitet (10 Min.). Zum Nebenfels auf schwachen Trittspuren an Gedenkstein (Adolf Diener) vorbei absteigen.
Zustieg zum Rabenfels	Nicht zum „Bildstöckle" abzweigen, sondern auf dem Serpentinenweg bis zur nächsten Kehre. Nun entweder dem Weg Richtung Sportplatz folgen bis rechts oberhalb der Wandfuß sichtbar wird. Auf Trittspuren

■ Der obere Teil des Rabenfels bietet richtig feinen Granit. Wolfgang Zuckschwerdt genießt diesen im *Ameisenweg* (7-).

und über einen Zaun käme man so zum Wandfuß (15 Min.). Weit besser folgt man aber dem Wanderweg weiter – am nächsten Wegekreuz links haltend – bis zum Pavillon auf dem Rabenfelsgipfel (15 Min.) und steigt linkshaltend etwa 20m bis zum Ausstieg der Routen ab (Abseilhaken talseitig).

Abstieg
An den Kreuzfelsen teilweise umlenken möglich, an der 35m-Umlenkstelle läuft das Seil aber nicht gut, besser steigt man zum Gipfel und ab.
Am Rabenfels wird grundsätzlich ausgestiegen.

Gestein/Felsstruktur
Am Großen Kreuzfelsen gut, am Kleinen Kreuzfelsen teils mäßig geputzer Granit, am Rabenfels ist der Fels grundsätzlich etwas brüchig.

Schwierigkeit
Von 3 bis 8, inzwischen hat man besonders auch im gemütlichen Niveau 3 bis 5 Auswahl.

Absicherung
in nahezu allen Routen perfekt

Kletterregelung
Klettern ist im Bereich der beschriebenen Routen mit Ausnahme der „Madonna" erlaubt.

Blick vom Lauterbacher Friedhof auf die Felsen. Links der Rabenfels mit dem Pavillon, rechts die Kreuzfelsen.

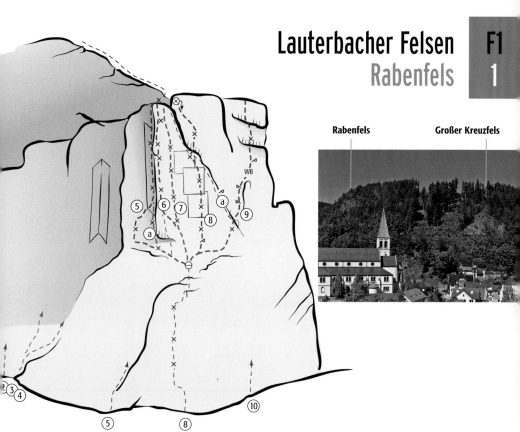

Lauterbacher Felsen — F1
Rabenfels — 1

Rabenfels   **Großer Kreuzfels**

5 **Dschungelpfad**   6-
Schlüsselstelle am ersten BH, die Verschneidung selbst ist dann viel leichter.
   a **Direktvariante**   8-
       An teils kleinen Leisten gut zu klettern, jedoch schlecht abgesichert.

6 **Friedhofsblick**   7+   Zuckschwerdt
Selbstständiger Einstieg vom Band weg (z.Z. noch sehr brüchig) ist geplant.

7 **Badischer Streich**   8   Zuckschwerdt
Wandkletterei an kleinsten Schuppen. Leider etwas splittrig.

8 **Ameisenweg**   7-
Elegante Wandkletterei mit Abschlussüberhängle.
   a **Rissvariante**   6+
       Flechtig, brüchig, schwer zu sichern – das muss echt nicht sein.

9 **Mitternachtsweg**   7-   Swen Weichler, Tobias Titz 1991
Aktuell viel Moos, Flechten, unzuverlässige Griffe und rostige Normalhaken.

Der untere Wandteil ist völlig zugemoost, z.T. auch recht brüchig und macht im derzeitigen Zustand keinen Spaß. Besser seilt man vom Ausstieg (Abseilhaken) 20m zum Standplatz ab. Ebenfalls nicht zeitgemäß eingerichtet und aktuell nicht bekletterbar sind die im Topo nur angedeuteten Routen 1 bis 4 und 10.

1 **Große Südwand**   3, 3+
Gestufte unausgesetzte und ehr gut abgesicherte Kletterei. Bis zur Umlenkung bzw. Stand 3, dann über den rechten Austieg weiter bis hoch zum Gipfel.

2 **Alfons Haas Gedenk Route**   4+
Nach geneigtem Beginn in der Steilstufe über pfiffige Stellen zur Umlenkung bzw. zum Stand. Homogen rechtshaltend zum Gipfel oder über die ...

   a   **Wespenkante**   6
      An kleinen scharfen Leisten direkt an der Kante hoch.

3 **Wilde Maus**   3-
Geneigt, gestuft und gutmütig zum Doppelbohrhaken.

4 **–**   3
Ein klein wenig steiler und etwas anspruchsvoller als die linke Nachbarroute.

5 **Wandbuch**   6-
Ganz spezielle Spreizkletterei, in der man sich dumm anstellen kann. Nach dem Umlenker nicht zum Wandbuch sondern leicht gerade hoch bis auf den Grat. Oder in idealer Linienführung weiter über die ...

   a   **Direkte Gipfelwand**   5+
      Nach dem ersten schwierigen Piaz ist die Wiese gemäht.

6 **Fifipfeiler**   8
Auf den schweren Einstiegsüberhang folgt überraschend die plattige Crux.

7 **Madonna**   6-
Zum Schutz des Bildstocks ist diese Route gesperrt und nicht saniert.

   a   **Linker Einstieg**   ?
      Auch die Leiterspielchen sind nicht mehr erlaubt.

8 **Normalweg**   4+, 5
Großzügig klassische Kletterei mit einer etwas splittrigen Passage. Entweder nach 20m umlenken, fünf Meter höher Stand machen oder gleich ganz hoch.

9 **Schartenweg**   3-, 4+
Einsteiger klettern geneigt und gut gesichert zum Stand des Normalwegs. Der Beginn der zweiten Seillänge ist recht tüftelig. Alternativ über den ...

   a   **Wandbuch Quergang**   3-
      Am tatsächlichen Wandbuch vorbei in den Austieg der gleichnamigen Route.

   b   **Rechte Variante**   2+

☐   Am *Normalweg* (4), direkt am Umlenker. Durch den Querriss unter dem Gipfelblock verläuft der obere Teil des *Schartenweg* (4+).

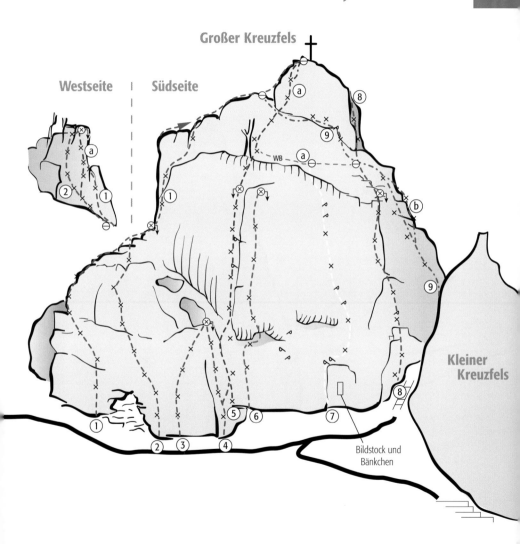

Großer Kreuzfels

Westseite | Südseite

WB

Kleiner Kreuzfels

Bildstock und Bänkchen

Lauterbacher Felsen
Kleiner Kreuzfels

Nordwestseite | **Südseite**

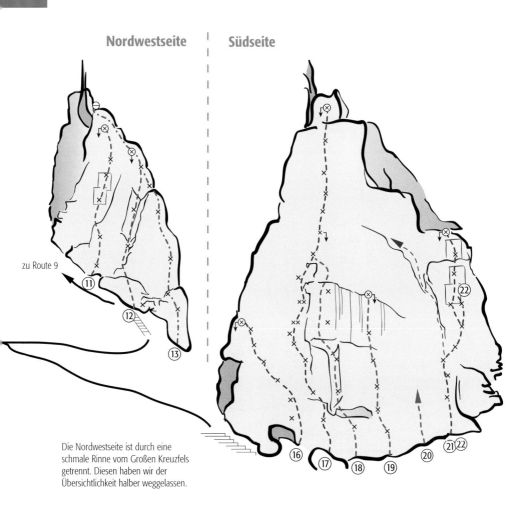

zu Route 9

Die Nordwestseite ist durch eine
schmale Rinne vom Großen Kreuzfels
getrennt. Diesen haben wir der
Übersichtlichkeit halber weggelassen.

Die Routen an der Nord- und Nordwestseite:

10 **Normalweg** 2
Unschwierig von Norden auf den zackigen Gipfel.

11 **Nordwestwand** 4+
Aha - so sieht also ein guter Normalhaken aus.

12 **Kleine Verschneidung** 4-
Entweder in der Verschneidung oder etwas leichter mehr rechts an der Kante.

13 **Westgrat** 3+
Teilweise etwas splittrig. Führt hoch bis zum Umlenker der Südseite.

Die Routen an der Südseite:

14 **Südwestkante** ?

15 **Direkte Südwestkante** ?

16 **Mathilda & Moritz** 6+
Vom Start weg rechts der ersten beiden Haken, direkt deutlich schwerer (7+).

17 **Große Südwand** 7-
Abwechslungsreiche Genusskletterei mit einer knackigen Einzelstelle. Mit einem Haken A0 geklettert etwa 6-, weit homogener und auch schön.

18 **Direkte Südwand** 8-
Die oberen beiden Haken klinkt man rechts. Recht flechtig und oft feucht.

19 **Hammeltanz** 8/8+
Teils splittrig, deutlich manipuliert und über allem liegt ein unschöner Belag.

20 **Unmittelbare Südwand** ?

21 **Kleine Südwand** 6+
Im Mittelteil mies gesichert über schrofiges Gelände. Wenig prickelnd.

22 **Rechte Südwand** 6+
Start gleich wie 23 und direkt über die Platte weiter. So lohnend.

 Eine Folge guter Leisten macht den Einstieg der *Rechten Südwand* (6+) leichter, als der erste Anschein vermuten lässt.

Koordinaten	48°12`45``N
	08°22`51``E
Ausgangspunkt	300 m nach Gasthaus Berneckbad
Ausrichtung	W,SW,S,SO
Sonne	ab spätem Vormittag
Wandhöhe	15-25 m
Wandfuß	steiler Hang
Routenanzahl	80
Niveau	

Der Falkenstein liegt in einem der interessantesten Felsentäler des Schwarzwaldes, dem Bernecktal. Von St. Georgen kommend erscheint oberhalb der Straße zunächst der Ramstein (ehemalige Burg), kurz danach der ebenfalls bekletterte Mühlefelsen (G3). Auf Höhe der einst von der Burg Berneck gekrönten Teufelsküche verengt sich das Tal und kurz vor Schramberg sind unschwer die Ruinenreste der ehemaligen Burg Falkenstein zu erkennen.

Beklettert wurde das Massiv seit je her, war mit seinem Dutzend karg abgesicherter Klassiker aber lange nur das Ziel weniger Wissender. Erst der Einsatz der Bergsteigergruppe Schramberg der DAV-Sektion Mittlerer Neckar machte die Ruine Falkenstein zu einem Kletterziel für ein breiteres Publikum. Fast alle alten Routen wurden perfekt saniert, viele neue Kletterwege eingerichtet, liebevoll wurden Einstiegsmarkierungen angebracht und Wege angelegt.

Inzwischen bietet der Falkenstein ein enormes Routenspektrum und erfreut sich ständig steigender Beliebtheit. Die verschiedenen Seiten bieten stark unterschiedliche Klettereien. West- und Südseite sind zum Teil recht steil und verlangen bisweilen athletischen Einsatz, in diversen Rissen auch Klettertechniken, die man von der Halle her nicht kennt. Und auch auf die Reibungsklettereien der Oberen Ostwand bereiten einen die bunten Kletterhallenbollen nur unzureichend vor. Wer der Reibung seiner Sohlen nicht vertraut, macht hier keinen Stich. Rohe Kraft hilft wenig, wenn Gleichgewicht und Körpergefühl gefragt sind.

■ Wasserrinnen und Granitkugeln - Elke Walz kommt an der Oberen Ostwand der Ruine Falkenstein gar nicht aus dem Staunen raus.

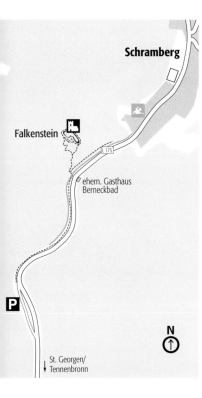

Anfahrt: Von Schramberg in Richtung St. Georgen. Etwa 500 m nach dem Ortsausgangsschild linker Hand ist das Grundstück das ehemalige Gasthaus Berneckbad (das Gebäude wurde abgerissen). Kurz danach biegt vor einer leichten Linkskurve ein großer Parallelweg ab. Hier parken.

Vom Süden (St. Georgen/Tennenbronn) kommend durchs Bernecktal in Richtung Schramberg bis rechts eine Zufahrtsstraße zum Schützenhaus abzweigt. In der folgenden leichten Linkskurve sieht man links einen Parallelweg mit Parkmöglichkeiten.

ÖPNV: Von der Bushaltestelle Schramberg „Freibad" entlang der Straße bis zum ehemaligen Gasthof Berneckbad (15 Minuten).

Zustieg: Vom Parkplatz ca. 300 m entlang der Straße Richtung Schramberg. Beim ehemaligen Gasthaus Berneckbad leitet ein Wanderweg (gelbe Raute auf weißem Grund) über eine Brücke und führt bergauf zur Ruine Falkenstein. Zum Schluss mehreren Serpentinen folgend entweder bis zur Bank und über eine drahtseilversicherte Passage an den Wandfuß unterhalb der Südwand, oder weiter bergauf bis der Wanderweg direkt unter dem Ahlmannsektor an den Felsfuß führt (20 Minuten). Von diesem Weg zweigt auch ein Pfad zum Sektor „Milder Westen" ab.

Abstieg	Umlenken
Gestein/Felsstruktur	Stark verwitterter Granit mit vielen Reibungsplatten.
Schwierigkeit	3 bis 9, vom Anfängerbereich bis in die hohen Grade wird alles geboten. Viele Touren im 7. Grad.
Absicherung	sehr gut mit Bohrhaken.
Kletterregelung	Klettern innerhalb der ausgewiesenen Bereiche erlaubt, generelles Ausstiegsverbot

Ruine Falkenstein
Übersicht

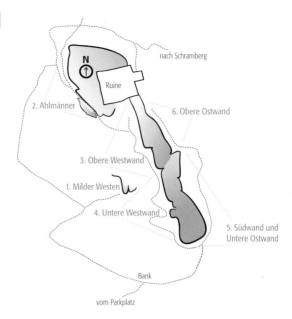

nach Schramberg

Ruine

2. Ahlmänner

6. Obere Ostwand

3. Obere Westwand

1. Milder Westen

4. Untere Westwand

5. Südwand und
Untere Ostwand

Bank

vom Parkplatz

1 **Hook**   4-   KG Schramberg
Keine Sorge, richtig fersenmäßig hooken muss man hier nicht.

2 **Flaute**   3+   KG Schramberg
Gemütlich mitten durch die Wandmitte und zum linken Umlenker.

3 **Mobi Dick**   5+   KG Schramberg
Am Ausstieg beherzt durchstützen und hoch das Bein.
    a **Variante**   5
       Bissle leichter.

4 **Hart am Wind**   6   KG Schramberg
Logisch klettert man am letzten Haken etwas rechts. Hält man sich definiert immer an der Kante, wird's hart am Wind auch 7-.

5 **Leichte Prise**   5   KG Schramberg
Klimmzugstelle überm letzten Haken oder rechts durch die Rentnerrinne (4-).

6 **Seitenspürung**   6+   KG Schramberg
Pfiffig und interessant von unten bis oben. Oben dann die Seite spüren.

Kleiner, der Westwand etwa in der Mitte vorgelagerter Sektor.
Der Zustieg erfolgt auf einem Pfad der vom Wanderweg zur Ruine rechts wegleitet. Man kommt aber auch von oben, vom Wandfuß der Westwand, leicht an die Umlenker und kann zu den Einstiegen abseilen.

Westseite | Südseite

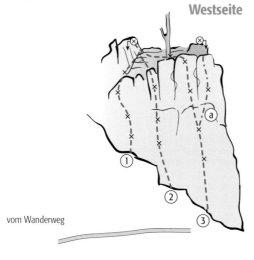

vom Wanderweg

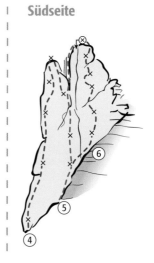

☐ Die Westseite des Falkensteins. Links oben der Sektor „Ahlmänner", rechts unten die Südwand, dazwischen die lang gezogene Westwand, vorgelagert der „Milde Westen".

1 **Hammerbeck** 4+   KG Schramberg
„Es isch kein Weck, es isch kein Weck, es isch de Arsch vom Hammer Beck."
(Narrenspruch der Hornberger Narrenzunft?).

2 **Burggeist** 7   KG Schramberg
Beim Rückweg ist er zu erkennen.

3 **Rapunzel** 6+   KG Schramberg
Rapunzel, Rapunzel lass Dein Haar herunter.

4 **Der letzte Zug zum Glück** 7-   P. Hausmann
Verschneidung mit Plattenfinale.

5 **Dauer Power** 7+   P. Hausmann
Wer hier Ausdauerkraft benötigt, macht etwas falsch.

6 **Phantom** 9+   P. Hausmann
Volle Kanne durch die Platte.

7 **Oldieweg** 6   KG Schramberg
Auch für Jungmover geeignet.

8 **Variante** 6-   KG Schramberg
Gerade zum Umlenker.

9 **Ahlmannverschneidung** 4+   KG Schramberg
Vorsicht am losen Block.

10 **Berneckkante** 6   KG Schramberg
Sieht schwerer aus als es ist, unten etwas brüchig.

11 **Tor zum Himmel** 8   KG Schramberg
An der Schlüsselstelle sollte man nicht zu lange auf Rapunzel warten!

12 **Ahlmänner aalglatt** 7   W. Zuckschwerdt
Diese Tour eröffnete den Blick in einen neuen Sektor, vor der Erstbegehung
noch unter dickem Moos und im Wald, dieser wurde später gelichtet.

13 **Kitty Mann Jarro** 7+   KG Schramberg
Von Kilimandscharo abgeleitet.

14 **Opa's Lust** 4+   KG Schramberg
Einsteiger haben auch mal Lust.

▪ Nach dem ersten Drittel bietet die *Berneckkante* (6) richtig feine Kletterei.

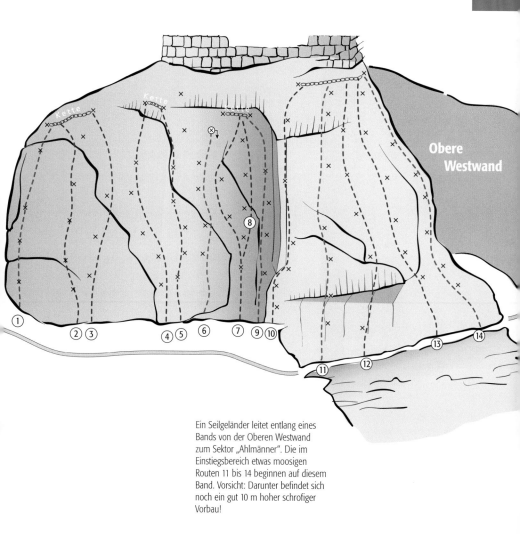

Obere Westwand

Ein Seilgeländer leitet entlang eines Bands von der Oberen Westwand zum Sektor „Ahlmänner". Die im Einstiegsbereich etwas moosigen Routen 11 bis 14 beginnen auf diesem Band. Vorsicht: Darunter befindet sich noch ein gut 10 m hoher schrofiger Vorbau!

1 **Salamanderweg**   4-
Kurze unspektakuläre Kletterei auf das Band. Hände und Füße weg von der Burgmauer, sonst wird es zu leicht.

2 **-**   4+
Platte am Einstieg und danach an schönen Strukturen bis zum Band.

3 **-**   5
In dem markanten Riss nach oben.
> a - 6
> Deutlich schwerere Einstiegsvariante zu 3.

4 **Heul doch**   8-   U. King, C. Popp
Die linke der zwei Rissspuren ist nichts für Wehleidige.

5 **Vendetta**   7+   D. Geiger, E. Fichter
Wer glaubt, dass bei der Blutrache nach dem 2. Bohrhaken keine Gefahr mehr herrscht, hat sich geschnitten.

6 **Heiße Sohlen**   7   S. Weichler
Markante senkrechte Platte. Das Testpiece der späten 1970er Jahre.

7 **Burgweg**   7+
Klassiker aus der A0-Zeit, der entsprechend den langen leichtesten Weg sucht. Kurz vorm Ausstieg ist der Schlüssel verborgen.
> a **Normale Härte**   7+
> b **Rechter Ausstieg**   7+

8 **Titanic**   9-
Nicht nur in der Tiefsee kann man untergehen! Direkt über die bugartige Felsnase und den folgenden überhängenden Aufschwung. Die Abschlussplatte sorgt für Abwechslung.

9 **Piazriss**   7-
Knackiger Übergang vom feinen Einstiegsriss auf die Platte. Und auch der herrliche Ausstiegspiaz wartet mit einem speziellen Start auf.
> a **Plattenführe**   7-
> Einstiegsvariante mit einem schweren sloprigen Zug.
> b **Head & Shoulder**   8 A0   Arnold 2013
> Noch nicht frei geklettert (Stand Herbst 2014).

10 **Schuppenweg**   7
Hoffentlich hält die Schuppe noch ein paar Jahre.

▪ Jörg Pross nimmt den *Burgweg* (7+) nach oben.

Der obere Teil der Westwand schließt
sich direkt an die Mauer der Ruine an.
Der Sektor ist insgesamt recht steil.

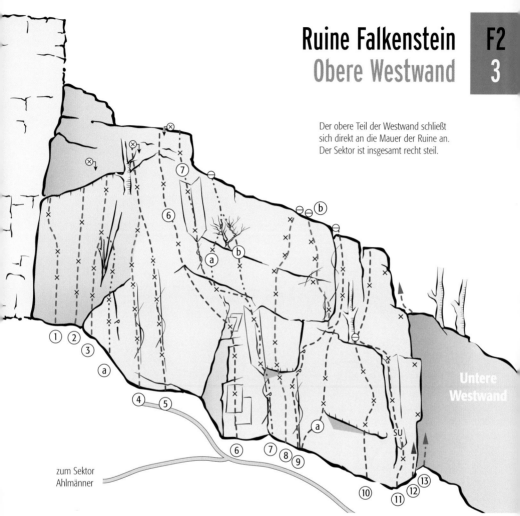

zum Sektor
Ahlmänner

Untere
Westwand

11 **Bäumleweg**   7-
Bis zum Stand 4+ mit steilem Einstieg. Seit dem Ausbruch im oberen Teil nicht mehr
so genussvoll zu klettern.

12 **Rutsch mir den Buckel runter** 7+   W. Zuckschwerrdt 2010
Hier zählt die Gummimischung.

13 **Normalweg**   4
Leichtester Weg auf den Gipfel durch eine geneigte Verschneidungsrinne.

Der untere Teil der Westwand ist geneigter als der obere Teil und bietet entsprechende Genussklettereien. Im Bereich zwischen den beiden markanten Verschneidungen ist das Routenraster recht eng – hier kann beliebig variiert werden.

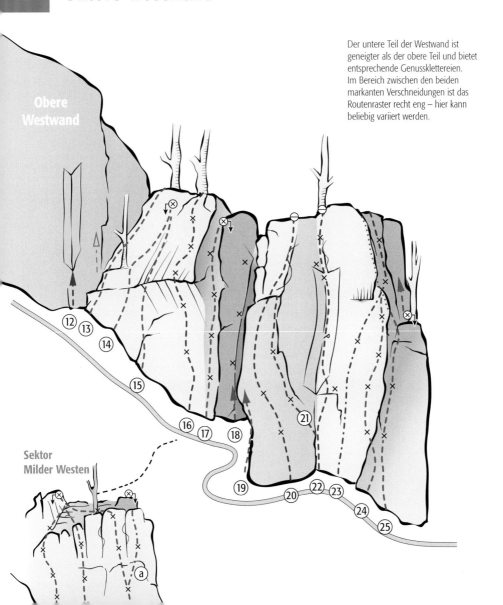

13 **Normalweg**   4
Leichtester Weg auf den Gipfel durch eine geneigte Verschneidungsrinne.

14 **–**   5-

15 **Talblick**   5-

16 **Bauchwalzer**   6-
Ob hier auch Dickbäuchige Walzer tanzen können?

17 **Bollenweg**   4+
Überschaubare Genusskletterei über drei bollige Aufschwünge.

18 **Kamin**   3
Markanter Kamin mit drei Bohrhaken, im Topo nicht recht zu sehen.

19 **Falkensteinkante**   4+
Bei Drucklegung noch nicht eingebohrt.

20 **Kurz und knackig**   6+
Schwere Einzelstelle. Oben dann leicht zum Grat hoch.

21 **Scharfer Hüpfer**   6+
Schöne Linie entlang der geschwungenen Schuppe. Fordert etwas Krafteinsatz.

22 **Verschneidung**   6-
Klassiker, der sich zum Ende hin aufsteilt, wenn man nicht auskneift.

23 **Kleiner Riss**   7-
Leider zu kurz. Der erste BH der Verschneidung wird mitbenutzt.

24 **Rechte Variante**   5-
Mehr als eine Variante. Kreuzt die *Wurzelverschneidung* und steigt etwas
gewollt (... aber schön) über die Kante aus.

25 **Wurzelverschneidung**   5-
... der Name erschließt sich dann. Ohne schwerer.

▣ Gleich rechts ums Eck hört der Spaß auf. Jörg Niemann klettert *Ein guter Tag zu
sterben* (8), eine der schwersten Routen am Falkenstein.

1 **Ein guter Tag zu sterben**   8   U. King, C.Popp
   Das Testpiece an der Südwand.

2 **Glasmännlein**   7+   E. Fichter
   Schau auf Deine Finger.

3 **Südwandschuppe**   7-
   Für diese Schuppe gibt es kein Shampoo.

4 **Gedächtnisweg**   7-
   Zum Gedächtnis an Arthur Hüther 1908-1980.

5 **Sado Maso**   8   D. Geiger, E. Fichter
   Harte Einstiegsvariante.

6 **Wandbuch**   7
   Klassiker & Pflichtroute – nicht alles, was weiß ist, ist zum Greifen.

7 **Traumtänzer**   8-   W. Zuckschwerdt
   Man sollte nicht zu lange träumen, sonst kommt das Tänzeln ins Stocken.

8 **Fuchsjagd**   7
   Der schlaue Fuchs lockt in die falsche Richtung, fang ihn mit einem cleveren
   Trick!
     a **Direkteinstieg**   8
       Harte Einzelstelle, in der gern die Türe auf geht.
     b **Fuchsschwanz**   8
       Vom 2. BH den Riss leicht rechts aufwärts folgen und oben über eine Platte.

9 **Traumpfeiler**   7
   Absolutes Muss.

10 **Traumverschneidung**   5+
   Im Mittelteil eine wirklich klasse Bilderbuchverschneidung und insgesamt eine
   absolut abwechslungsreiche Genusskletterei.

11 **Wellenreiter**   5-
   Wer stehen kann, ist klar im Vorteil.

12 Projekt

13 **Kuschelweg**   5
   Führt über das markante Horn.

14 Projekt

▣ Links die *Südwandschuppe* hoch oder rechts den *Gedächtnisweg*. Wolfgang
   Zuckschwerdt muss sich jetzt entscheiden.

Südwand

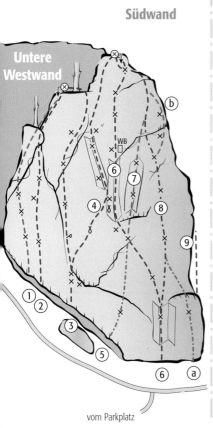

Südostwand

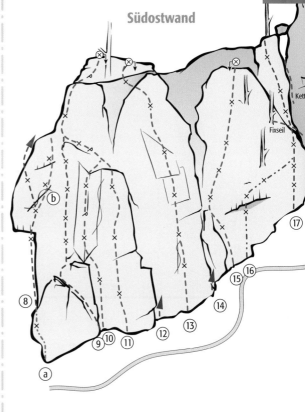

vom Parkplatz

15 **Dschungelpfad**   5+
Liegender Pfeiler rechts der moosigen Rinne. Gruß von Mogli und Balu.

16 **Blasrohr**   6
Deftige Einstiegsvariante zu *Lupf da Fuaß*.

17 **Lupf da Fuaß**   6
Nach dem 2. BH deutlich leichter. Den ersten Haken vorklippen, Absturzgefahr!
Aussteigen entweder in die Obere Ostwand oder über die Westwand abseilen.

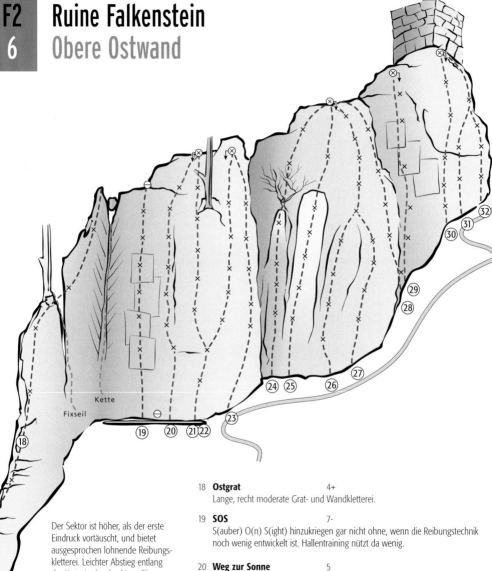

Der Sektor ist höher, als der erste Eindruck vortäuscht, und bietet ausgesprochen lohnende Reibungskletterei. Leichter Abstieg entlang der Kette in der dreckigen Rinne links oder zum Baum und mit Hilfe des Fixseils.

18 **Ostgrat** 4+
Lange, recht moderate Grat- und Wandkletterei.

19 **SOS** 7-
S(auber) O(n) S(ight) hinzukriegen gar nicht ohne, wenn die Reibungstechnik noch wenig entwickelt ist. Hallentraining nützt da wenig.

20 **Weg zur Sonne** 5
Etwas nach links bringt einen nach rechts und schließlich hoch. Tüftelige Stelle am zweiten Bohrhaken. Danach Genuss an teils herrlichen Kristallen.

21 Gmähts Wiesle 5
Die leichteste der Plattenrouten im Sektor. Bessere Möglichkeit das Toprope hoch zu bekommen als links an der Kette hochzuhangeln.

22 Taschendieb 6
Anschleichen, reingreifen und dann durchlaufen.

23 Grober Schmirgel 6+
Unkontrolliert ausrutschen ist hier (... und auch in den benachbarten Routen) wenig ratsam. Der Granit hat etwa Körnung 40.

24 Elefantenkopf 7-
Es braucht gar nicht mal viel Fantasie, um in dem schmalen Pfeiler zwischen den linken zwei Rinnen einen Elefantenkopf zu erkennen.

25 Spreiz Mädel spreiz 7-
Na ja: Jungs tun sich da ja bekanntermaßen rein anatomisch schwerer. Die beiden rechten Rinnen verlangen Spreizfähigkeit.

26 Goldene Bürste 6+
Für klein Gewachsene ist schon der Einstieg nicht ohne, und in der Rinne muss dann ohnehin jeder irgendwie rumreiben.

27 Ostwandplatte 7
Die Versuchung auszukneifen lockt. Glatt 7 nur, wenn man die Herausforderung der Reibung konsequent annimmt.

28 Kitty's Rennsteig 6-
Deutlich gutmütiger als die Routen zur Linken.

29 Anfängerglück 5-
Nette Plattenroute.

30 - 4+
Im Gegensatz zu den rechten Nachbarn sehr homogen.

31 Kleiner Bruder 7
Nach dem harten Einstieg deutlich leichter. Achtung Stromkabel!

32 Wachse, ned bscheiße 7+
Längencrux gleich zu Beginn. Vorsicht: Stromkabel im Nacken!

Ausgerechnet im Schwarzwald, wo man manchmal meint, die Zeit vergehe besonders langsam, steht das Thema Uhr ganz oben. Besonders in Schramberg: Die 1861 gegründete Firma Junghans gilt noch heute als die deutsche Qualitätsuhr.

Um die beeindruckende ehemalige Villa des Fabrikanten befindet sich der **Themenpark „Park der Zeiten"**. Sehenswert sind auch das Auto- und Uhrenmuseum **ErfinderZeiten** und die benachbarte private **Autosammlung Steim**.
Mehr Infos unter:
www.schramberg.de
www.auto-und-uhrenwelt.de
www.autosammlung-steim.de

Koordinaten	48°11'09''N
	08°23'28''E
Ausgangspunkt	L175
Ausrichtung	SW
Sonne	ab Mittag
Wandhöhe	18 - 25 m
Wandfuß	Steiler Hang
Routenanzahl	16
Niveau	1-5 7
	6-7 9
	8-11

Der Mühlefelsen ist nach der alten Mühle benannt, die bis etwa zum Jahr 1900 oberhalb am Wiesenhang stand und zum großen Hofgut der „Mittlerenbauern" gehörte. Mit seinen relativ wenigen Routen ist der Fels natürlich nicht mit der Ruine Falkenstein zu vergleichen, stellt aber für Gebietskenner eine durchaus lohnende Alternative dar. Das Gestein ist von gleicher Machart und Güte wie an der Ruine Falkenstein und dem im benachbarten Triberger Gebiet liegenden Teufelsfels.

Anfahrt	Von Schramberg auf der L175 in Richtung Tennenbronn/St. Georgen ca. 3,7 km nach dem Ortsausgangschild von Schramberg in einer lang gezogenen Rechtskurve auf dem Grünstreifen neben der Straße parken (Verkehr nicht behindern!). Aus Richtung St. Georgen/Tennenbronn kommend ca. 1,5 km nach der Abzweigung Hardt/Rottweil.
ÖPNV	Ca. 300 m nach der Parkgelegenheit (in Richtung Tennenbronn) ist die Bushaltestelle "Berneck".
Zustieg	Steil auf schmaler Trittspur hinauf zum Wandfuß (ca. 5 Min.).
Abstieg	Umlenken
Gestein/Felsstruktur	sehr rauer Granit
Schwierigkeit	6. und 7. Grad, mit ein paar eingestreuten Fünfern
Absicherung	sehr gut mit Bohrhaken
Kletterregelung	Klettern in den ausgewiesenen Bereichen erlaubt vom 16.3. bis 31.10., generelles Ausstiegsverbot. Nicht über die Blockhalde aufsteigen!

■ Ronald Nordmann nimmt den *Rottweiler Weg* (5+/6-).

Mühlefels
Routen (vom 1.11. - 15.3. gesperrt)

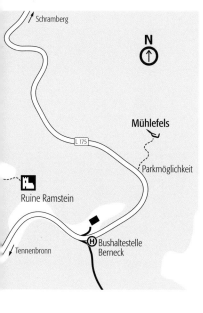

Schramberg

N

Mühlefels

L 175

Parkmöglichkeit

Ruine Ramstein

Tennenbronn

Bushaltestelle
Berneck

1 **Bäumlesweg**   4+   W. Zuckschwerdt
Ideale Eingehtour, um sich an die Reibung des Granits zu gewühnen.

2 **Potz Blitz**   5+/6-
Klasse Reibungskletterei. Interessant um den dritten Bohrhaken.

3 **Rammsteinblick**   5   Klettergruppe Schramberg
Erst gemütlich über die Rampe und dann bis fast zum höchsten Punkt.
    a   **Direkteinstieg**   5+
       Meist schlatziggrüne, lang nasse Verschneidung, die selten Spaß macht.

4 **Locker vom Hocker**   6
Im steilen Mittelteil herrlich griffig und oben warten tüftelige Plattenstellen.

5 **Fly Robin fly**   7-
Im unteren Wändchen Krallerleisten und irgendwie hoch auf die Rampe.

6 **Rottweiler Weg**   5+/6-
Gepflegte Kantenkletterei. Einstieg auch von unten über Nr.7 möglich.

7 **Pfrieme Stumpe**   6+   KG Schramberg
Crux gleich am ersten BH. Wenn man den links umgeht 6- und auch schön.

8 **Schramberger Weg**   6+   KG Schramberg
Komischer Einstieg. Oben durch die kleine Verschneidung.

9 **Elefantenwand**   7-/7
Recht athletisch bis zum Kamin und besser rechts davon genau so steil weiter.

10 **Hexentanz der Nerven**   7   S. Weichler 1985
Know how Einzelstelle am Dächle. Danach nur noch schierer Genuss.

11 **Linie Kalkhof**   6   KG Schramberg
Touchiert oben fast den *Junggesellenweg*.

12 **Junggesellenweg**   5+
Beliebter Klassiker. Im Mittelteil entweder rechts durch die flache Verschneidung
oder - wenn es feucht ist - besser links entlang der markanten kurzen Kante.

13 **Tischneckerweg**   6   Heinrich Hafner 1974 solo
Tolle Kante mit „Hoch das Bein"-Stelle und nettem Wandbuch (no hand rest
zum Eintragen). Rechts der Kante entlang der originalen NH geklettert 6+.

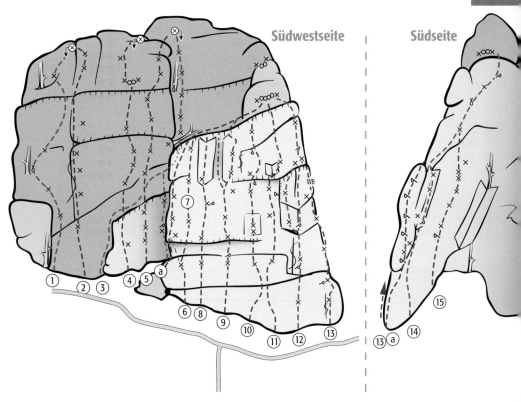

Südwestseite

Südseite

14 **Tortour**   5+   Swietek, Herzog 1984
Zu Beginn etwas moosige durch die Rissverschneidung rechts der Kante.

15 **Direttissima**   7/7+   Weichler 1985
Kontinuierlich steil und anstrengend und nicht auskneifen!

Felsregister